丰田精益生产方式

图解版

— 陈茹 ◎ 著 —

中国铁道出版社有限公司

北京

图书在版编目（CIP）数据

丰田精益生产方式：图解版 / 陈茹著 . —北京：中国铁道出版社有限公司，2024.10
ISBN 978-7-113-31273-2

Ⅰ.①丰… Ⅱ.①陈… Ⅲ.①丰田汽车公司 - 工业企业管理 - 经验 Ⅳ.① F431.364

中国国家版本馆 CIP 数据核字（2024）第 106548 号

书　　名：丰田精益生产方式（图解版）
　　　　　FENGTIAN JINGYI SHENGCHAN FANGSHI（TUJIE BAN）
作　　者：陈　茹

责任编辑：郭景思　　编辑部电话：（010）51873007　　电子邮箱：guojingsi@sina.cn
封面设计：末末美书
责任校对：安海燕
责任印制：赵星辰

出版发行：中国铁道出版社有限公司（100054，北京市西城区右安门西街 8 号）
印　　刷：河北宝昌佳彩印刷有限公司
版　　次：2024 年 10 月第 1 版　　2024 年 10 月第 1 次印刷
开　　本：710 mm×1 000 mm　1/16　印张：13.5　字数：225 千
书　　号：ISBN 978-7-113-31273-2
定　　价：79.80 元

版权所有　侵权必究

凡购买铁道版图书，如有印制质量问题，请与本社读者服务部联系调换。联系电话：（010）51873174
打击盗版举报电话：（010）63549461

前 言

2023 年，丰田汽车公司（TOYOTA）全球汽车销量达 1 030 万辆，连续四年蝉联全球汽车销量榜首。丰田与福特、通用汽车公司相比起步晚了三十多年，却成功超越了这些老牌汽车公司，一跃成为全球最大的汽车制造商和销售商。丰田公司有哪些过人之处，其成功的秘诀是什么？除了高效、柔性化的自动化生产线，以及一以贯之的规则、纪律和灵活多变的人力配置体系之外，制造现场的精益生产方式，才是人们争相学习的法宝。通过彻底消除浪费来降低成本，将品质较高的汽车以较低的价格、及时地供应给更多的人。

精益生产方式已经成为制造业的标尺。2004 年，我入职中日合资汽车公司，从事精益生产方式的教育和推广工作，至今已经二十年，深切感悟到精益生产方式是根植于企业内部的重要核心。它与企业如影相随、互相促进，凝聚起了强大的职场执行力、不断研发出先进的制造技术、追求制造方法的合理性，以确保产品品质的优异，并让全体员工都积极参与其中，通过释放人的潜能，追求卓越。

精益生产方式包括准时化、自动化[1]、后工序拉动、看板系统、均衡化生产、工程流程化、标准化作业、生产指示系统、5S（整理、整顿、清扫、清洁、素养）等生产现场管理技法。实施这些技法的目的是改变现状，获得更多利润；需要持续性的改善，每个人都应该直面问题；深入分析、省思所学到的知识和教训，挑战将问题彻底解决，将实践成果实现标准化。这种不断追求精细完美的精神渗透到普通员工、中层管理者及高层经营决策者等各层级，也渗透到研发部门、制造部门、外部供应商、销售门店，以及售后管理等各个环节。形成从上至下、从里到外的一套精益管理体系。

---

[1] 自动化：丰田自动化理念并非关注设备本身，而是直接构建一套针对问题的高效管理体系，有别于一般意义的自动化。

我所在的公司，从成立之初就导入了精益生产方式，生产现场一直围绕着精益生产方式的两大支柱，即准时化、自动化开展起来。为确保高品质、低成本的生产运作，每年公司都组织开展现场改善活动。年初制订详细的年度改善计划，全年的改善工作就围绕这个计划展开。除此以外，每次现场改善活动都要邀请日方改善方面的专家对现场人员进行理论、技能方面的培训和指导。另外，还组织员工走出公司，学习其他公司的先进做法，再回到自己的职场寻找发现生产现场中的问题，追求一步、一秒、一厘米的改善与进步。主办方事务局还组织开展工厂级发表会，将优秀事例向其他非生产部门进行横展。每一次活动下来，可谓收获满满，但也不乏有教训，经过反复省思，总结出不足之处，将其作为下次活动的主要改善点。就这样PDCA（计划、执行、检查、处理）无限循环，去其糟粕，取其精华。在这种工作氛围中，我积累了许多宝贵经验，现将其整理成书后分享给读者。本书内容来源于生产现场，贴合于实际。我衷心希望精益生产方式能在我国企业中得到应用和创新，为中国制造业走向世界出一份力。

改善是丰田公司精益生产方式的基石，改善的动力来自员工。丰田公司自成立以来，每年员工都会提出无数条看似微不足道的改善建议。这些建议来自底层的观察与思考，成了精益生产方式的不竭动力，促使其上级能及时地意识到生产中存在的不足，从而深思熟虑、寻求改变。例如，柔性化生产线加工、灵活快速的工装位切换，甚至是大规模高效的设备改造等。这些都是来自一线员工萌生的思想火种，通过上下齐心协力将其变成现实。最强的经营是培养能独立思考、付诸行动的人才。改善无时无刻不在进行着，每一个改善的背后都是人的推动，没有改善就没有创新。以降低成本、实现生产过程简洁明快为目的，使改善具备独有、完整的一套运作体系。再加上严谨的标准作业和工艺规则辅佐，使产品能以最快、最恰当的速度满足不同类型的客户需求，扩大和丰富自身的产品线。所有这些都离不开人才，以及对人才的培养。精益生产方式与改善模式几经锤炼，已经被众多汽车制造企业和其他行业采用，取得了显著效果。

制造企业的人都知道，生产现场的工作环境复杂多变，存在许多未知的因素，需要经营者深谙管理之道，生产车间的运行状况只有车间里工作的人最清楚，懂得方法才能在激烈的市场竞争中存活下来。本书从生产现场的角度出发，用浅显易懂的语言，通过事例介绍精益生产方式与改善，以帮助读者发现浪费、降低成本，启发读者更直观地掌握精益生产方式的技法，在此基础上提出有针对性的创新点，逐渐将精益生产方式应用到自己企业的各个层面，促进企业整体的发展。

本书内容分为七章，分别阐述了精益生产方式的基本概念、改善的科学思考与步骤、标准作业、低成本自动化的应用、低成本自动化装置的设计与制作、低成本自动化装置改善（无动力部分）和低成本自动化装置改善（有动力部分）。低成本自动化改善是一种非常重要的改善方式，注重纯机械基础上的可轻松作业，巧妙地利用被释放的动能，始终如一地降低浪费。无动力改善利用的是人的智慧，是人力与自然相互配合创造出来的产物，但改善过程中需要理性分析，减少因盲目升级成自动化而增加成本，最终得不偿失。本书归纳整理了 26 个常用普及型事例及相关的原理说明，读者能直接地学习到相关的机械技能。书中所有的改善事例都经过精挑细选，是在实践中印证过的精华，尤其是 18 个无动力装置改善事例，尽量以节能或者减少能源的使用量作为着眼点和落脚点，实现省力、省时、清洁的低碳环保理念。相信这些改善事例在资源紧缺、成本上涨、行业竞争加剧的当下，能够给企业在提速发展、探索创新等方面起到借鉴作用。

本书是一本密切联系生产现场实际的手边工具书，读者可通过学习将其应用到自己的企业里，促进企业在低成本自动动化领域，以及智能自动化领域的优化和提升，最终成为全球一流的中国企业。

最后，真诚地向在编写过程中曾经帮助、指导过我的前辈和同事们致敬！

陈茹

2024 年夏

目录

第 1 章 | 精益生产方式基本概念　　1

　1.1　精益生产方式的定义及目标　　2

　1.2　降低成本的重要性　　2

　1.3　精益生产方式的基本理念及管理体系　　3

　1.4　精益生产方式的两大支柱　　4

　　1.4.1　准时化　　4

　　1.4.2　自动化　　9

　1.5　自工序完结　　14

　1.6　少人化及省人化　　15

　　1.6.1　少人化　　15

　　1.6.2　省人化　　16

第 2 章 | 改善的科学思考与步骤　　17

　2.1　对于浪费的认识　　18

　2.2　浪费的种类　　19

　2.3　不均衡及过负荷　　20

　2.4　人的作业及设备作业　　21

2.5　生产能率、稼动率及可动率　　　　　　　　21

2.6　改善的六大步骤　　　　　　　　　　　　　22

　　2.6.1　发现改善之处　　　　　　　　　　22

　　2.6.2　分析现有手法　　　　　　　　　　31

　　2.6.3　产生新的构思　　　　　　　　　　38

　　2.6.4　制订改善方案　　　　　　　　　　49

　　2.6.5　实施改善方案　　　　　　　　　　50

　　2.6.6　改善后的效果确认　　　　　　　　51

2.7　改善的 PDCA 循环及注意事项　　　　　　51

第 3 章 | 标准作业　　　　　　　　　　　　53

3.1　标准作业三要素　　　　　　　　　　　　54

　　3.1.1　生产节拍（T.T）　　　　　　　　54

　　3.1.2　作业顺序　　　　　　　　　　　　56

　　3.1.3　标准手持　　　　　　　　　　　　56

　　3.1.4　工程编程率　　　　　　　　　　　58

3.2　标准作业中的自动化及工序的流动化　　　59

　　3.2.1　标准作业中的自动化　　　　　　　59

　　3.2.2　工序的流动化　　　　　　　　　　60

3.3　标准作业的三种类型及顺序生产　　　　　63

3.3.1	标准作业类型 Ⅰ	64
3.3.2	标准作业类型 Ⅱ	78
3.3.3	标准作业类型 Ⅲ	84
3.3.4	顺序生产	93

第 4 章 | 低成本自动化应用　　95

4.1	低成本自动化导入	96
4.1.1	低成本自动化与精益生产关系	96
4.1.2	低成本自动化装置	97
4.1.3	制作者具备的能力	99
4.2	低成本自动化装置基本类型	100
4.2.1	杠杆装置	100
4.2.2	连杆装置	101
4.2.3	斜面及重力装置	103
4.2.4	滑轮及滑轮组装置	104
4.2.5	皮带及链条装置	106
4.2.6	凸轮装置	107
4.2.7	齿轮装置	108
4.2.8	棘轮及槽轮装置	110
4.2.9	低成本自动化装置特点	112

4.3　相关力学知识点　　　　　　　　　112

　　4.3.1　力的分类　　　　　　　112

　　4.3.2　传动装置活用　　　　　113

4.4　低成本自动化装置的制作材料　　114

第 5 章 | 低成本自动化装置设计与制作　　125

5.1　低成本自动化装置设计　　　　　126

　　5.1.1　低成本自动化装置分类　　　　126

　　5.1.2　低成本自动化装置设计流程　　130

　　5.1.3　低成本自动化装置设计原则与技巧　　133

5.2　低成本自动化装置制作　　　　　134

　　5.2.1　小模块化　　　　　　　134

　　5.2.2　小模块组装化　　　　　135

　　5.2.3　手边化　　　　　　　　135

第 6 章 | 低成本自动化装置改善（无动力部分）

137

6.1　省力装置　　　　　　　　　138

　　6.1.1　料箱提起省力装置的改善　　138

　　6.1.2　门自动开闭装置的改善　　139

		6.1.3 长套筒作业气枪拿取装置的改善	140
6.2	搬运装置		141
	6.2.1	工件搬运省力装置的改善	141
	6.2.2	止挡装置的改善	142
	6.2.3	空箱回收装置的改善	143
	6.2.4	同步工具台车的改善	147
	6.2.5	堆垛装置的改善	149
	6.2.6	转向滑道装置的改善	151
	6.2.7	无人搬运台车的改善	158
	6.2.8	跷跷板杠杆的空箱回收装置的改善	162
6.3	举升装置		164
	6.3.1	滑轮举升机的改善	164
	6.3.2	弹簧平衡器举升机的改善	166
	6.3.3	无动力搬运举升车的改善	168
6.4	分拣装置		170
	6.4.1	螺栓分拣装置的改善	170
	6.4.2	螺栓定数拣取装置的改善	172
6.5	对接装置		175

第 7 章 | 低成本自动化装置改善（有动力部分）   179

7.1	智能拣货	180
	7.1.1 自动拣货装置的改善	180
	7.1.2 大物分拣及搬运装置的改善	184
7.2	同步台车	186
	7.2.1 同步工具台车及同步座椅装置的改善	186
	7.2.2 同步自动喷漆台车的改善	187
	7.2.3 同步台车与滑道车的改善	190
	7.2.4 跨通道物品搬运装置的改善	193
	7.2.5 AGV 小车搬运装置的改善	195
	7.2.6 工序布局的改善	197

附录   199

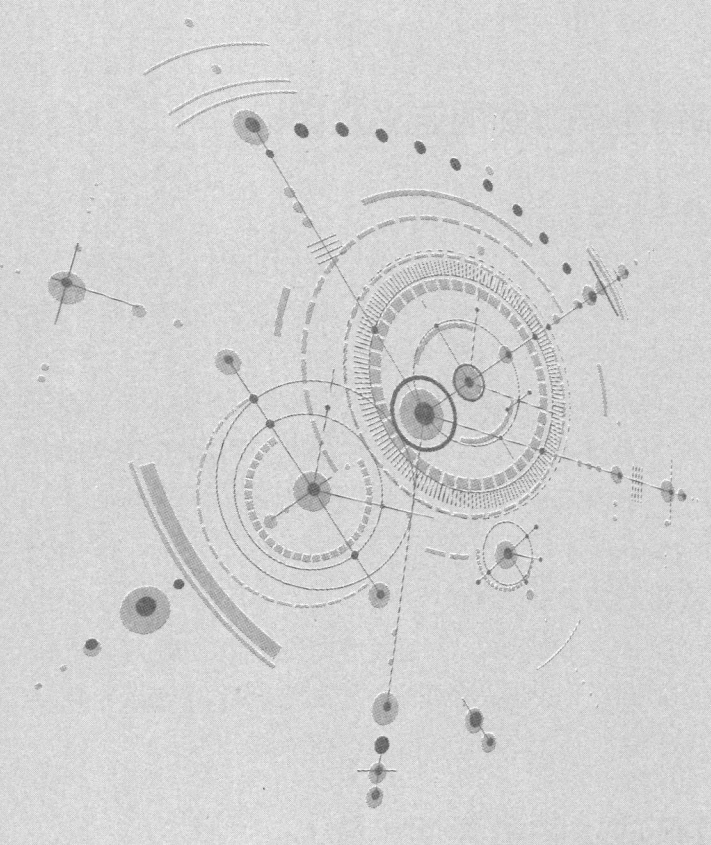

第1章
精益生产方式基本概念

> 精益生产方式（lean production system，LPS），是日本丰田汽车公司创立的一套先进的、适合于制造行业的生产方式，也是丰田在生产过程中挖掘总结出来的一套独有的生产管理体系。

1.1 精益生产方式的定义及目标

1. 精益生产方式的定义

精益生产方式是以通过消除浪费降低成本为目的，以准时化、自动化为支柱，通过持续性改善、实施标准作业等手段，提升产品竞争力，提供更优质的产品服务社会，是贯穿产品制造全过程的一种生产方式。

精益生产方式秉持丰田生产方式的五大要素：寻找价值、认识价值流、让作业流动起来、按客户的需求拉动生产、持续改善。精益生产方式相对于丰田生产方式来说，是一种经过消化了的升级改造，是一种青出于蓝而胜于蓝的管理思想和思维方式。

2. 精益生产方式的目标

精益生产方式的三大目标：一是生产优良产品；二是降低成本；三是缩短生产周期。为了实现目标，应最大程度地尊重现场实际，用彻底杜绝一切浪费的理念，追求制造方法的合理性，并创造出更加优异的制造技术。

1.2 降低成本的重要性

企业的目的是追求利益最大化，确保利润持续增长。其方法：一是降低成本，如图 1.1 所示；二是提高售价，如图 1.2 所示。比较图 1.1 和图 1.2 获取利润的方式，哪一种更好？

1. 降低成本

利润 = 销售价格 − 成本

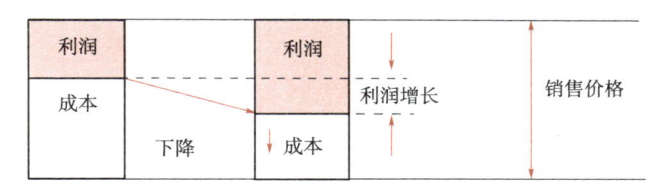

图 1.1　获取利润方式 1

图 1.1 中的销售价格是由市场所决定的，利润只有在成本低于销售价格时才能获得，企业通过主动控制成本获得利润，是一种行之有效的好方法。

2. 提高售价

销售价格 = 成本 + 利润

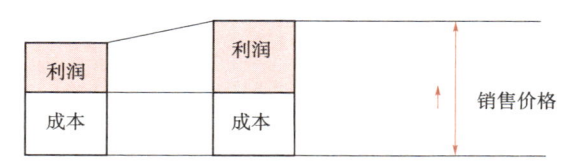

图 1.2　获取利润方式 2

图 1.2 中是通过提高销售价格获得利润的，成本一旦上涨若要确保利润增加，无论市场能否接受，只能采取提高价格的方法。但市场是无情的，销售价格是根据市场需求而定，提高价格会让产品滞销，只会使企业处于被动经营的状态。

因此，只有降低成本，才是企业稳定、长远发展的关键所在。

1.3　精益生产方式的基本理念及管理体系

1. 基本理念

精益生产方式的基本理念是，通过彻底消除浪费，实现成本降低的目标。

一直以来，精益以彻底消除浪费的思想为理念，追求制造方法的合理性，努力开发出更加优异的制造技术，服务于生产，并建立了一套精益生产管理体系。

2. 管理体系

精益生产管理体系，如图 1.3 所示。

精益生产管理体系犹如一座房子，支柱是准时化和自动化，根基是标准作业与生产管理。正如丰田公司前董事长张富士夫所说："一个优秀的企业在运作过程中，不仅要尊重现场、尊重员工，还应持续不断地改善，利用精益生产的各种工具，把所有要素结合成一套完整的制度体系。此体系必须每天以一以贯之的态度、以具体的方式在工厂实行，而绝非只是一阵旋风。"所以，精益生产的关键，不是个别要素的作用，而是所有要素结合起来形成的合力，将高品质的产品以更低价格、更及

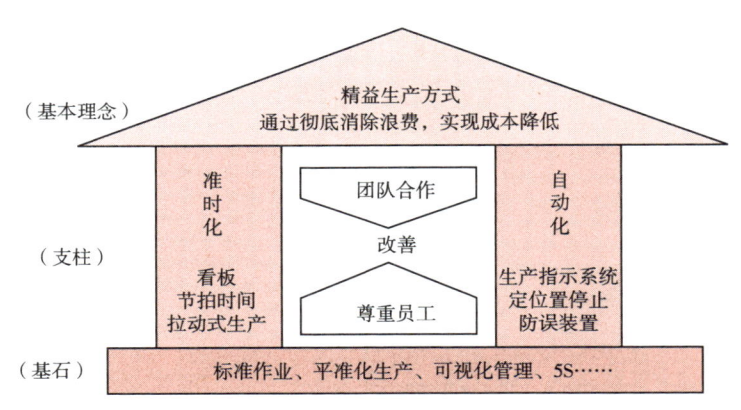

图 1.3 精益生产管理体系

时地供应给更多的人。它考验企业能否持之以恒地做好精益管理，虽然很难，但只要努力，迟早都会有所改变。

1.4 精益生产方式的两大支柱

1.4.1 准时化

准时化是在必要的时候，生产或搬运必要数量的必要产品。

1. 周期时间

对企业来说，缩短周期时间非常重要，它决定着准时化能力水平的高低。如图 1.4 所示，加工时间长、停滞时间长都是制约准时化顺利实施的因素。

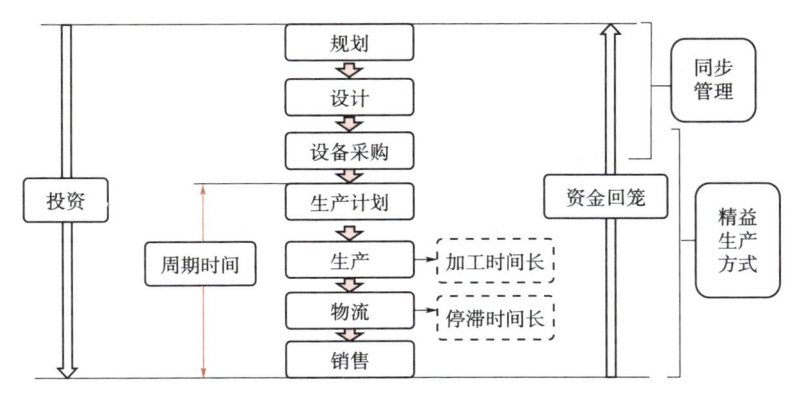

图 1.4 投资的周期时间

2. 看板

生产过程中的看板包括：后工序在需要的时候从前工序领取所需数量的物品；前工序只按照后工序取走的数量生产，并进行补充。

（1）看板的种类。看板分为生产指令看板和接收看板，如图 1.5 所示。

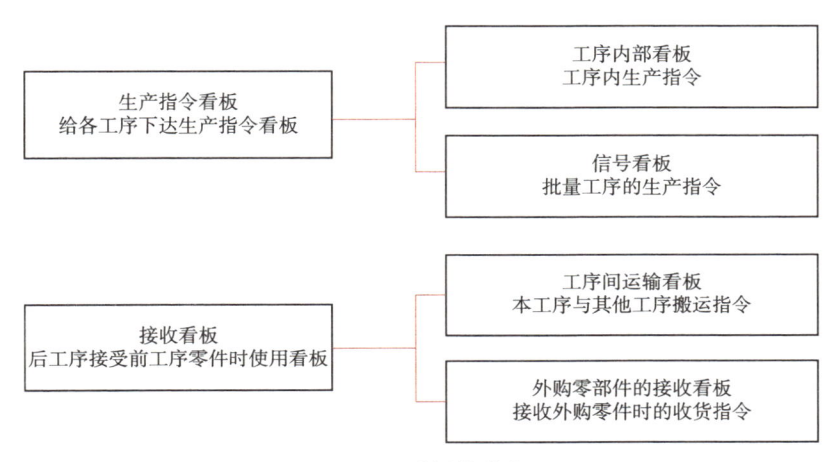

图 1.5　看板的种类

（2）看板的样式。如外购件接收看板，记录物品数量、箱子代码、储存地的指定位置等信息，如图 1.6 所示。

供应商名称（外购）	物品存放地址	生产线	×××公司 第1生产线
ATIC制品有限公司	WBS67.20	W线	
供应商编码		托盘（箱子）代码	装卸货平台号
		0819	Z5
AB61.12907		看板号	系列号#	物品数量
		8	8	16
供应商管理条形码	转换支架号　43760-06118-00	生产指令
	物品到达时间	2023/01/07　19
8741954877795	2023/01/06　13:26	

图 1.6　看板样式参考（外购件接收看板）

（3）看板的作用。

　　① 生产搬运的指示信息（何物、何时、何地生产搬运的指示信息）。

　　② 直观的管理工具。

　　③ 工序作业改善的工具（对库存、看板数量进行减低改善等）。

（4）工序内看板的规则。

　　① 仅生产后工序领取的产品。

　　② 绝不生产没有看板的产品。

　　③ 看板和产品务必要一起流动。

（5）工序间看板的规则。

　　① 在领取物品前先取下看板。

　　② 带着取下的看板去前工序领取。

　　③ 在领取处与工序内看板替换。

（6）看板的功能。

　　① 低减库存量，降低在制品数量。

　　② 对生产实施全过程监督管理。

　　③ 当生产过程出现问题时，能及时发现并整改。

　　④ 以特有的方式传递着生产指令，如批量工序的信号看板，如图1.7所示。

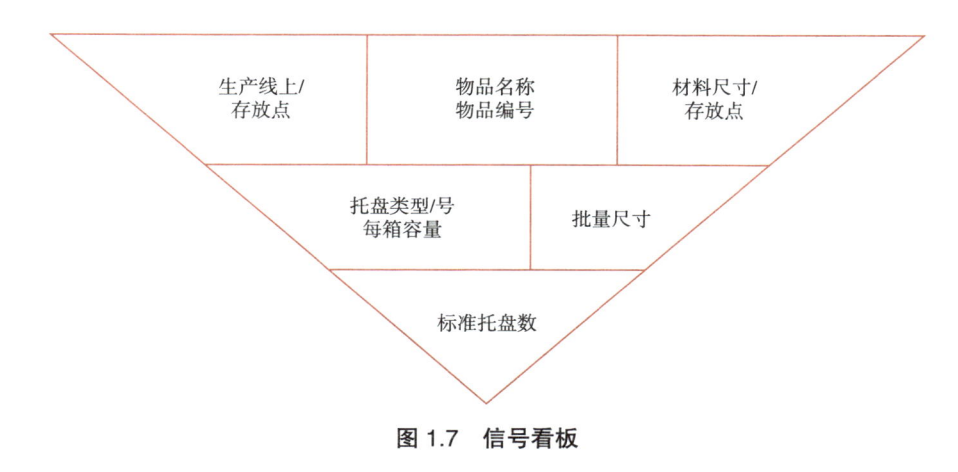

图 1.7　信号看板

　　⑤ 工序内看板和工序间看板的关系，如图1.8所示。

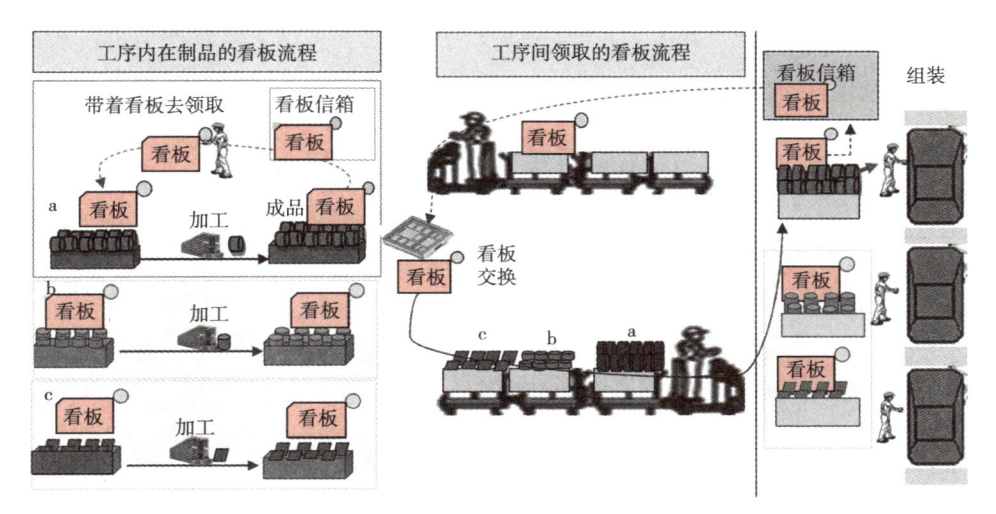

图 1.8　工序内部看板与工序间看板关系图

3. 平准化

平准化是指将产品的数量和种类等多个因素进行平均化，也可理解为将生产的产品与销售的相关产品，在数量、种类方面的平均化。它成为精益生产方式中准时化生产的前提条件。

平准化生产是一种有效的生产方法，它可以消除由众多工序组成的生产工艺机制中容易产生的浪费、不均衡。如果偏差小，在数量和种类上各种浪费的产生就会变少；反之偏差越大，其需要对应的能力（设备、材料、人员）的波动就越大，成本就越高。

（1）批量生产。批量生产中，将相同种类产品汇总在一起，一旦后工序领取有波动，前工序便会产生产品堆积，就需要改善产生中间库存的浪费来降低堆积浪费，如图 1.9 所示。

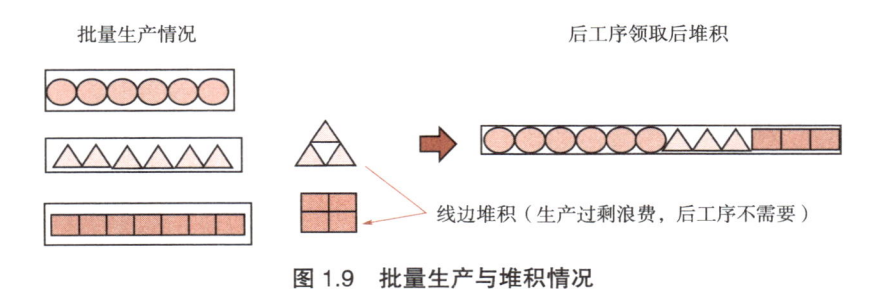

图 1.9　批量生产与堆积情况

（2）平准化生产。平准化生产出来的产品的种类、数量比较平均，使客户有更多的选择余地，减少了顾客等待时间，如图1.10所示。

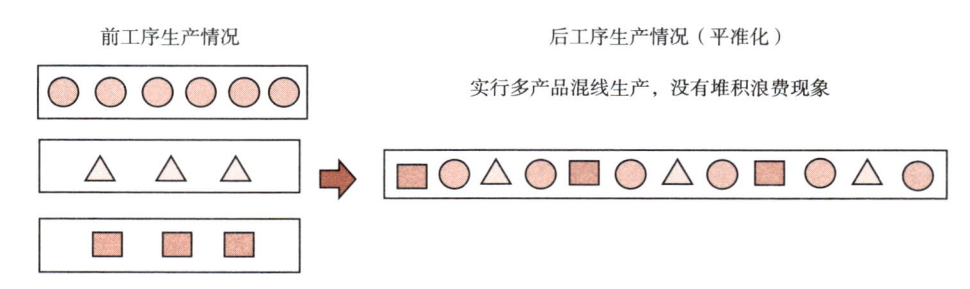

图1.10 实施平准化工序前后对比

4. 准时化的基本原则

准时化的基本原则分别是后工序领取、工序流程化和节拍。

（1）后工序领取。生产计划下达给最终工序，后工序去前工序领取所需数量的物品，前工序是将领走的物品，按领走的顺序、领走的数量进行制作并补充。通过后工序领取，辅助实现了准时化。后工序领取还消除了物料停滞，并通过看板随时反映问题，如图1.11所示。

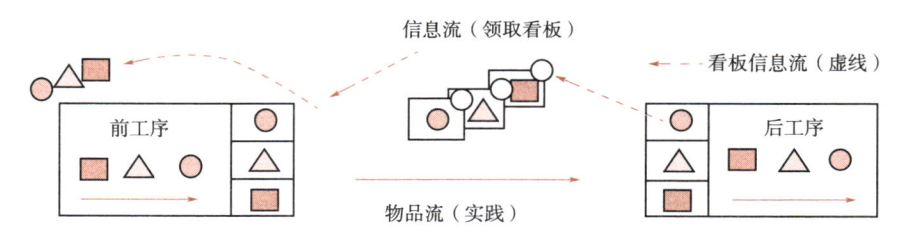

图1.11 物品、信息传递流程

（2）工序流程化。工序内、工序间的产品进行不停顿的单工序流程化生产，不仅可以缩短生产的交付周期、消除工序或工序间的停滞，还能够减少浪费。

① 生产的形式。一个流生产，确保多品种同步化的产出。

② 产品的品质。要确保产出高品质产品。

③ 设备及工装。包括：按制造流程或产品工序和工序顺序来配置设备；确保设备的故障率低、稳定性好；确保工装切换时间短（换模时间、夹具转换时间越短越好）。

④ 人员的技能。包括：具备多工序的作业能力；具备会操作多种设备的能力（多能工化）。

（3）节拍。按节拍生产必要数量的产品。节拍是由生产的必要数量和稼动时间计算出来的，不是取决设备的能力。

1.4.2　自动化

精益生产方式中的"自动化"是指发生机械设备的异常、品质异常、作业延迟等类情况时，让机械设备能够自动检测到异常而自动停止，或者让作业员按下停止键，将生产线暂停，避免不良品的流出；或者是指当完成加工作业时，设备和生产线会自动停下来，这样可以免去人对设备的监控。精益生产方式中的自动化与一般意义上的自动化不是一回事，它强调的是人机最佳结合，而不是单单地用机械代替人力的自动化，是让设备或系统拥有人的"智慧"。

1. 自动化的目的

自动化的目的如下：
① 省人化（无须监控机械设备）。
② 防止机械设备发生故障。
③ 持续制造100%的合格品。

2. 自动化的效果

（1）不将不良品流到下道工序。品质检测机制可参考以下方式。
① 建立每道工序的品质控制方法。
② 建立零件的质量标准。
③ 使用品质检测线找出缺陷，如图1.12所示。
④ 集采分批量检测（适用于大规模检验）。
⑤ 每台机械设备都能自动检测到异常并自动停止，同时，作业员都基于标准作业进行操作及品质确认，一旦发生异常或作业缓慢而导致不能正常生产时（如匆忙赶工或者作业不按标准做等产生异常），作业员进行判断后按下停止键，这种方法能有效地防止产生不良品，避免将不良品流到下道工序。

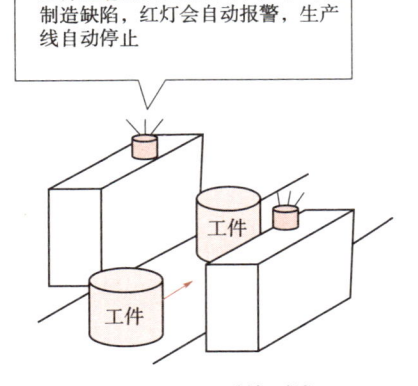

图1.12　品质检测线

（2）将设备故障防患于未然。能感知到设备的异常而及早停止设备，预防该异常造成的更大问题。

（3）做到省人化。机械设备能够自我检查、自动停止，就没必要安排作业员去监视守着，也不需要对该设备生产的产品进行全面的检查。

（4）做到改善。自动化能使问题显现化，能够更有效地做到防止同类问题再发生，最终可以使设备安全运作，品质得到保障。

（5）防止不良品再次发生。虽然自动化能够有效保证品质，但在生产过程中仍然会遇到不良品、返修品的情况发生。处理方法很重要，如果仅是应急处理，同类原因造成的不良可能会再次发生，为了防止不良品再次发生，需要彻底追查所发生不良品的原因（真因），必须对真因采取对策，才能防止不良品再次发生，正确掌握问题的真因很重要。这一点丰田创始人丰田佐吉就首开自动化先河。

丰田佐吉发明的织布机断线时能自动停止织布机，如图1.13所示。

丰田佐吉发明的纺织机，无论是经线还是纬线，只要有一根断线，织布机就会检测到并自动停止，有效地防止残次品流入下道工序。他的发明打开了自动纺织机行业的大门，使作业员能容易地发现织布机停止，从而进行有效处置，杜绝不良品的流出。目前，这种结构原理的织布机被大型纺织企业沿用至今。

图1.13　断线后自动停止的织布机

3. 自动化的辅助手段

（1）利用生产指示系统。生产指示系统有以下三种功能：

① 帮助监督者（班长）更快行动的信息窗口，使用电子显示屏显示当前生产线存在异常的地方，监督者看到后，会立即前往解决异常，如图1.14所示。

装配线的生产指示系统，悬挂于生产线最显眼位置，当屏幕上显示某个工位为红色，表示这个工位出现问题，生产线处于停止状态，监督者看到后，会立即前往该工位解决问题，避免产线长时间停止，影响生产效率。

② 在单台作业时，如果品质或设备等方面发生异常，这时设备上的定位停机开关（生产指示的一种）就会点亮指示灯，告知监督者。监督者通过系统很快地知道具体工位地址，会立即赶往异常工位进行处置，解决不良，防止有问题的产品继续流通。

③ 生产指示系统还可作为工作指示，如在品质检查、刀具更换、零件搬运时显示其工作的进度。直白地说，它就是一个目视化管理工具。

图 1.14　生产指示系统

（2）利用自动停止系统。刀具折断自动停止系统，如图 1.15 所示。通过采集设备主轴的电流、负载、位置等信号，以及监测主轴速度、振动输出数据，经过大数据流计算处理后，搭建起一套完整的对刀具工作状态监测和寿命预测分析系统，实现对刀具使用寿命、工作状态全过程监控管理。当刀具磨损程度增大，一旦出现崩刃或者断刀情况，系统会立即抓取异常并报警，触发设备异常控制模块响应，设备停止运转。避免因刀具异常导致的产品质量降低和撞机事故，降低刀具的成本。同时，对刀具的实时自动监测，免去了人对设备的监视时间，自动化极大提升了精益生产的效率。

图 1.15　刀具折断时自动停止系统

（3）利用防误装置。为了感知作业员的作业失误，防止不良品的发生或设备故障，在生产工序或设备本身设置了一种机能——防误装置。根据工序不同，有多种多样的形式。它能够减轻作业员对不良品、操作失误、受伤及设备严重故障等消极因素所产生的精神负荷。

防误装置是现场凝结出来的真智慧，能很好地运用到实际工作中，其成本低廉、构造简单、寿命长、易保养，能使不良率发生减至为零的装置。

下面列举三个事例，说明防误装置的重要性。

事例1：螺母焊机防误装置。为防止漏装螺母而设置的一种装置，该装置的原理是当上下电极接触时，电流回路导通，电阻产生热量，在电流不变的情况下，电阻越大，产生的热量越大。此时螺母和焊接件接触处产生红热，并获得了高可塑性，再施加压力，螺母和焊接件即会连接成一体，螺母被焊接在工件上。但如果漏装螺母，当上电极向下触碰到下电极时，与之一起上下移动的支撑杆，会下降碰到停止按钮，按钮上的红灯亮起，蜂鸣器发出警报，提醒作业员螺母漏装，避免了不良品的产生，如图1.16所示。

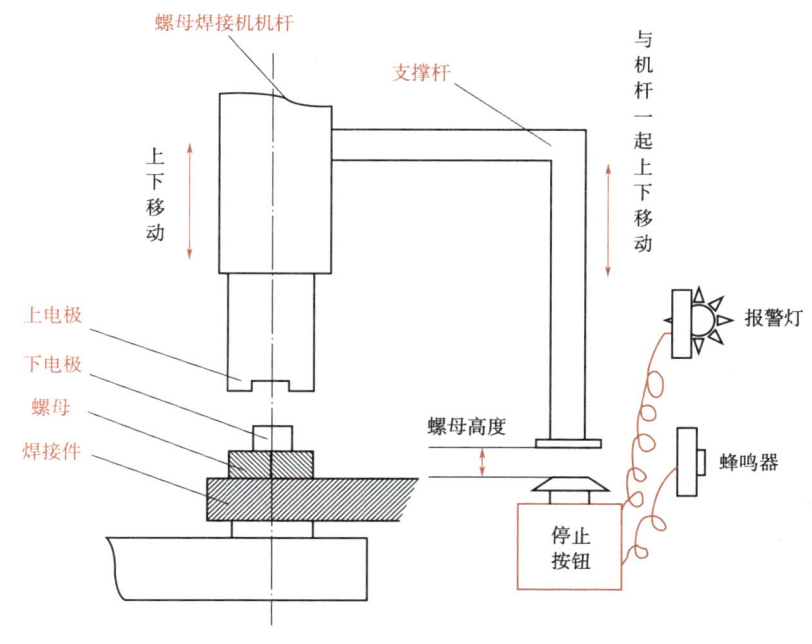

图1.16 螺母焊机防误装置

第 1 章　精益生产方式基本概念

事例 2：挡盖组装防误作业。若感知挡盖方向装反，作业就无法进行，如图 1.17 所示。当挡盖装入本体时，作业员需要将挡盖严丝合缝安装在本体上，为防止挡盖方向装反，挡盖的一侧设计成卡扣形状，另一侧设计成弧形段尾部，相应的本体上也设计成与之匹配的轮廓形状，这样即使挡盖装反，也无法安装在本体上。

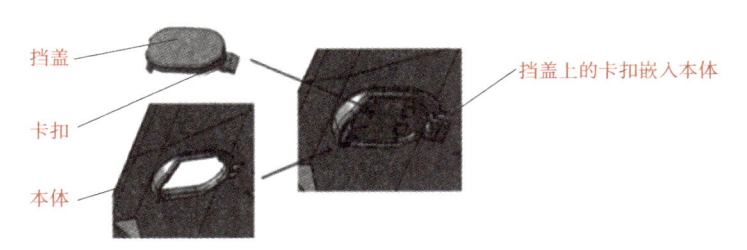

图 1.17　挡盖组装图

事例 3：装配不良报警提示。感知工件的孔位、定位点装配不良，红灯发出报警提示，如图 1.18 所示。

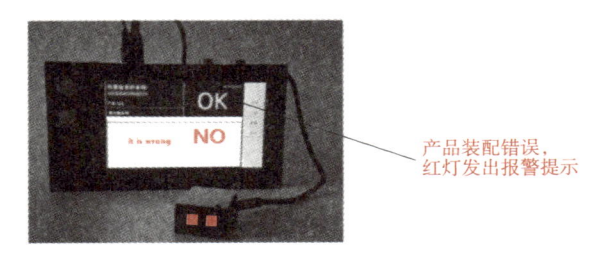

图 1.18　装配不良报警提示

（4）对于不良品的管理方法。不良品是指生产制造中不符合相关品质要求的原料、半成品、成品等，对于产生的不良品，应建立管理机制，防止流入下道工序。不良品的管理方法，见表 1.1。

表 1.1　不良品的管理方法

措施	原则	手段	管理方法
降低不良发生	排除法	取消不良作业	通过工艺、工装、技术改造支撑等，保证产品品质，消除不良作业
	替代法	不用人做	通过装置代替作业中要求作业者通过记忆、知觉、判断等方法，保证产品品质，消除不良作业。例如，采用屏显提示、红外线控制等装置代替人的记忆、判断等

续上表

措施	原则	手段	管理方法
降低不良发生	容易化	将作业简易化	通过简易化作业，将作业者记忆、知觉、判断、动作等技能简化，减少作业失误。例如，出现不良品作业时，配备能自动停止的装置
发生不良防止流出	检查法	检查检测	即使发生失误，也能在连续作业中检查出不良品。例如，产品传送中设置的检测装置
	防止波及	降低影响	在波及过程中降低、缓和不良品产生的影响。例如，产品追溯检查法，或采用可追溯手段等

1.5 自工序完结

自工序完结就是工序内造就品质，工序内零件一次性合格，每个人要负责将自己的工序当作最终工序，把下一道工序看作是自己的客户，不接受、不流出、不制造不良品，将品质的重要性放在首位。

1. 不接受不良品

不接受前工序产生的不良品。

2. 不流出不良品

（1）设备检测出异常并自动停止，不流出不良品。

（2）作业员判断异常并人为停止，不流出不良品。

3. 不制造不良品

（1）异常发生后，想办法让生产立即停止。

（2）把握现状，作出调查分析。

（3）追查真正原因。

（4）针对发生源的对策。

（5）制定良品管理条件。

4. 品质改善强化活动

以品质改善为主题，组织全体员工参与其中，开展以提高品质为目的的改善活动，确保品质保证方法的实施，如图1.19所示。

第 1 章　精益生产方式基本概念

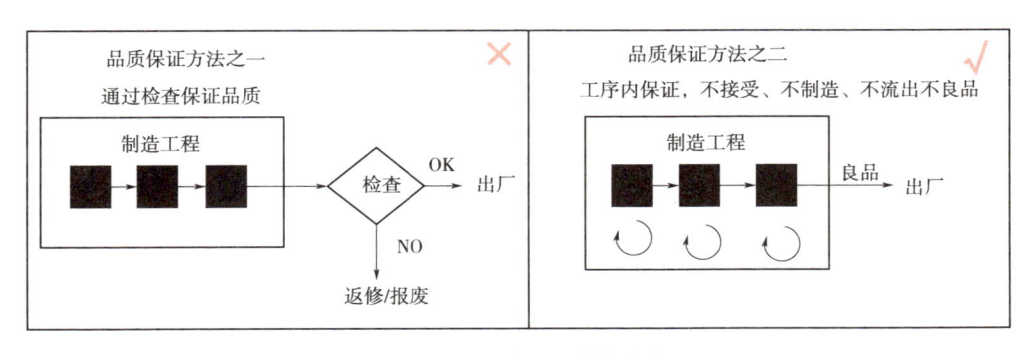

图 1.19　品质保证改善活动

1.6　少人化及省人化

1.6.1　少人化

当生产台数或者节拍发生变化，通过合理的人员配置，打造能灵活应对的生产方式，在没有降低生产效率的情况下，以最低限度的人员配置生产，高效使用人力，这种方式称为少人化。

1. 生产台数变更

少人化生产线，如图 1.20 所示。

300台/日，3人作业（——）→变为200台/日，2人作业（----），减1人

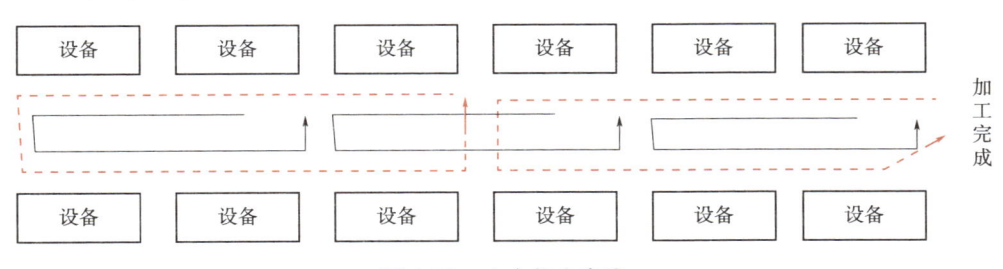

图 1.20　少人化生产线

2. 混线生产作业

少人化合并作业线，如图 1.21 所示。图中 1#、2# 生产线上有 7 人作业，通过将 2 条线合并成 1 条混线，减 1 人。

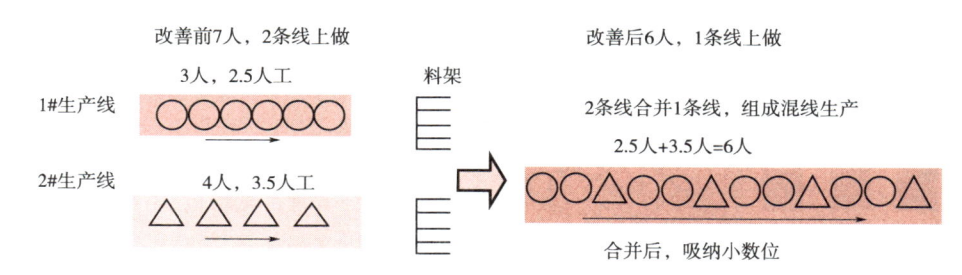

图 1.21　少人化合并作业线

1.6.2　省人化

通过改进操作方法或者改善设备，以1人为单位节省人力，称为省人化。省人化，如图 1.22 所示。

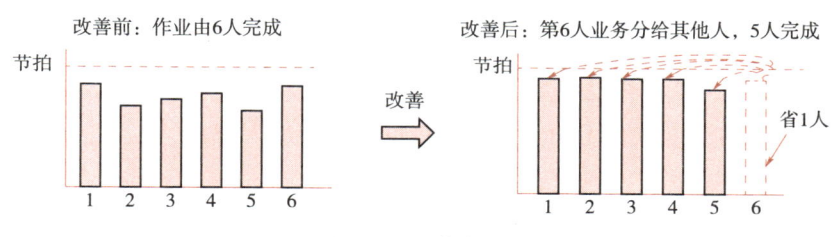

图 1.22　省人化

要着力打造一个能灵活应对不断变化的生产现场，即使生产台数、人员、产品和设备等条件发生变化，也能保证安全、品质、成本不会因混乱而失控，将现场打造成能够维持高水平、持续改善的职场。追求生产线的柔性化，一直是企业管理者们孜孜不倦探索的所在。

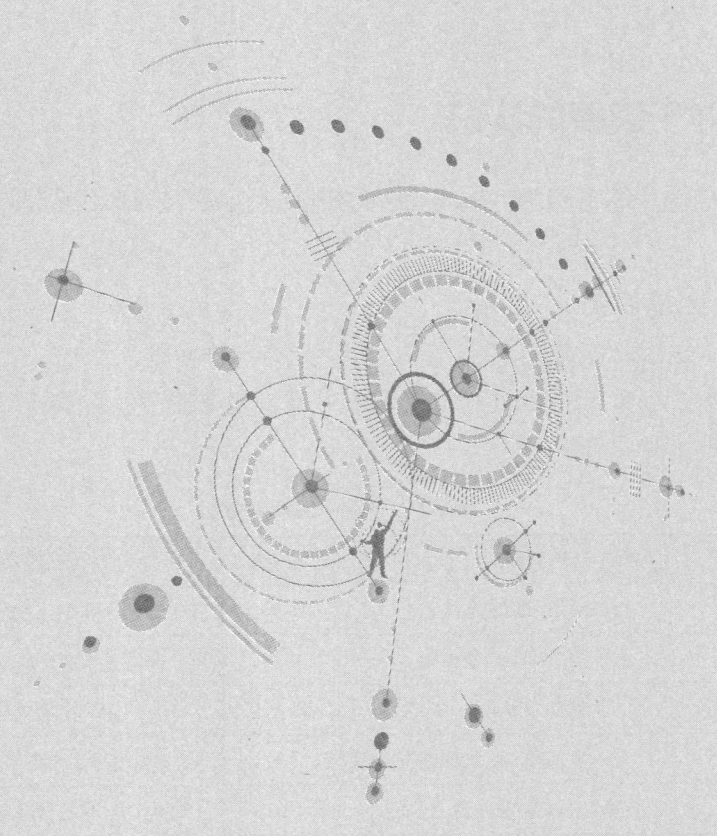

第 2 章
改善的科学思考与步骤

> 精益生产方式一直是人们孜孜不倦的追求目标，而改善的本质就是减少浪费、创造良好的作业环境，让员工能轻松愉快地精益生产。因此，精益生产方式与改善，两者之间是相互促进、相互融合的关系。

2.1 对于浪费的认识

精益生产方式是通过彻底消除浪费实现成本低减,因此需要加深对浪费的理解和认识。

1. 什么是浪费

制造现场的浪费就是指只会提高成本的各项生产要素,或者指不能提高任何附加价值的各种现象和结果。例如,作业员在车身底盘进行物品装配,按作业步骤分析存在哪些浪费?见表2.1。

表2.1 作业中的浪费分析

工序	作业事项	工序	作业事项
(1)	将料箱搬运到底盘线上	(6)	拿取4枚螺栓
(2)	去掉物品箱上的保护膜	(7)	将螺栓安装在底盘的物品上
(3)	拿取一个物品	(8)	走到电动工具地点
(4)	走5米到底盘组装地点	(9)	拿取电动工具到底盘组装地点
(5)	将物品安装在底盘上	(10)	用电动工具将物品拧紧在底盘上

表中工序中,只有标记为(5)、(7)、(10)的工序是能产生附加价值的作业,其他各项都是浪费或者是不能产生附加价值的作业,是改善的切入点。

2. 作业中的浪费

在生产中,经过对作业员作业的细致观察,发现作业主要分为三类:正味作业、附随作业、浪费,如图2.1所示。

正味作业:能产生附加价值的作业。

附随作业:不能产生附加价值的作业。

参见附录:汽车制造业精益生产方式标准作业区分。

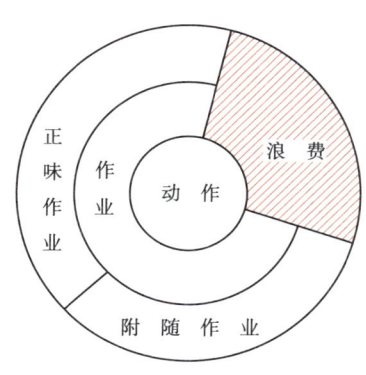

图2.1 作业的分类

2.2 浪费的种类

浪费主要分为七种类型，基于存在的七种浪费不均衡，以及勉强作业等因素，促使人们实施改善，但即使具备改善意识强，固有技术熟练等优点，如果不理解改善的步骤，也很难顺利地有效实施改善。

1. 生产过剩的浪费

生产过剩的浪费分为两类：一类是数量上生产过多；一类是没有必要地过早生产。生产过剩的浪费会诱发别的浪费，需引起特别重视，生产过剩浪费所诱发的问题如下：

① 产生多余的工时、设备。
② 油、电、汽等能源的浪费。
③ 材料、零部件的提前损耗。
④ 货盘箱、托盘等的容器的增加。
⑤ 新增的存放地、仓库等。
⑥ 搬运车、叉车等搬运工具的增加。
⑦ 库存的产生和管理工时的增加。
⑧ 利息负担的增加。
⑨ 改善的需求被扼杀在萌芽状态。

2. 不良品及返修品的浪费

因为生产加工导致出现不良品或返修品，导致不必要的重做、返工、报废等，降低了品质，提高了生产成本。

3. 加工的浪费

进行不必要的加工所产生的浪费，与工序进展和加工精度无关。

4. 搬运的浪费

搬运不仅是搬运实物，也可以是传递各种信息，范围很广。这里是指准时化的生产所必要的搬运以外的浪费行为。例如，频繁倒手、长距离搬运在制品、缺乏效率的移动等。

5. 库存的浪费

各工序间的半成品过多、从供应商进货的零部件数量过多、陈旧的过时品造成的浪费。

6. 动作的浪费

在作业过程中，不产生附加价值的人的动作和设备的作业，如作业中寻找、步行、拿取物品设备空转、空移等作业。

7. 等待的浪费

在设备自动加工时，作业员守在机器旁边，虽然想干活，但因为设备在运转，而无法投入其他的工作。

以上七种浪费，普遍的存在于工作中的各个地方，需要具有一双善于观察、发现浪费的眼睛，积极实施改善，许多问题也就迎刃而解了。实际上，工作中还有一种浪费一直没有引起我们的重视，这就是：未被使用的员工创造力的浪费。未使员工参与改善活动或未能倾听员工的意见，而造成的未能善用员工的时间、构想、技能，使员工失去改善和学习的机会，虽然这种浪费没有被列入改善活动中，但还是应该引起管理者、监督者的警醒和重视。在改善活动中尽量鼓励、激发员工多多参与，多听员工的建议，发挥员工创造力，珍惜来自一线的深切建议。只有这样，企业效益才会有事半功倍的效果。

丰田生产方式的创始人大野耐一先生认为，以上的七种浪费中，生产过剩是最严重的浪费，也是最不应该出现的浪费。因为，生产过剩会导致下游的某个工序存货增加、材料堆积、停滞或者等待下一个作业等一系列问题。所以，应该建立规则或者在设备上进行必要的制约来控制生产过剩。对企业而言，在生产过程中，努力降低因生产过剩而造成的浪费是首选任务。

2.3 不均衡及过负荷

导致品质参差不齐、成本提高的要因中，不仅存在浪费问题，还存在不均衡和过负荷情况。

1. 不均衡

在生产方面，产品和零部件的生产计划不是一成不变的，而是忽多忽少，具有波动性；在人员方面，针对某一标准而存在作业负荷上是有偏差的。

2. 过负荷

在制造现场的作业人员方面，身心都承受着过重的负荷（超出身体承受范围）；

在机械设备方面，设备被施加的负荷超出了设备自身的承受能力。

2.4 人的作业及设备作业

在制造现场排除浪费、推进改善和实施精益生产方式过程中，极为重要的一个步骤就是将人的作业与设备的作业进行区分，以提高人和设备的安全性。

1. 人的作业

人的作业是指作业员往设备上安装材料、取出产品等自身从事的手作业。

2. 设备作业

设备作业是指设备进行的作业，如自动加工等机械作业。

2.5 生产能率、稼动率及可动率

作为判断工作与改善成果的一个标尺，需要引入生产能率、稼动率、可动率等概念词汇。

1. 生产能率

生产能率是指制品基准时间与实际投入作业时间的比率。从经营角度分析，对制造现场的实力、运营状况等，运用工时的输入、输出比进行评价，通过对工时投入的正确核算，得到对生产维持以及成本低减方面，采取进一步对策的依据。

$$生产能率 = \frac{制品基准总时间（秒）}{作业员作业总时间（秒）} \times 100\%$$

生产能率可以按每班、每天、每月、每年等为单位，进行生产能率的核算；制品基准总时间＝制品基准时间 × 产品合格数；制品基准时间＝制作单个合格品（成品）的基准时间；合格数＝合格品的数量；作业总时间＝发生作业的所有工时。

2. 稼动率

稼动率是指后工序所需要的数量（销售数量）与按该设备进行满负荷运转时的定时加工能力的需求比率，可能高于或者低于100%。

$$稼动率 = \frac{销售量（台/日）}{满负荷定时加工能力（台/日）} \times 100\%$$

稼动率是衡量设备生产能力水平高低的参数。

3. 可动率

可动率是指设备需要运转时（看板送达时），可达到正常运转状态的概率，即设备及其维修保养所决定的可靠性，通常的理想值为100%。

$$可动率 = \frac{生产台数（台/日）\times 生产节拍（秒/台）}{设备运转时间（秒/日）} \times 100\%$$

可动率是衡量设备运转及其维修保养的能力水平高低的参数。

2.6 改善的六大步骤

改善应以事实为基础，具备客观地、正确地推进事务的想法，按照解决问题的步骤逐步展开。改善的六大步骤，见表2.2。

表2.2 改善的六大步骤

步骤	改善步骤	思考方法
1	发现需要改善的地方	明确目的，选定题目
2	现状分析	抓住事实，把握现状
3	构思的产生	根据事实考虑，分析主要因素
4	制订改善方案	制订方案、探讨对策、制订计划
5	实施改善方案	实施改善
6	改善实施后效果确认	确认效果

2.6.1 发现改善之处

改善的出发点在于找到需要改善的地方。虽然职场的问题点和需要改善的地方有很多，有的已经非常清楚，但是作为改善还必须发现问题的根源是什么？何处有浪费？要持有问题根源意识。

1. 问题意识

（1）在改善意识上，重点关注是否有比现状更好的方法。

（2）是否能够更加降低成本。

2. 问题存在的形式

问题存在的形式，如图2.2所示。

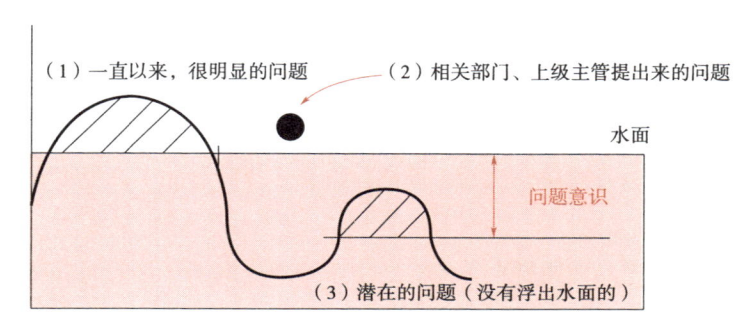

图 2.2 改善存在的形式

（1）一直以来很明显的问题。
（2）相关部门、上级提出的问题。
（3）潜在的问题（没有浮出水面的）。

3. 发现需要改善的方法

（1）追求目的。行动必须有目的，很多时候我们只是凭习惯去行动，但在进行改善时，要彻底地明确目的、追求目的就能够发现问题。

（2）发现浪费。通过对这七种浪费进行逐一研究，发现因浪费产生的问题是有迹可循的，每种浪费都有其特征。经过归纳整理，针对浪费种类产生的思考，见表2.3。

表 2.3　针对浪费产生的思考

浪费的种类	浪费产生的思考
不良及手修的浪费	有无加工不良 有无手修
生产过剩的浪费	是否加工无看板的产品 是否存在工序间的堆积
加工的浪费	其他加工目的是什么 是否存在过剩加工、浪费加工
搬运的浪费	为什么要搬运它 搬运方法是否得当
库存的浪费	备件数量是否过多 是否看板枚数过多或产品超过最小库存
动作的浪费	为什么要做重复的动作 为什么存在动作的停滞
等待的浪费	是否发生等待 是否搞清楚为什么等待

（3）生产交付周期改善。

$$生产交付周期 = 加工时间 + 停滞时间$$

生产交付周期的定义是生产产品时从准备材料到制成成品时所需的时间。

① 加工时间：进行冲压、切削、焊接、组装、成形等加工，提高其附加价值所花费的时间。

② 停滞时间：产品或原材料等停滞在工序旁或仓库内，且时间都花费在检查、搬运等方面，对这些不能提高附加价值的时间，应进行缩短改善。

③ 其他：利用生产指示、看板等可视化工具，以及5S、5W1H（见下文）等现场管理方法，发现需要改善的地方。

（4）利用5S发现改善。5S起源于日本，是指在生产现场对人员、设备、材料、方法等生产要素进行有效管理，及时发现问题，是日本企业独特的一种管理办法。

5S是整理（seiri）、整顿（seiton）、清扫（seiso）、清洁（seiketsu）、素养（shitsuke）五个词的日文读音拉丁化首字母的合称。

① 整理。将现场所有物品分为有用品和无用品，留下有用品，将其余无用品全部清理，以腾出空间、活用空间。

② 整顿。把留下来的必要品按照规则定位置摆放，方便拿取使用，这样使工作场所一目了然，消除寻找物品的时间，消除积压物品。

③ 清扫。将现场内看得见与看不见的地方清扫干净，保持干净、整洁的环境，以稳定品质，减少工业伤害。

④ 清洁。将整理、整顿、清扫进行到底，并将之制度化，以创造明朗干净的职场环境，并维持成果。

⑤ 素养。指导我们务必遵守已制定的规则、制度，以创造人人遵守规则、制度的职场。

将职场维持在良好的管理状态，能轻松地发现浪费、不均衡等现象。因此，从安全、品质方面来看，5S都是极其重要的事情。通过构建方便使用、用眼睛容易观察到的管理方式，谋求减少工时、提高安全性。

（5）利用5W1H（对待工作的思考方式）发现改善。5W1H分析法是一种简单、有效方法，广泛用于企业管理和技术改善，对于决策和执行性的活动措施也非常有帮助，有助于弥补考虑问题的疏漏。

5W1H 是对选定的项目、工序等，都要从原因（何因 why）、目标（何事 what）、地点（何地 where）、时间（何时 when）、人员（何人 who）、方法（何法 how）六个方面提出问题并进行思考，对工作进行科学地分析。在此调查研究的基础上，就其工作内容（what）、责任者（who）、工作岗位（where）、工作时间（when）、怎样操作（how），以及为何这样做（why）进行书面描述，并按此描述进行问题说明，达到完成职务任务的目标。

5W1H 的具体内容如下：

① why（为什么要做）是原因。

② what（做什么，做成什么）是目标。

③ where（在哪儿做）是地点。

④ when（什么时候做）是时间。

⑤ who（谁来做）是人员。

⑥ how（怎么做）是方法。

一个人对问题是否敏感？能否看出问题关键？这与他平时是否善于提问有密切关系的。对问题能够追根刨底，就有可能发现新的知识和新的疑问。每一个人都要勇于直面问题。

（6）物品与信息流程图。物品与信息流程图是将物品的停滞、堆积可视化，突出问题，并以此为着眼点，进行改善。通过现地现物画出物品与信息流程图，体现出物品停滞和信息停滞，将隐藏在流程中的问题，一目了然地显示出来，从而为对策制订、问题解决提供了技术支撑。比如，生产线边上的物品停滞，如图 2.3 所示。

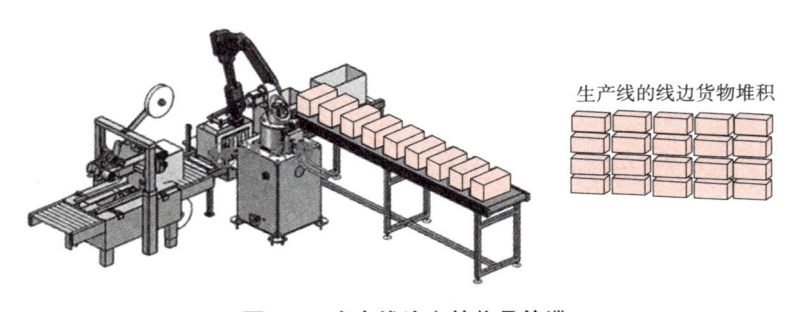

图 2.3　生产线边上的物品停滞

① 为什么要制作物品与信息流程图？

掌握现状，找出物品停滞和信息停滞的原因，分析思路如图2.4所示。

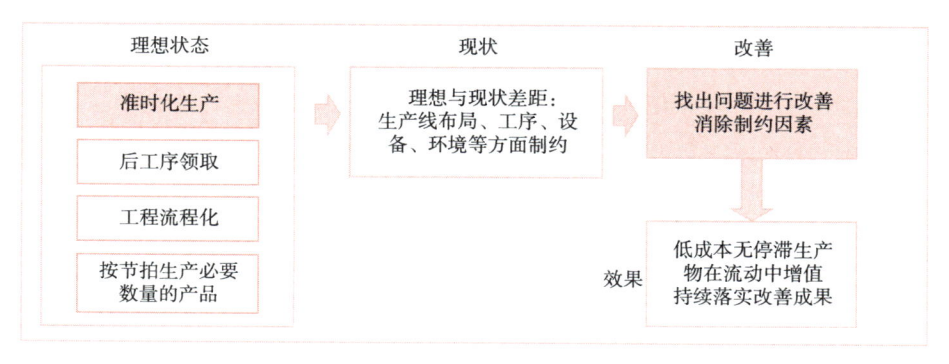

理想状态	现状	改善
准时化生产 后工序领取 工程流程化 按节拍生产必要数量的产品	理想与现状差距：生产线布局、工序、设备、环境等方面制约	找出问题进行改善 消除制约因素

效果：低成本无停滞生产 物在流动中增值 持续落实改善成果

图2.4 物品与信息流程分析思路

② 物品与信息流程图制作要领。

a. 表示出工序之间的区分，还要依次呈现前后衔接工序的顺序。

b. 计算出生产的周期时间。

c. 搬运的机制（定期不定量搬运、定量不定期搬运）。

d. 搬运的频率、时间、数量的计算等。

③ 物品与信息流程图的编写顺序。

a. 描写现状。例如，以现地现物来捕捉事实，并一目了然地描写出来；物从原材料到成品的流程是什么样的；物的种类、包装形态、容纳数量、交付周期、在制品批次如何。

b. 描写出应有的姿态。例如，想象出物品在生产节拍内生产、搬运物品的姿态；描述的是否准确，将直接关联到准时化的提高。

c. 清理问题点。问题点可视化，清理出与理想（设想）状态存在差距的问题点。

d. 问题点的验证。从资金、工时、时间、技术等制约条件方面予以验证，确定问题的优先顺序。

e. 描写实现目的的姿态。制定目标、对策、手段等，同时要明确资金、交货期、必要工时的预算。

④ 画法说明。

a. 把握物流情况，将前后工序现状画出，使用简洁的符号把调查现状清晰地表示出来，说明物品流向哪里。

b. 后工序按顺序追溯物品移动的规则。物与信息流的画法，如图 2.5 所示。

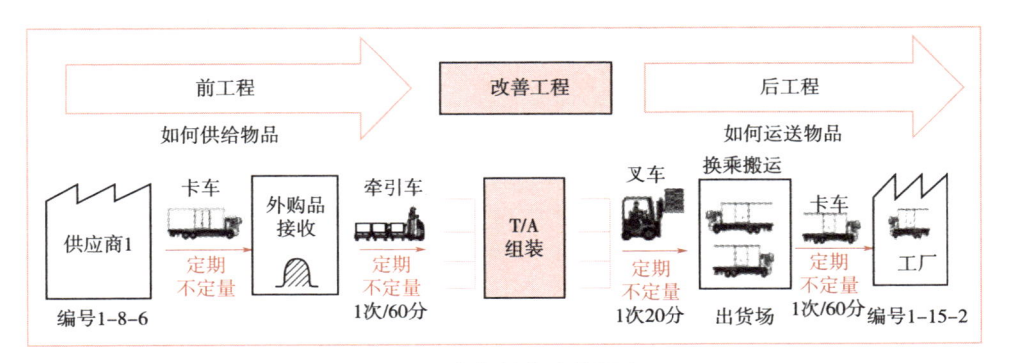

图 2.5　物与信息流的画法

物品出现的地方，也伴随着信息的流动。如图 2.6 所示，看板的流动是从信息的发生地到使用地，用虚线连接表示，看板的周期是由卡车带着看板传递的，频率为 n 次/天。换乘搬运是将货车搬运作业与装卸货的装卸作业分离，完成装卸货后，再换乘到已经完成装卸作业、待机中的货车上进行搬运作业。

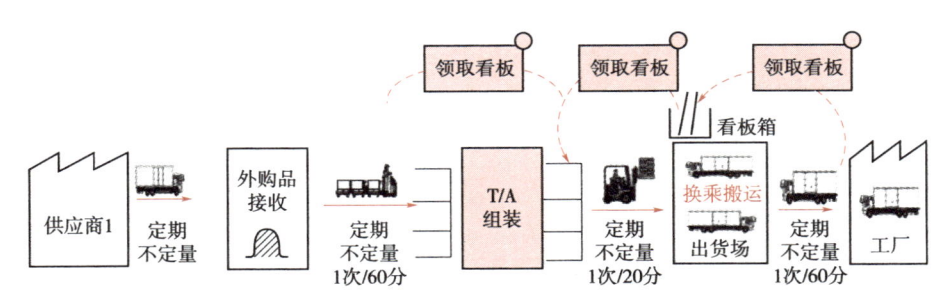

确定物与信息的移动规则：何时、何地、何人、何种搬运工具、何种频率等。

区分	何时 （时间/频度）	何种频率 （举例）	从哪里到哪里 （举例）	谁负责 （责任人）	如何搬运 （方法）
物的流动	是否定期 是否定量	定期：1次/20分 定量：10台/1次	从T/A组装成品仓库→出货场	搬运负责人	叉车 牵引车
信息流动	是否定期 是否定量	定期：1次/20分钟 定量：10张/1次	从出货场→T/A组装成品仓库	搬运负责人 生产线运营人员	领取看板： 在制品看板 电信号看板

图 2.6　物与信息的流动规则

c.跨工序搬运表示物的流动、信息的流动，如图2.7所示。

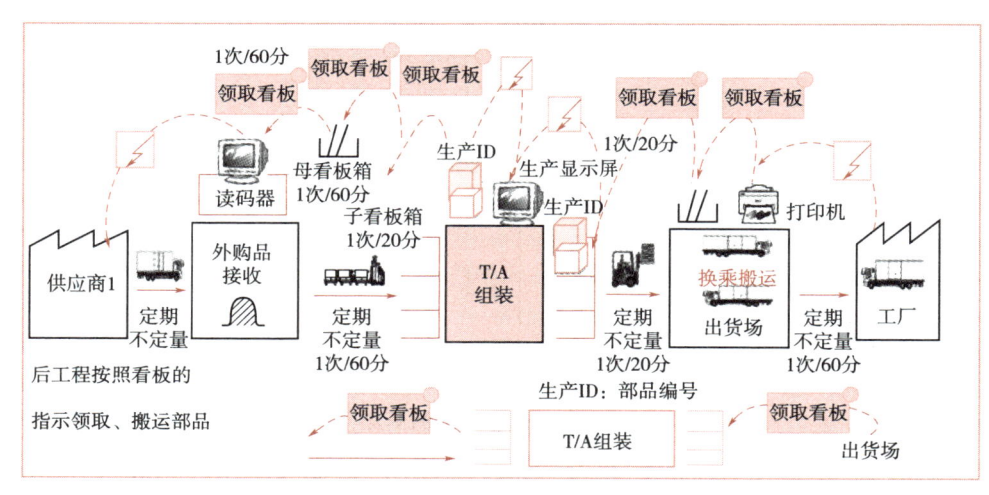

图2.7 物与信息流程图

⑤ 物与信息流程图的常用表示符号，见表2.4。

表2.4 物与信息流程图常用表示符号

符号	说明	符号	说明
→	物品流动方向（从左到右流动），标记物品发生变动，流动的分歧、汇合处	▭	物品架、半成品、仓库存放地 依据物品号整理，遵循先进先出规则放置
←---	信息流动方向（从右到左流动）	⌂	供应商、交货方的物品存放地
▭○	看板：分为领取看板和在制品看板两种类型	▭→	顺序传送链：物品按照生产顺序摆放的地方
▱	纸质资料指示：指示单、传真打印件	⛰	滞留：物品在物品架、顺序传送链以外的地方停滞时，其所在地的表示
⚡	电传信息	✸	问题点表示方法
▭	工序	L/T	工序制作（加工）时间
├──┤	工序范围（生产工序的接收、运输、发货场地）	∥∕	看板箱：用于回收领取看板和在制品看板的箱子

续上表

符号	说明	符号	说明
	传输实时显示器		后工序领取

⑥ 物与信息流程图制作，如图 2.8 所示。

已知条件：T.T（节拍）= 58 秒 / 个，注塑生产 300 个物品，涂装生产 400 个物品。收到订单开始生产，根据总装排产投入确定顺序信息，对保险杠治具进行顺序排列。

注塑生产周期时间：（300 个 × 58 秒 / 个）÷ 3 600 ≈ 4.83（小时）。

涂装生产周期时间：（400 个 × 58 秒 / 个）÷ 3 600 ≈ 6.44（小时）。

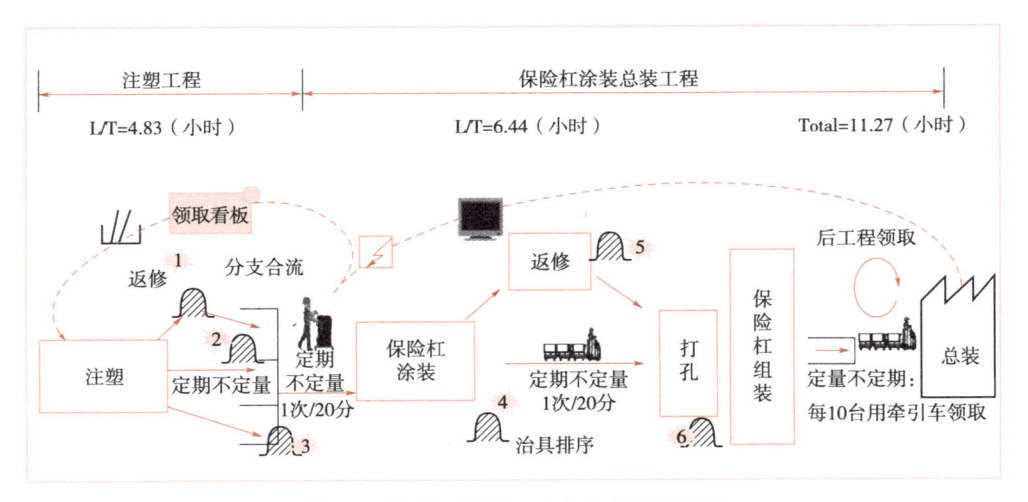

图 2.8 注塑 + 涂装工序物与信息流程图

通过物与信息流程图的制作，将问题点清楚地显示出来，见表 2.5。

表 2.5 问题点和制订对策表

序号	问题点	制订对策
1	注塑后品质不良，返修产生的滞留	注塑工艺技术提升改善方案，降低不良
2	物品流动的分支合流处及搬运前后滞留	搬运规则改善方案制订

续上表

序号	问题点	制订对策
3	物品架上的物品，搬出入时产生的滞留	按先入先出的顺序规则执行
4	涂装完成后搬运治具排序滞留	治具搬运规则改善制订
5	涂完后品质不良，返修出现滞留	涂装工艺技术提升改善，降低不良
6	打孔、组装之间无搬运间隙，产生滞留	两个工序间设置搬运间隙改善

⑦ 搬运机制。搬运机制有两种：定期不定量搬运、定量不定期搬运。这两种搬运的目的就是实现目的地的库存量保持稳定不变。

a. 定期不定量搬运。在规定的时间里搬运要用的量。定期不定量特点：一是搬运间隔为固定间隔，根据生产计划每月修正搬运时间；二是搬运量会变化，搬运的作业员的工作量也会发生变化。

b. 定量不定期搬运。规定数量的物品被使用完后，搬运相应数量的物品。定量不定期特点是根据后工序稼动的变化，搬运作业员的出发时间发生变化。

c. 搬运过程中出现延迟问题不能按照既定的标准时间执行，就应将问题可视化。采取对策，见表2.6。

表2.6　可视化搬运管理表

序号	计划时间	实际时间	延迟理由	对策/手段
1	7:35出发	7:42出发	看板堆积过多、导致出发延迟（如看板数量，计划5个，实际9个）	班长李×调查分析中
2	8:08出发	8:20出发	受前工序影响，出发延迟	汇总，向上级报告
3	8:34出发	8:46出发	前工序波动，后工序杂乱，导致出发延迟	管理者立即采取措施，解除看板系统故障

⑧ 搬运的形态

a. 混载搬运。一台车里装载多个种类物品进行运输的方法，在保障运输效率前提下，通过多次运输，减少前后工序中物品的在库数。同时，如有生产计划的变动，也能通过增减运输次数应对。

b. 按序领取。决定了加工制品的顺序后，按照顺序从前工序领取物品。

c. 组合搬运。混载+定量+顺序的组合搬运方式。

2.6.2 分析现有手法

找到需要改善的地方后，要立即对现在的实际情况，准确无误地予以掌握。只有准确地掌握了现状，改善才能做得更到位，在现状把握上不得混杂有自己的推测。

1. 分析时的心态

把重视事实放在第一位，只有正确掌握现状，才能分析到位。

（1）实事求是，不作任何臆测地掌握现场实况。

（2）无任何遗漏，从多角度毫无遗漏地掌握事实。

（3）正确和细致入微地收集一定量的具体数据，进行分类，作为事后进行数据分析的支撑。

2. 现状分析手法

工序的定义是生产对象会产生变化的过程。工序分析，见表2.7。

表 2.7 工序分析

措施	管理方法
工序分析	生产工序作业方法分为四类，分别是加工、搬运、检查、停滞，工序分析是依照各自发生的顺序进行区分和标识，进一步对各个工序的条件进行分析、调查，得出真实的工序现状分析
路线分析	对于多品种少批量的生产，首先要设置在某种程度上能满足所有品种生产的设备配置和作业配置，编制出产品路线图，其次是找出其中具备代表性工序的路线分析，作为现状分析的主要部分
流程分析	根据工序分析表，使用线形图表，将产品在工厂内的流动路线，画在设备配置图上，作为车间、生产线及设备配置的选型参考

作业的定义是对生产对象施加作用的过程。作业分析，见表2.8。

表 2.8 作业分析

措施	管理方法
要素作业分析	将需要改善的作业大致分解为安装工件、按启动按钮、搬运工件等要素作业进行逐项研究，看能否取消某项作业或者能否简化某项作业
动作分析	经过要素作业分析并改善后，就要对动作进一步彻底细化分析，对其动作本身予以改善。改善分析时要采用基本动作要素符号
时间分析	要素作业分析时，需要进一步观测、记录时间值，并由此进行改善
稼动分析	经过长期连续时间分析，对作业中的全部活动进行分析调查，找到问题点，实施改善

3. 要素作业分析

要素作业分析是对每一项要素作业都要研究其作业是否真正需要、动作是否能够更加简化，并实施改善。要素作业的大小没有严格的定义。

（1）拿起桌子上的杯子喝水，其要素作业分析如下：

① 拿起杯子。

② 喝水。

③ 放下杯子。

（2）在车间里，从托盘里拿取工件，安装在设备上，设备加工出成品，将成品取下，最后成品放入托盘，要素作业分析如下：

① 从托盘里取出工件。

② 将工件搬运到设备旁。

③ 从设备上取下上次的成品。

④ 将工件安装在设备上。

⑤ 按设备启动按钮。

⑥ 将成品放入托盘。

（3）制造 W 产品，要素作业分析，如图 2.9 所示。

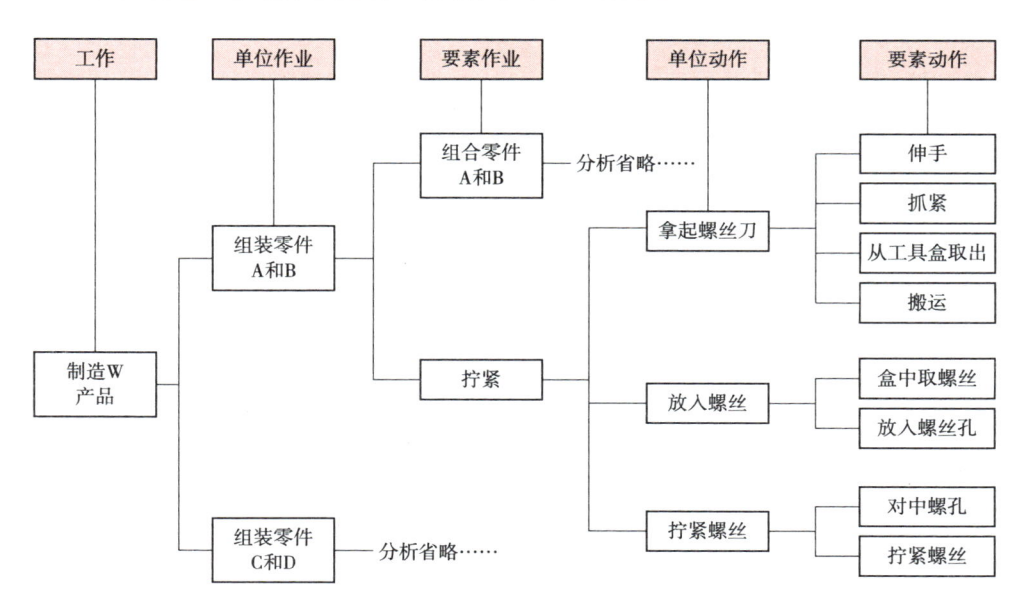

图 2.9　制造 W 产品要素作业分析

作业的分析单位按照从工作开始，从左往右逐步分解的顺序，慢慢变小到要素动作。工作设定为制造 W 产品时，其单位作业分为组装 A 零件和 B 零件和组装 C 零件和 D 零件。如将之作为要素作业时，则为组合 A 零件和 B 零件和拧紧。将这种程度大小的作业分析方法称之为要素作业分析。如要更进一步地细分为单位动作和要素动作，则单位就会逐渐变小，这种继续做最细致单位的要素动作分析，称之为动作分析。

4. 动作分析

（1）即使是标准化作业，如果仔细观察也会发现每个人在作业方法上的不同。因此，在进行该项作业时，应该有一套最好的作业方法，即找出最佳作业的作业方法。

（2）为了找到最佳作业方法而进行的消除浪费、不均衡，以及勉强动作的工作，就是动作分析，因此现场的观察尤为重要。

（3）现场动作分析的观察着眼点如下：

① 观察作业者是否按标准、按节拍进行生产和搬运。

② 现场管理可视化（人、机、物流等）。

③ 能时时刻刻知道现场的异常情况。

④ 物与信息要一起流动，物品上有无附带的信息。

⑤ 指定的东西一定要放置在指定的位置上。

⑥ 不良品不流向后工序。

⑦ 作业员遇到异常应及时停线。

⑧ 停线后，要等修好后再向后流动。

⑨ 监督者（班长）的工作就是要努力确保生产线运转良好。

⑩ 是否存在过剩的中间库存。

⑪ 是否存在物品滞留情况。

⑫ 是否存在物品或者废材的落料混乱情况。

⑬ 作业之间是否存在干涉。

（4）现场动作的表示方法。动作分析由美国人吉尔布雷斯创立。如果对人的动作进行仔细分析可分为 18 项基本动作，将这 18 项基本动作使用要素符号进行表示，见表2.9。使用该项分析手法对动作进行分析，可以发现动作中的浪费、不均衡和勉强，并加以改善。

表 2.9　基本动作要素 18 项

序号	名称	表示符号	符号说明	例：使用桌子上的毛笔写字
1	寻找		用眼睛寻找物品的状态	查找毛笔放在哪里？
2	发现		用眼睛发现物品，处于直视状态	发现了毛笔
3	选择		显示所选择物品的状态	从众多毛笔中选出合适的毛笔
4	抓紧		手抓住物品时的状态	手抓住毛笔
5	移动		物品放在托盘中的状态	拿着毛笔从一个地方移动到另一个地方
6	更换		将物品集中在手前端的状态	重新调整拿笔姿态，更方便写字
7	组合		装配状态	给毛笔盖上笔帽
8	使用		物品朝上的状态	写字
9	分解		从组合好的物品中拆分出一个物品的状态	取下毛笔的笔帽
10	调查		用镜片观察的状态	检查字写得怎样
11	无法避免的延迟（等待）		人被绊倒时的状态	右手写字时，左手等待
12	松手		将手中的物品脱离的状态	松开握住毛笔的手
13	空手移动		盘子清空的状态	放开毛笔，手复位
14	保持（握住）		拿着物品不放手的状态	握住毛笔不放手
15	休息		人坐在凳子上的状态	由于累了，需要休息
16	准备		球杆竖起，将要击球的状态	为下次使用时容易拿取而做好准备
17	可以避免的延迟		人平躺睡觉的状态	不能写字时，产生的分心、东张西望
18	思考		用手支住头部思考的状态	思考怎样把字写好

以主体的基本动作要素为中心展开思考，见表 2.10。

表 2.10　以主体动作开展改善的着眼点

分类	动作要素	改善的着眼点
主体的基本动作要素 （不得不做的正味）	组合装配　使用　分解	适宜化、简单化
附带的基本动作 （想办法减低的附随）	空手移动　抓紧　带物品移动 让重物集中在手前端　　松手	减少搬运、空手移动等动作，实施简单化动作的平衡
不希望做的基本动作要素（浪费）	用眼睛找寻　用眼睛发现　选择物品 保持　调查　延迟	将作业改善、进行标准化 做好 5S 追求动作的平衡

（5）以汽车车身装配作业为例，对作业员作业进行分析，如图 2.10 所示。

A区 0~600 mm
物品放置在作业员作业位置伸手可及的范围内

φ1 000 mm

B区 601~1 000 mm
物品放置在作业员需从作业位置跨出1步以内，才能拿到物品的位置

φ600 mm

作业员作业时的俯视图

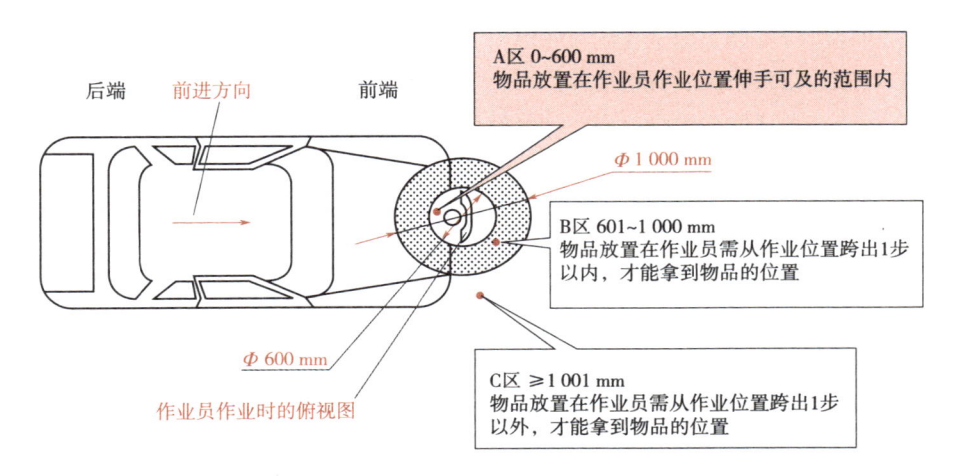

C区 ≥1 001 mm
物品放置在作业员需从作业位置跨出1步以外，才能拿到物品的位置

后端　前进方向　前端

图 2.10　汽车装配作业时动作分析

① 作业员作业最佳区域：A 区。作业员不用移动脚步就可以轻松拿到零件，直接进行装配作业；减少用眼睛寻找、发现、选择物品的时间；减少步行时间及拿取物品的次数。

② 零件放置的最佳区域：A 区。作业范围是以作业者为中心，位置在 600 mm 以内为最佳。

③ 改善的着眼点。将物品及工装夹具放置地点向 A 区（0～600 mm）靠近，缩小作业范围。

5. 录像 IE

（1）录像 IE 的目的。

为了缩短人员和设备的动作时间，掌握并研究动作浪费，提高动作的品质（提高有附加价值的作业）。

（2）录像 IE 的优越性。

① 通过慢动作和静止画面来播放影像，能够比平常更清楚地看清动作浪费。

② 通过反复播放，可以进行细致的动作分析。

③ 当事人可以看见自己的动作，从而发现问题。

（3）具体的用途。

① 可以对目视或肉眼很难跟得上的快动作进行分析。

② 可以对两个以上的同时并进的动作进行分析。

③ 可以准确地测量快动作的时间值。

④ 可以让众人研究、分析动作。

⑤ 可以向现场作业人员说明，并说服作业人员。

（4）摄影方面的准备。

① 广角镜头、三脚架，即可以从易看的角度进行拍摄。

② 做好在工序内马上能观看和使用的准备。

③ 邀请改善人员去进行摄影、播放的训练。

（5）录像的拍摄方法，如图 2.11 所示。

① 明确录像的拍摄目的是什么，选择能够实现目的的拍摄方法。

② 拍摄前，先了解现场情况，对作业人员进行充分说明。

③ 仔细观察作业人员动作，清楚地拍下其手头动作、并选择好拍摄的角度。

④ 拍摄 3 次。

（为了让其他人理解全体作业的动作，拉近焦距理解各个动作，需拍摄 2 次以上。）

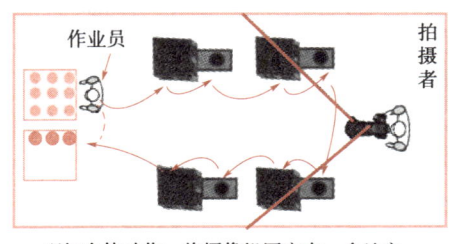

理解全体动作，将摄像机固定在一个地方，拍摄全体1次

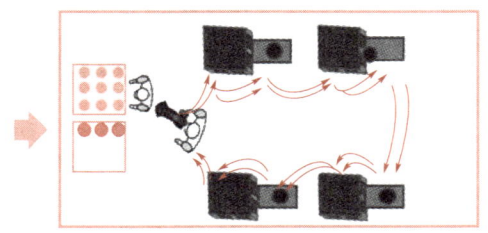

拉近焦距，近距离细分各动作，拍摄2次

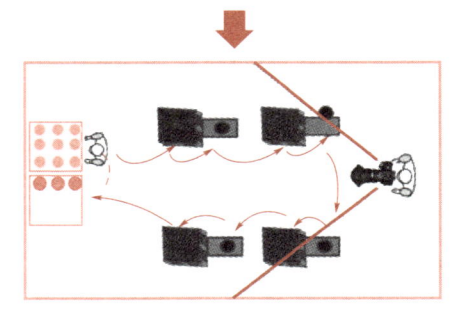

说明：
由于平常目视无法追踪到快速的动作，使用录像的慢动作功能和瞬间停止镜头功能，就能够清晰地发现动作上浪费。

同第一次一样，再拍1次全体作业

图 2.11　录像的拍摄方法

6. 发现浪费的着眼点

（1）人的动作。

① 通过作业训练，能否将动作进行精简、组合。

② 减少左、右手动作切换的次数。

（2）设备动作改善。

① 降低设备的动作幅度。

② 缩短设备停顿的时间。

（3）多去现场观察、现状调查。

在保证安全和品质的前提下，多和有经验的前辈交流探讨，这一点十分重要，如图 2.12 所示。

图 2.12 在现场与有经验的人交流

2.6.3 产生新的构思

针对现状，必须思考新的解决方法，即构思。在该阶段需要特别注意的是，要拿出构思，而不是制订改善方案。构思即是产生创意、拿出创意的阶段，不受任何制约与判断的影响，尽量针对目的拿出独特的创意。

1. 创造力

创造力就是将性质不同的信息组合起来，从而生成新的方案。该信息作为记忆被积累储存到人的大脑中，对于年长有经验的人来说，拥有的记忆量是比较多的。对于创造来说，不仅是要在相同领域年龄长的人具备，而是要在不同领域、拥有经验的人更有利于做出飞跃性的创造；不仅要记忆量多，还必须及时抽出陈旧的记忆，善于创造他人所没有的记忆。依据个人所处的环境和所受的教育不同，创造力是有差异的，如图 2.13 所示。

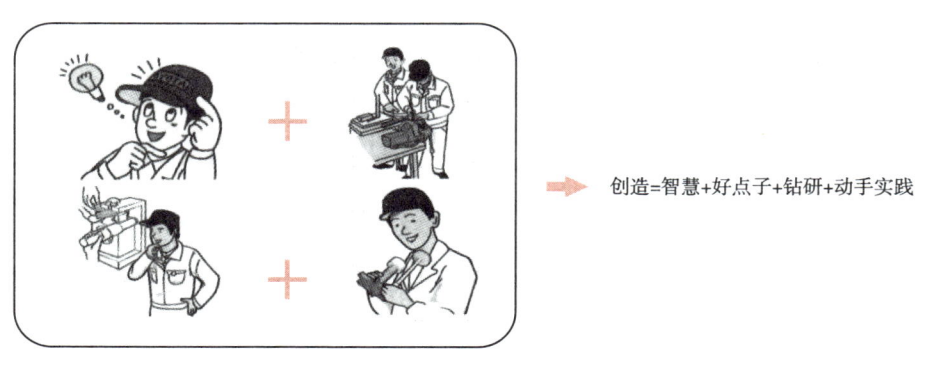

创造=智慧+好点子+钻研+动手实践

图 2.13 创造力的产生

丰田佐吉："我并不拥有比别人多的创造力，一切都是努力的结晶，只是世人往往看不到其背后的努力，才将之看作为天才。"

2. 妨碍创造和改善的心理因素

（1）来自惰性和习惯的阻碍。动物以巢穴为安居地，在离巢穴一定的行动半径区域内活动，如果超出半径范围就会本能地感到不安。人类也是如此，一旦在某地安家落户，就会将其定为安居之地，如果迁移到其他地方，就会感到不适应。上班路线也是，一旦确定就会习惯一直走这条路线，对其他路线会感到不安。工作方法也是一样存在惰性心理，比如总喜欢按已有的方法处理问题，就成了改善的阻碍。人一旦养成惰性习惯，就会出现思维迟钝、大脑功能渐渐退化，工作能力下降等一系列情况。一旦具有惰性习惯时，就应该想方设法地改掉，培养自己积极向上的意志，摆正心态，增强自信心。

（2）来自思考方式的壁垒。

① 思维的固化是妨碍改善的心理之一。工作中经常有人会这样说："现在的工作方法十分成熟，很有意义，没有什么不好的地方，为什么要改？"这样的思考方式一旦固定下来，就不想再改变半步。

② 想保护自己的地位和权威的心理，也会造成思考方法的障碍，比如"我在这方面有经验，是专家，年轻人能明白吗？"等等，抱有这种想法的人比比皆是。

（3）来自感情的阻碍。人是有感情的，无论谁都无法割舍自己的感情来思考和行动。例如，他人通过自己的努力学习取得了进步，出于狭隘的心理作用就难免会遭人贬低，说些风凉话，从而扼杀了其他人进步的热情。再如，当别人提出了好的方案，出于嫉妒的心理，不能给别人公正的评价，还贬低说这是个没有价值的方案，等等。一旦有这样的想法存在，就会给职场改善造成阻碍，需要认真积极地改正。

3. 构思时的思考方法

（1）构思与判断不要同时进行。我们在追求好的构思时，经常会判断说不行，这个方法好像无法实施！或者没有信心完成这个任务。长此以往，总是得不到别出心裁的构思。构思与判断，就像同时打开热水开关与冷水开关一样，永远只能得到温水，最终将好的构思扼杀在萌芽状态。所以，产生构思时不要妄下判断。

（2）尽量产生多个构思。好的发明背后，大都有堆得像山一样的没有取得成效的构思，就像从实力雄厚的选手队伍中再产生好的选手一样。构思越多，其中包含好的构思的可能性就越大。

（3）从多种角度考虑。尽量从不同角度重新看待问题是非常重要的。

（4）要借助分析帮助自己。对事物进行分析，明确构成事物的成分和要素，对复杂、大而且无从下手的问题进行分析时，可将问题点分解、缩小，这样一对一地就比较容易进行构思。

（5）整体考虑。搜集信息时，需要大量组合起来的可能性和想象力。因此，综合整体考虑对构思的作用很大。

（6）积极采纳他人的构思。"三个臭皮匠顶个诸葛亮"，与具有不同知识层面的有经验者一同构思，可以从他人的言语中受到启发，从而想出单凭一个人无法想到的构思。

4. 产生构思的方法

（1）从经济性、作业单纯化入手。

①使用身体部位原则，如图 2.14 所示。

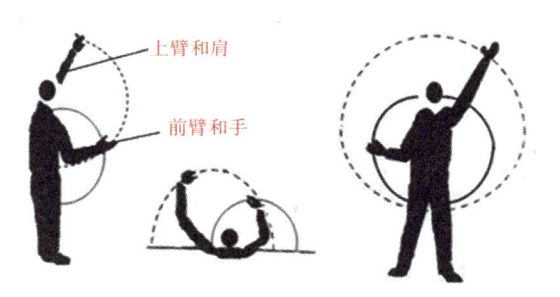

图 2.14　使用身体部位原则

a. 两手同时向对称方向移动作业（如密封条装配），如图 2.15 所示。

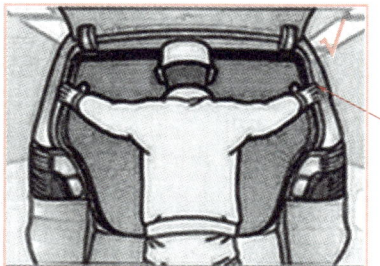

图 2.15　单边与双边作业对比图

第 2 章　改善的科学思考与步骤　41

b. 两手的动作幅度尽量小，如图 2.16 所示。

工具上提、下拉手臂的动作过大
容易造成臂膀肌肉劳损

悬臂绳适量放长，减小手臂动作幅度
减轻作业员臂膀劳损

图 2.16　手臂动作幅度对比图

c. 使用手或者前臂拿取物品，比使用上臂或者肩部要好，如图 2.17 所示。

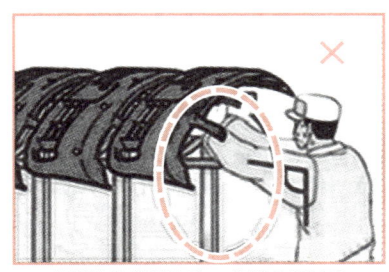

半蹲伸长臂膀拿取，前臂负担过重
容易造成臂膀的劳损

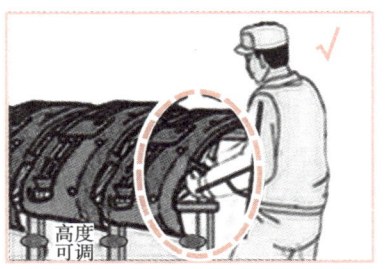

使用肘部和前臂拿取，减轻臂、肩部
劳损，轻松作业

图 2.17　减轻臂膀、肩的负担对比图

d. 避免突然改变运动方向，如图 2.18 所示。

频繁转身，改变运动方向
容易造成腰部劳损

流水作业，避免因频繁改变运动方向
带来的腰肌劳损

图 2.18　避免改变运动方向对比图

e. 做无拘束的自由安全作业，如图 2.19 所示。

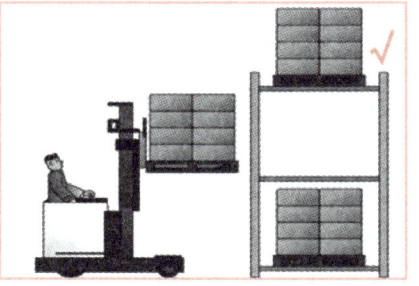

作业处于不安全状态　　　　　　　无拘束的安全搬运作业，减少事故发生

图 2.19　做无拘束的自由安全作业图

f. 避免不自然的姿势和身体重心上下移动，如图 2.20 所示。

长期从事下蹲、起身等作业，　　　采用同步安全座椅
压迫膝盖、腿部、脚部肌肉，易劳损　　减少作业员膝盖、腿部、脚部劳损

图 2.20　避免下蹲和身体重心上下移动图

g. 用脚或身体其他部位能够完成的事情，不要用手代替实施，如图 2.21 所示。

用脚或者身体其他部位替代手作业，给手腾出空间，做其他作业

图 2.21　用脚能够完成的作业图

h. 身体部位动作经济性评价标准，见表2.11。

表2.11 身体部位动作经济性评价标准

要素		编号	评价内容	评价内容 优 ← → 差					评价
				0	-1	-2	-3	-4	
身体动作	动作	1	相对安装位置平衡	身体转向 0°~5°	身体转向 6°~45°	身体转向 46°~90°	身体转向 91°~135°	身体转向 136°以上	
		2	腰部弯曲	弯曲 0°~5°	弯曲 6°~45°	弯曲 46°~90°	腰+脚部弯曲幅度小	腰+脚部弯曲幅度大	
脚部移动	物品取出	3	物品取出距离（取出物品时步行距离）	A：0步	A：1步	A：2步	A：3步	A：4步	
		4	物品取出后需要绕行	A：0°~5°	A：6°~45°	A：46°~90°	A：91°~135°	A：136°以上	
	物品安装	5	物品安装距离（安装物品时步行距离）	A：0步	A：1步	A：2步	A：3步	A：4步	
		6	物品安装时需要绕行	A：0°~5°	A：6°~45°	A：46°~90°	A：91°~135°	A：136°以上	
	工具	7	工具取出距离	A：0步	A：1步	A：2步	A：3步	A：4步	
		8	工具取出后需要绕行	A：0°~5°	A：6°~45°	A：46°~90°	A：91°~135°	A：136°以上	

续上表

要素	编号	评价内容	评价内容 优 ←→ 差					评价
			0	-1	-2	-3	-4	
手部动作	9	物品离人的距离	A：500 mm 以下	A：501~600 mm	A：601~700 mm	A：701~800 mm	A：800 mm 以上	
	10	物品取出的高度	A：850~950 mm	A：800~1000 mm	A：750~1050 mm	A：700~1100 mm	A：700 mm 以下；1100 mm 以上	
	11	物品安装的位置	A：100 mm 以下	A：200 mm 以下	A：300 mm 以下	A：400 mm 以下	A：400 mm 以上	
	12	物品取出的方向	角度 0°~5°	角度 6°~45°	角度 46°~90°	角度 91°~135°	角度 136°~180°	
	13	换手的次数	换手 0 次	换手 1 次	换手 2 次	换手 3 次	换手 4 次	
物品安装	14	是否能在手边操作（治具放置的位置）	A：500 mm 以下	A：501~600 mm	A：601~700 mm	A：701~800 mm	A：800 mm 以上	
	15	物品安装的高度	A：850~950 mm	A：800~1000 mm	A：750~1050 mm	A：700~1100 mm	A：700 mm 以下；1100 mm 以上	
工具	16	工具拿取的距离	A：500 mm 以下	A：501~600 mm	A：601~700 mm	A：701~800 mm	A：800 mm 以上	

续上表

要素	编号	评价内容	评价内容 优 ←→ 差					评价
			0	-1	-2	-3	-4	
手部动作	17	工具拿取的高度	A：850~950 mm	A：800~1 000 mm	A：750~1 050 mm	A：700~1 100 mm	A：700 mm以下；1100 mm以上	
	18	拧紧位置的高度	A：100 mm以下	A：200 mm以下	A：300 mm以下	A：400 mm以下	A：400 mm以上	
	19	工具拿取换手的次数	换手0次	换手1次	换手2次	换手3次	换手4次	
目视动作	20	寻找作业	目视范围内	—	目视范围附近	—	头部需转向	
	21	确认作业	目视可以确认	—	目视指示灯	—	目视仪表	

② 关于作业布局和设备使用原则。

a. 工具或者材料要摆放在固定位置，如图2.22所示。

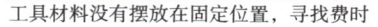

图2.22 工具或者材料摆放在固定位置

b. 工具或者材料尽量放在接近作业人员作业的前方位置，如图 2.23 所示。

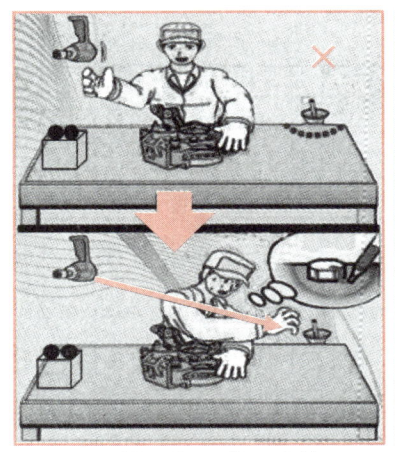

双手交叉作业，作业不顺畅　　　　　　按作业顺序依次布局摆放

图 2.23　工具或材料尽量放置作业员前方

c. 移动物品时，要水平移动，避免上下移动，如图 2.24 所示。

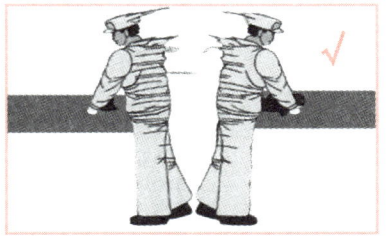

搬运物品上下移动，会给膝盖造成损伤　　　水平移动物品，降低膝盖损伤，动作顺畅

图 2.24　水平移动物品，避免上下搬运物品

d. 利用重力原理移动物品，如图 2.25 所示。

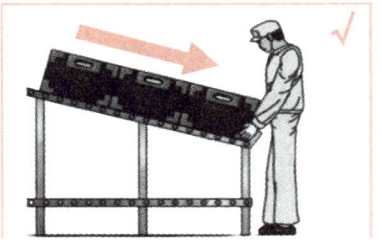

垫高

图 2.25　利用重力原理，实现物品箱移动

第 2 章　改善的科学思考与步骤

e. 材料或者工具摆放在便于拿取的位置，如图 2.26 所示。

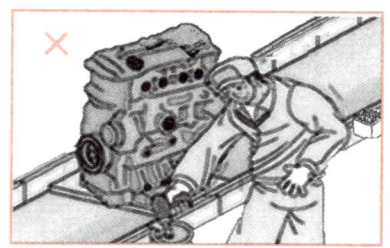

须停止手上作业，才能拿到工具　　　右手下拉工具用后弹回，左手拿螺丝准备

图 2.26　工具摆放在便于拿取位置

f. 作业台的高度应适应作业的性质，适应作业员的身高，图 2.27 所示。

工作台高度过高　　　　　工作台高度适合作业

图 2.27　作业台的高度应适合作业

g. 提供适合作业性质的采光和照明，如图 2.28 所示。

照明、亮度、角度可调节装置

无法调节亮度、照明角度

图 2.28　提供适合作业的照明

③ 工具和器具的设计原则。

a. 避免直接手（拿）持材料和器具，学会设计和制作专用夹具或器具，以减少作业员手持物品的情况，提高生产效率，如图 2.29 所示。

左手持有物品，右手装配螺丝　　设计专用夹具，左手可做其他作业

图 2.29　设计制作专用夹具

b. 使用专用工具，安全、准确、快速地完成作业，如图 2.30 所示。

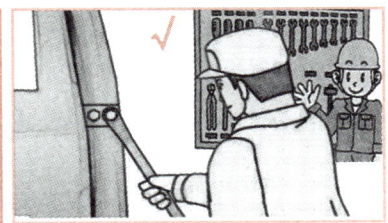

通用工具要调节尺寸、易打滑　　使用专用工具快速、便捷、省力

图 2.30　使用专用工具作业

c. 对需要用力操作的工具，尽量设计成手掌能大面积接触的形式，如图 2.31 所示。

图 2.31　设计制作专用旋转工具

d. 尽量将两个以上的工具组合成一个工具，减少重复拿取次数，如图 2.32 所示。

图 2.32　设计成组合工具

（2）构思改善方法时，多问几次"为什么"

5W1H 设问法中的 5W 中 why（为什么），反复追问为什么？为什么？为什么？强调的是彻底追查原因。因为 1 次、2 次的为什么，只能发现浅表性问题，并不能发现问题的真因，也不能解决问题。只有深入地探究根源，才能让其水落石出。

例如，在某工厂正在进行切削加工的设备突然停止的情况下：

① 为什么设备停止？→因为超负荷，保险丝断了。

② 为什么会超负荷？→因为轴承部位不够润滑。

③ 为什么不充分润滑？→因为润滑油泵没有抽足油。

④ 为什么油泵没有抽足油？→因为泵的轴承磨损而松弛。

⑤ 为什么会磨损？→因为没有加装过滤网，有铁屑混入。

不仅仅是更换一个保险丝、一把刀具，而是针对润滑油泵的没有安装过滤网的真实原因下手。像这样通过经常问为什么这样做？为什么必须那样做？保持对问题探索深究、追根溯源的态度，就能很快发现事实背后的真相，这点对于在职场上的管理人员、作业员来说很重要。

2.6.4　制订改善方案

进入到这一阶段后，就要把不受任何事物制约的构思，变成具体的改善方案。即使是设计独特的构思，为了顺利付诸实施也需要从改善的可行性、标准、规定、费用，以及成果的大小等多方面因素考虑，进行综合性的分析研究，从多项改善方案中选取最具效率的改善方案付诸实施。

（1）针对目的来说，选择最为理想的手段，如图 2.33 所示。

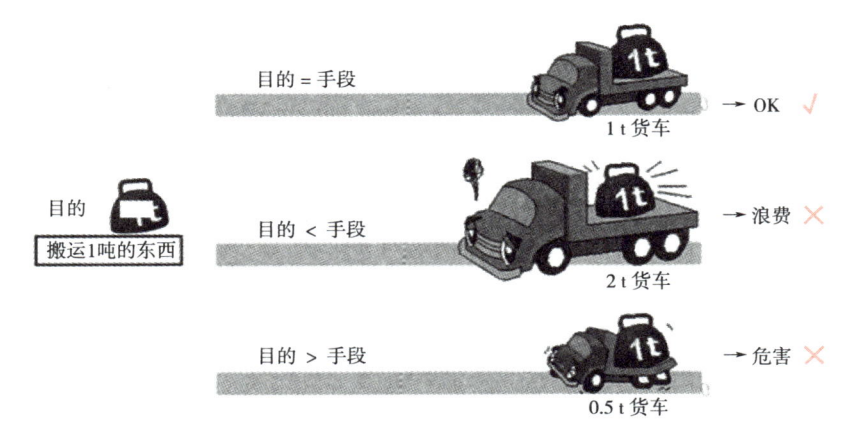

图 2.33　针对目的选择理想的手段

（2）优先采用以下作业中花费少的方案。

① 作业改善。

② 设备改善。

（3）优先选择提高整体生产效率的方案。

① 提高实际生产效率。

② 提高设备可动率。

（4）优先选择不会给安全、品质、操作性带来不良影响的方案。

2.6.5　实施改善方案

在实施改善方案时，必须和上级、下属、前后工序的相关技术人员、改善部门的人员取得充分的联系，要求其提供协助。如果没有和相关方面沟通就予以实施，好的改善方案也会产生问题，引起混乱。特别是那些因为改善而必须要改变今后作业方法的作业员们，要充分向其说明改善的理由和目的等事项，取得他们的理解和帮助。

1. 与相关人员和部门沟通完成改善方案

与相关人员、相关部门协作，共同完成改善方案。

2. 上级对下属的改善方案应给出指导意见

（1）上级进行指导和说明时，要使用简明易懂的语言。

（2）为了让下属尽快掌握新知识、新技能，最行之有效的方法是先从模仿开始，然后再循序渐进地推进。

（3）创造善于思变的氛围，多方信息汇总产生新创意。

（4）实施改善方案时的参考做法，如图 2.34 所示

团队合作　　　　　　　　　　　上级指导

图 2.34　实施改善的参考做法

2.6.6　改善后的效果确认

（1）比较预想效果与实际效果，作出评价。

（2）巩固改善成果，并进行以改善成果为基础的标准化。

（3）发现新的问题，改善后即是改善前，推进下一轮的改善。

改善方案付诸实施后，务必确认其实施效果。将实施改善方案的预想效果与实际效果进行比较，作出正确的评价，发现问题应马上采取对策，巩固改善的成果，同时要以改善后的状态作为现状，发现下一个需要改善的课题。改善实施后要修订标准作业的各项管理表，使之与改善后的状况一致。

2.7　改善的 PDCA 循环及注意事项

1. 改善的 PDCA 循环

PDCA 循环是指计划（plan）、执行（do）、检查（check）和处理（act）的循环过程，它是一种质量管理和持续改进的方法，广泛应用于各种组织和业务环境中。改善的 PDCA 循环就是利用这种持续改进的方法，如图 2.35 所示。

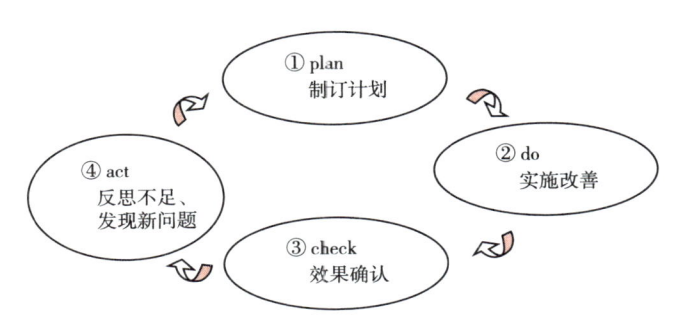

图 2.35　改善的 PDCA 循环

一轮改善实施完成后，经过认真反省，就会发现存在某些不足，为下一轮改善提供了新的问题，从而将改善周而复始地持续下去。

2. 改善时的注意事项

（1）对问题的准确界定。

（2）了解所有的现状和事实。

（3）以消除浪费为重点。

（4）认真遵循六个改善步骤，这是改善的根本所在。

（5）提高对改善异常的感性认知，避免产生不良效果。

（6）确定好新标准、新基准、新规则，并全员认真执行。

（7）改善不是一朝一夕的事情，而是持续性。

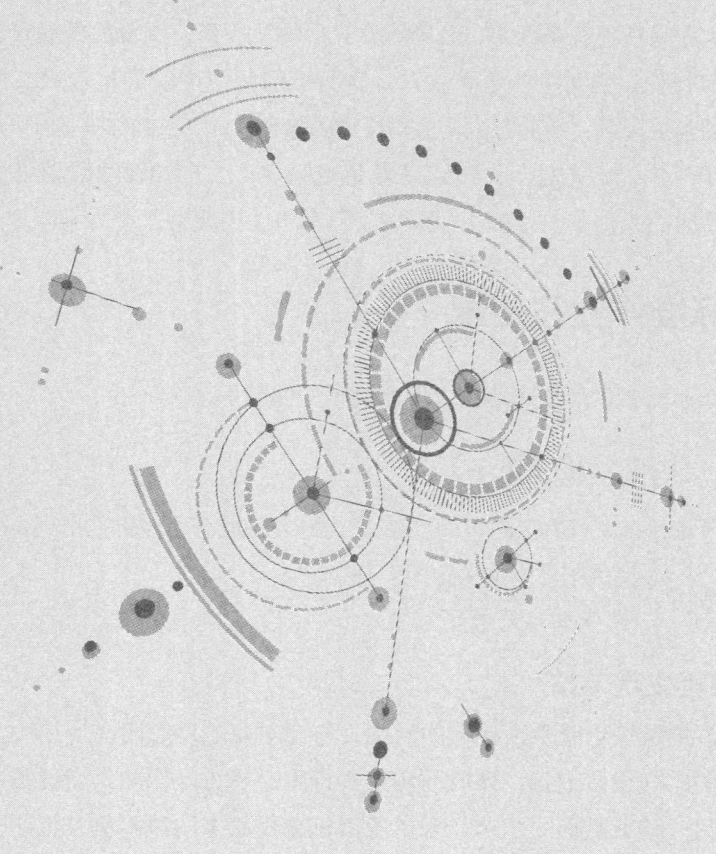

第3章
标准作业

> 标准作业是指在生产现场生产加工产品时，将每一个作业顺序规定好并实施作业。它是以人的动作为中心将工作集中起来，并按不产生浪费的顺序（原则）进行最有效的生产组合。

标准作业是在现有条件下，合理组合人、物、设备，实现品质提升、降低成本，以及提高操作性。它是抑制过剩生产、实行准时化生产的最有效的改善工具。实施标准作业的前提条件：作业方面（预先设定的条件），以人的作业为中心、重复作业；设备方面（应用时的条件），以设备发生故障少、生产线稼动波动小为目的；品质方面（应用时的条件），以加工品质的不良率小、精度偏差小为导向。

3.1 标准作业三要素

标准作业三要素是生产节拍、作业顺序、标准手持。

3.1.1 生产节拍（T.T）

生产节拍是指必须在几分几秒内完成一台成品或一个零部件的时间。

$$生产节拍 = \frac{每班工作时间（定时：分）}{每班生产数量（个）}$$

1. 实行生产节拍

生产节拍是按定时生产计算的时间，与此对应的是有时在运用中，会不得已按定时以外的时间设置节拍，该时间称为实行生产节拍。例如，当设备出现故障时，生产线以另一种节拍形式生产，采用备用机替代原来的故障机，生产节拍就会比原来慢。当故障解决后，又会重新恢复到原来的既定节拍。

2. 循环作业时间

循环作业时间是指一个作业人员按照规定的作业顺序操作一遍所担任的工序所需的时间。

3. 按节拍生产时，种类平均化配置

例如，每班生产 460 台车，每班工作时间 460 分（上、下午各 10 分钟休息）。
生产节拍 = 460 分 / 460 台 = 1 分 / 台（即生产 1 台车用时 1 分钟）
混车型生产线，生产 3 种车型：

车型 A： 车型 B： 车型 C：
月产量：车型 A 4 600 台，车型 B 2 300 台，车型 C 2 300 台，见表 3.1。

每月工作天数 20 天，车型的生产节拍安排，如图 3.1 所示。

表 3.1　各车型产量表

车型	月产量（台）	日产量（台）	节拍（分/台）
A	4 600	230	2
B	2 300	115	4
C	2 300	115	4
合计	9 200	460	1

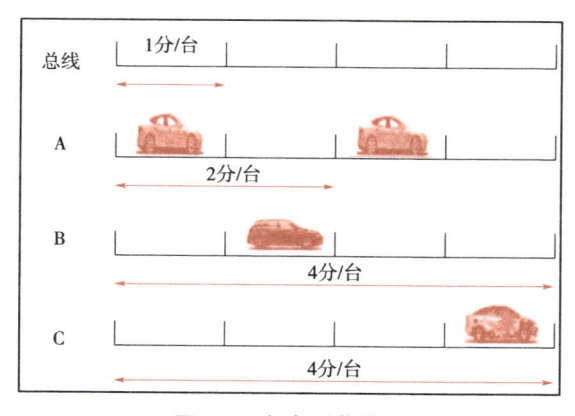

图 3.1　各车型节拍图

生产线在 1 分 / 台的节拍下，产出不同车型种类的顺序，如图 3.2 所示。

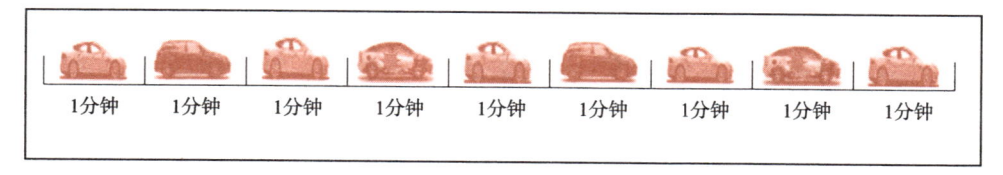

图 3.2　各车型排列顺序

种类平均化是将生产的必要数打包成小单位进行输出。车型比为 A∶B∶C=2∶1∶1，顺序排列按照 A，B，A，C，A，B，A，C 进行循环生产，按不同种类的车（产品）输出。其特点就是灵活生产，让产量与产能均一化，快速应对不同使用者需求，并容易进行调整，只按时生产能卖出的车型和数量。

3.1.2 作业顺序

顺序作业是指加工作业时，作业员搬运物品并安装在设备上，或者将物品从设备上拆卸下来时，所进行的作业有效顺序，也是指一项加工或者装配作业应该按什么顺序进行操作。如果作业顺序规定得不明确，则容易发生忘记加工或者组装错误，也可能会造成设备损坏甚至生产线的停止。

3.1.3 标准手持

标准手持是指按照相同顺序重复作业时，所需的最小限度的工序内在制品数量，也是指工序内应该一直备有的最小限度的在制品数量（最小存货）。

1. 标准手持的存货原则

标准手持存货原则，见表3.2。

表 3.2 标准手持存货原则

区分1	编号	作业类型	标准手持
工序顺序（工序进度）	a	顺方向作业	0个
	b	逆方向作业	1个
设备是否有自动进给功能	c	有自动进给功能	1个
	d	无自动进给功能	0个

注：a.作业顺序与物流方向相同时，称为顺方向作业，标准手持为0；b.作业顺序与物流方向相反时，称为逆方向作业，标准手持为1；c.设备有自动进给功能的情况时，标准手持为1；d.设备没有自动进给功能的情况时，标准手持为0。

2. 根据条件组合确定标准手持量

工序顺序与设备自动进给组合后的标准手持，见表3.3。

表 3.3 工序顺序与自动进给组合后的标准手持

序号	编号	作业类型	工序在制品数	组合后标准手持数
1	a	顺方向作业	0	1个
	c	设备有自动进给功能	1	
2	a	顺方向作业	0	0个
	d	设备无自动进给功能	0	

续上表

序号	编号	作业类型	工序在制品数	组合后标准手持数
3	b	逆方向作业	1	2个
	c	设备有自动进给功能	1	
4	b	逆方向作业	1	1个
	d	设备无自动进给功能	0	

注：从工序最开始的基础原材料，到加工完成后送入托盘的成品，都不属于标准手持。

3. 条件组合后标准手持的思考方法

条件组合后标准手持的思考方法，见表3.4。

表 3.4 条件组合后标准手持的表示方法

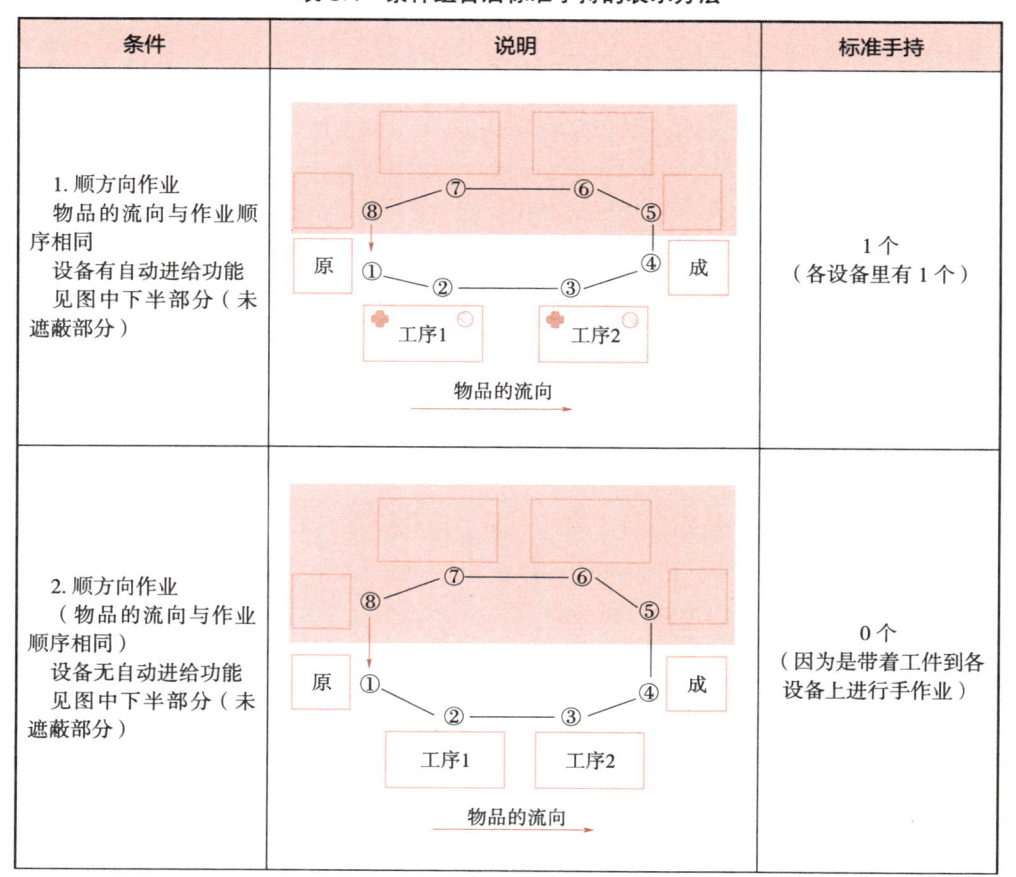

条件	说明	标准手持
1. 顺方向作业 物品的流向与作业顺序相同 设备有自动进给功能 见图中下半部分（未遮蔽部分）		1个 （各设备里有1个）
2. 顺方向作业 （物品的流向与作业顺序相同） 设备无自动进给功能 见图中下半部分（未遮蔽部分）		0个 （因为是带着工件到各设备上进行手作业）

续上表

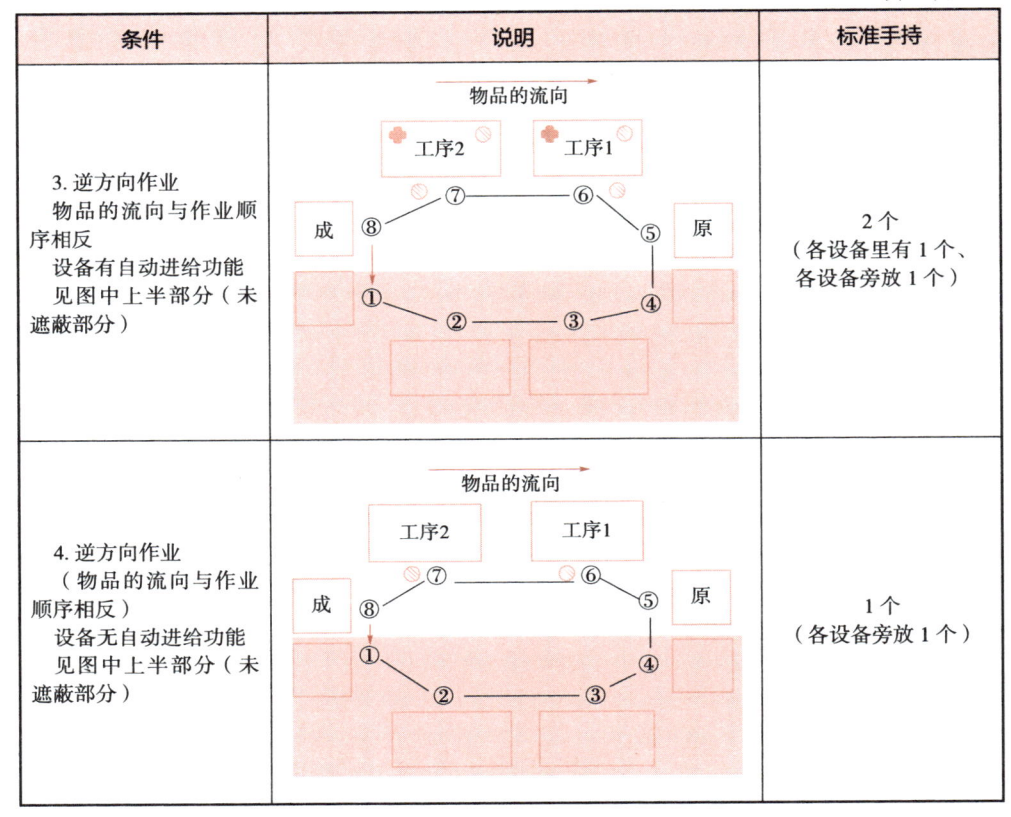

条件	说明	标准手持
3. 逆方向作业 物品的流向与作业顺序相反 设备有自动进给功能 见图中上半部分（未遮蔽部分）		2个 （各设备里有1个、各设备旁放1个）
4. 逆方向作业 （物品的流向与作业顺序相反） 设备无自动进给功能 见图中上半部分（未遮蔽部分）		1个 （各设备旁放1个）

注：标准手持个数不包括装在货箱内的原料和成品。

3.1.4　工程编程率

定义：工程编程率是判定各工序作业量、作业等待、工序编排的指标数据，数值趋近1为最佳，数值小于1，说明作业存在等待，数值大于1，则说明作业内容太多，超出节拍时间，需要重新进行作业分配。

$$工程编程率 = \frac{CT\ 作业时间}{T.T\ 生产节拍时间}$$

C.T 作业时间（C.T 作业时间 = 要素作业时间 + 步行时间）：作业者按规定的作业顺序时间，从作业开始到作业结束所需要的时间，即实施一个标准作业循环所需要的时间。

3.2 标准作业中的自动化及工序的流动化

3.2.1 标准作业中的自动化

1. 自动停止开关（拉绳开关）

标准作业中作业员按照节拍在线上顺序作业，一旦作业异常，作业员就使用拉绳开关停止生产线，这时生产线会在一个工序循环完成前继续运转，当到达作业完成位置时生产线自动停止。班长看到生产指示系统报警后，立刻赶到问题地点，解决问题，待问题解决完成后，生产线重启，如图 3.3 所示。

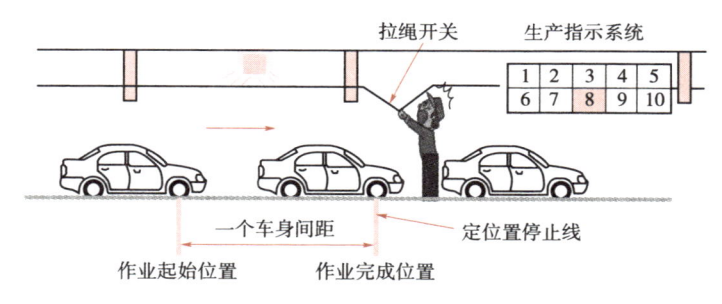

图 3.3　标准作业中拉绳开关

2. 定位置自动停止线

作业开始后，作业员在一个车身间距内完成一套标准作业。一个车身间距线就是定位置自动停止线，如图 3.4 所示。一旦出现异常，按下停止开关，即使班长等人没有赶到，生产线也会在定位置自动停止线处停止。一个车身间距内再细分出要素作业线，在十等份标记线内，作业员要完成一套要素作业内容。因此，每一个动作都需按照标准作业规定内容完成。

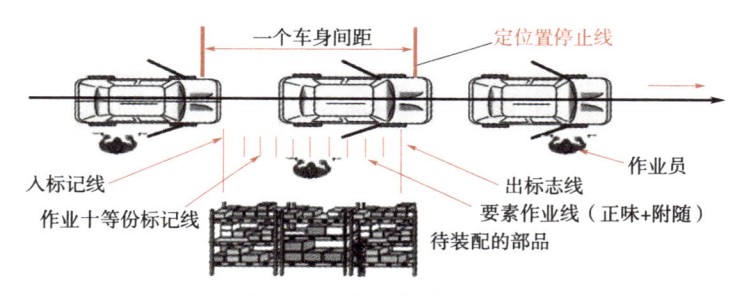

图 3.4　定位置自动停止线

3.2.2 工序的流动化

通过降低库存和加工时间，加快成品输出，缩短生产周期，实现工序的流动化。

1. 批量生产工序

批量生产是产品集中流入下个工序，有中间库存，生产周期长，如图 3.5 所示。

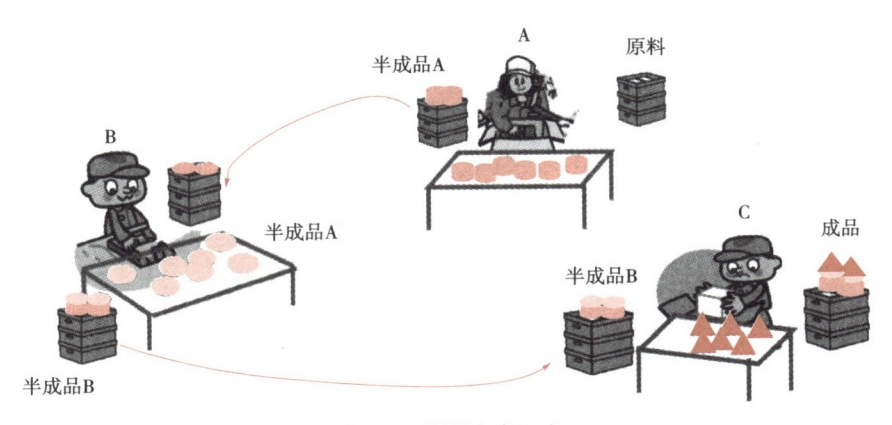

图 3.5　批量生产工序

2. 单件流生产工序

一个工序加工完成后，马上流到下个工序生产，成品产出快，如图 3.6 所示。

图 3.6　一个流生产工序

3. 批量生产与单件流生产的区别

批量生产与单件流生产的区别，如图 3.7 所示。

假设单个轴承加工时间是 1 秒，加工数量为 100 个。批量生产时经过三个工序加工后，第 1 个轴承成品时间是 201 秒，全部加工完是 300 秒。而单件流生产，第

1个轴承成品时间是3秒,全部加工完成是102秒。因此,单件流生产工序的成品产出快,优于批量生产工序,应尽量选择单件流生产。

图 3.7 批量生产与单件流生产对比

4. 多能工人才

工序的流动化生产过程中,经常使用具备多能工操作能力的人才。多能工就是具备能操作多种不同类型的设备,以及具备多种设备制造加工的能力的人才。

(1)单能工与多能工区别。按照标准作业顺序,安排多能工操作设备,与只具备单工序操作能力的作业员(单能工)相比,多能工技能水平更高,适应性更强,人力成本更低,如图 3.8 所示。

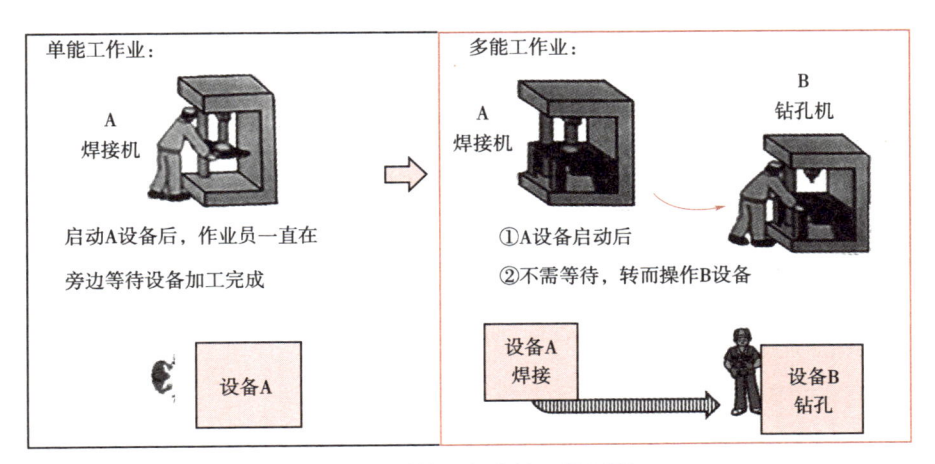

图 3.8 单能工与多能工的区别

(2)单能工与多能工效率对比。单能工与多能工的效率对比,如图 3.9 所示。

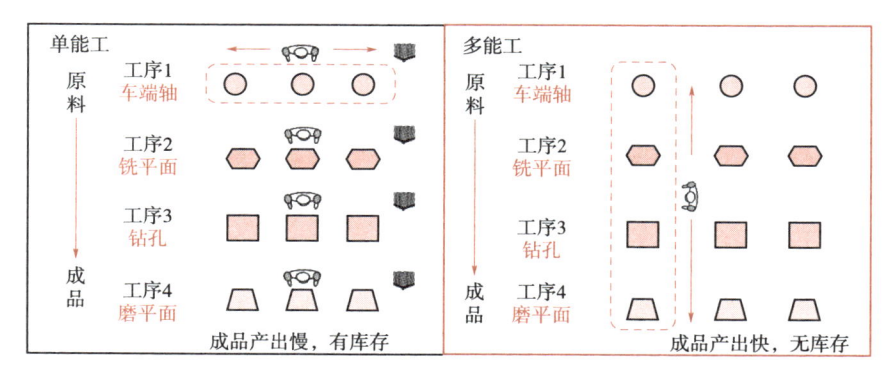

图 3.9　单能工与多能工效率对比

（3）培养多能工的好处。

① 通过培养多能工可以合理配置人员和岗位，降低人力成本。

② 解决紧急生产过程中人员不足的问题。

③ 灵活应对突发事件，确保生产作业的正常运行。

④ 提高了生产线柔性化水平，提升了整体生产效率。

5.U 形生产作业工序

工序流动化过程中，有一种 U 形生产线，具有结构紧凑、空间利用率高等优势。

U 形线的特点：

① U 形生产线长度更长，如图 3.10 所示。

U形生产线周长=$2\pi r$

直线形生产线长=$4r$，两者相比：

$(2\pi r - 4r) \div 4r = (2 \times 3.14 \times r - 4r) \div 4r = 0.57 = 57\%$

U形生产线周长比直线形生产线长57%

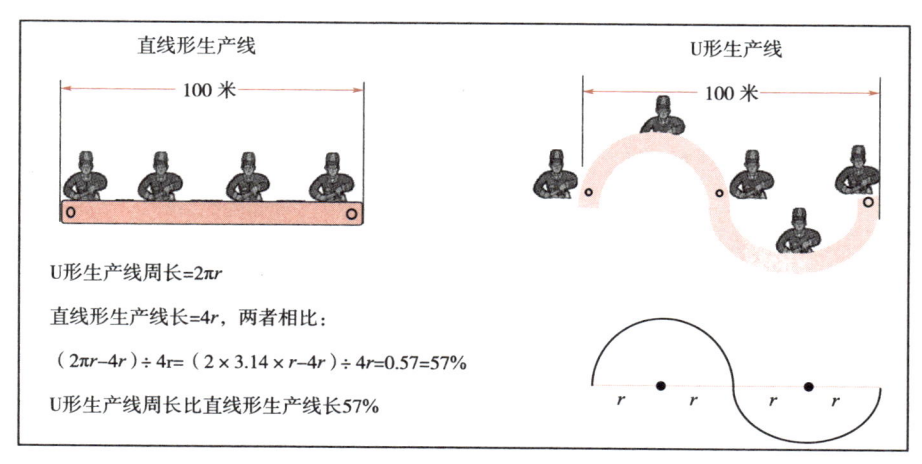

图 3.10　直线形与 U 形生产线长度对比

直线长度相同情况下，U 形生产线比直线形生产线多 57% 长度，适合于空间狭小的工序布局，以提高空间利用率。

② 处于 U 形位置的作业员活动半径大，一人兼顾三个工序，如图 3.11 所示。

图 3.11　一个流与 U 型作业范围对比

3.3　标准作业的三种类型及顺序生产

标准作业分为三种作业类型，见表 3.5。

表 3.5　标准作业三种类型

分类	类型Ⅰ	类型Ⅱ	类型Ⅲ
工序	适用于在可以利用的三要素（生产节拍、作业顺序、标准手持）中，反复进行标准作业的工序里使用	适用于可以计算出生产节拍，但由于作业组合种类多，而且很难写明每个人的作业量，在这种工序中使用	适用于无法计算出生产节拍、并进行非反复作业的工序中使用
适用生产工艺	机加工 零件冲压 零件成型 零件焊接	混车型总装配线 物品组装线	刀具更换 品质检查 工序准备 搬运、维护等
要点	明确设定生产节拍 理想状态为 T.T = CT T.T：生产节拍 CT：作业员进行 1 个循环作业所需的时间	理想状态为 T.T = CT 在 1 个生产节拍内作业员刚好完成 1 个循环作业	理想状态为 总负荷量 = 定时 定时 = 每班工作时间或每天工作时间
账票	工序能力表 标准作业组合票 标准作业票	作业手顺书 标准作业组合票 山积表（工序编排版） 标准作业票	要素作业票 要素作业一览表 山积表（负荷表）

3.3.1 标准作业类型 I

1. 工序能力表

(1) 工序能力表的定义与作用。

① 工序能力表表示各工序加工零部件时,工序的生产和加工能力,表中记录了手作业时间、设备自动加工时间,以及刀具更换时间等。它用于计算工序的能力,是有效信息的文件。

② 工序能力表清楚地显示每台设备的加工能力。

③ 工序能力表是制作标准作业组合票时的基准,也可用于发现其组成的生产线中的瓶颈工序。

④ 工序能力表会随着设备、工艺的改善而发生变化,不是一成不变的。所以,应及时更新版本,其样式见表3.6。

表 3.6 工序能力表

加工顺序	工序名称	设备编号	手作业时间(分/秒)	设备自动进给时间(分/秒)	完成时间(分/秒)	合计(分/秒)	刀具更换个数 ★	更换时间	加工能力	备注图示表示:手作业 ———自动加工 - - - -
1	增压器安装平面铣削	ME1964	3	25		28	100	1分00秒		3秒 25秒
2	增压器孔、钻孔	DD3434	3	21		24	1 000	30秒		3秒 21秒
3	增压器孔、螺纹攻丝	TE1617	3	11		14	1 000	30秒		3秒 11秒
4	品质检查(1/1)测量螺丝直径	—	5			5	—	—		
5										
6										
7										
	合计		14				★刀具更换个数:加工几个产品后就要更换刀具的基准数			

表头信息:新 修 20×3 年 9 月 3 日 作成 共1页 第1页
零件编号 18236-25632 零件型号 KE 所属部门 总装A组1班 姓名 张××
零件名 发动机进气管 个数 1 总装A组2班 周××

(2) 工序能力表的制作要领。

① 零件编号、零件名。记录零件的产品编号、零件名称。

② 型号、个数。记录使用车辆的型号及每台车中使用零件的个数。

③ 所属部门、姓名。记录所属部门的代号和制作者(两班倒)的姓名。

④ 制作年、月、日。记录最新制作日期或者是重新修订的日期。

⑤ 加工顺序。记录零件加工工序的顺序编号。

⑥ 工序名称。记录零件加工的工序名称。

a. 多台设备进行同一工序加工时，要换行分别记录。

b. 1 台设备同时加工多个产品时，在工序名称一栏加括号，并记录个数。

c. 以某频率定期进行作业时，要记录频率。

⑦ 设备编号。同一工序由多台设备进行加工时，要换行分别记录。

⑧ 基本时间。记录手作业时间、自动进给时间和完成时间。

a. 手作业时间。记录作业员在设备（工序）中进行手作业的时间，不包含步行时间。

b. 自动进给时间。记录从设备启动、加工工件后，到返回到原位置的时间。

c. 完成时间。记录每台设备（工序）完成零部件加工所需的时间。

完成时间 = 手作业时间 + 自动进给时间

⑨ 刀具。记录刀具更换个数、刀具更换时间。

a. 刀具更换个数。记录规定加工多少个产品后就要更换刀具、砂轮等的基准数。

b. 刀具更换时间。记录每次更换刀具和砂轮所需要的时间，该时间为最短时间。

$$每个工件的刀具更换时间 = \frac{刀具更换时间（秒）}{更换个数（个）}$$

⑩ 加工能力。记录每班在规定时间内可以加工的最大能力（个数）。

$$加工能力 = \frac{每班稼动时间（秒）}{完成时间（秒）/个 + 刀具更换时间（秒）/个}$$

稼动时间 = 设备加工运转时间 - 停线时间

停线时间是指刀具更换、换模、工装调试、故障、工序等待等。因此，要想提高加工能力，必须想办法减少停线时间，停线时间越少越好。下面举例说明加工能力计算方法。

已知条件：

a. 一天两班制，20 天/月，每班稼动时间 7 小时 40 分，即 27 600 秒/天；

b. 每台设备加工同一种工件的不同工序；

c. 每月生产必要数量为 23 440 个。

生产节拍 = 每月生产稼动时间 / 每月生产必要数量 = (2班 / 天 × 460分 × 60 × 20天) ÷ 23 440个 = 47秒 / 个

根据上述的已知条件，计算出加工能力，见表3.7。

表 3.7 根据工序能力表计算加工能力

工序能力表	零件编号	41211-20082	型号	RY	所属		姓名	
	零件名称	8英寸齿轮	个数	1	白/夜班		张××	李××

加工顺序	工序名称	设备编号	基本时间			刀具		每个工件的刀具更换时间 $f=e/d$	加工能力※ $g=27\,600/(c+f)$	每月产量 2班/天 20天/月
			手工业时间 a	自动进给时间 b	完成时间 $c=a+b$	更换个数 d	更换时间 e	秒/个	个/班	个
1	切齿粗加工	GC614	38秒	38秒	76秒	300	2分30秒	0.5	634	25 360
2	切齿大小端部倒角	CH228	6秒	7秒	13秒	2 000	1分00秒	0.03	2 118	84 720
3	切齿前进面抛光切削	GC1444	6秒	38秒	44秒	300	2分30秒	0.5	620	24 800
4	切齿后退面抛光切削	GC1445	6秒	30秒	36秒	300	2分30秒	0.5	756	30 240
5	测量销直径	TS1100	7秒	3秒	10秒	—	—	—	—	—
合计			63秒	116秒	146秒	2 900	8分30秒	1.53	4 128	165 120

在表3.8中，通过计算工序1~4的每台设备加工能力，在每月生产必要数量为23 440个前提下，实际每台设备每月的加工能力均大于23 440个。因此，是能够满足生产需求的。

2. 标准作业组合票

（1）标准作业组合票的定义与作用。标准作业组合票是以生产节拍为基准，将人的作业与设备（机械）作业组合在一起，它是进行作业分配及决定作业顺序所使用到的一种工具。

明确各工序的手作业时间以及步行时间，确定在生产节拍内一个人能担当多大范围的工作量，它记录了各个关键作业所需要的准确时间，可用于平衡作业员的作业负荷。当工序要实施作业改善时，标准作业组合票还能有助于发现改善点，是改善的工具表。标准作业组合票，见表3.8。

表 3.8 标准作业组合票

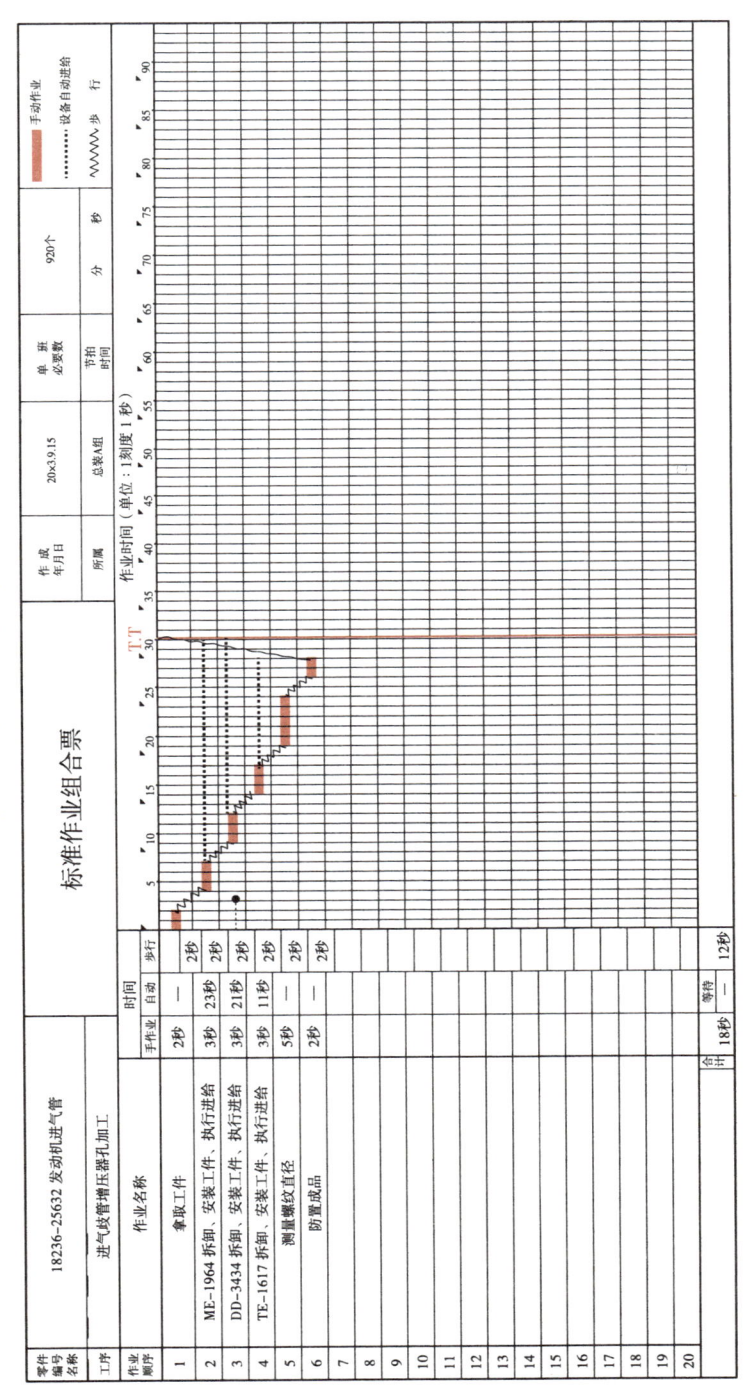

标准作业组合票

零件编号	18236-25632 发动机进气管		作成年月日	20×3.9.15	单班必要数	920个
工序名称	进气歧管增压器孔加工		所属	总装A组	节拍时间	分 秒

作业顺序	作业名称	时间			作业时间（单位：1刻度 1秒）
		手作业	自动	步行	5 10 15 20 25 30(TT) 35 40 45 50 55 60 65 70 75 80 85 90
1	拿取工件	2秒	—	2秒	
2	ME-1964 拆卸、安装工件、执行进给	3秒	23秒	2秒	
3	DD-3434 拆卸、安装工件、执行进给	3秒	21秒	2秒	
4	TE-1617 拆卸、安装工件、执行进给	3秒	11秒	2秒	
5	测量螺纹直径	5秒	—	—	
6	防置成品	2秒	—	2秒	
7					
8					
9					
10					
11					
12					
13					
14					
15					
16					
17					
18					
19					
20					
合计	18秒	等待 —	12秒		

图例：■ 手动作业　┄┄ 设备自动进给　∿∿ 步行

（2）标准作业组合票的制作要领。

① 零件编号、零件名称、工序。从工序能力表的记录中获取。

② 制作时间（年、月、日）及所属部门。标明制作和修订的时间以及所属部门。

③ 每班生产数量。计算并记录每班生产数量。

$$每班生产数量 = \frac{月生产数量}{稼动天数} \times \frac{1}{班数}$$

④ 生产节拍。计算并标明生产节拍。

在作业时间图示栏的时间轴上，用红线画出生产节拍线，作业时间轴上的每1小格代表时间为1秒。

$$生产节拍 = \frac{每班工作时间（设备可动率为100\%情况时）}{每班生产数量（由生产计划决定）}$$

⑤ 作业名称。人所进行的动作，用"做什么"的形式表述出来，并进行记录。如果有设备的情况下，记录其设备的编号。

⑥ 时间。从工序能力表中获取记录手作业时间、自动进给时间。实际测量步行时间，以记录的最短时间为准。决定每个人的工序范围后，还要统计合计栏里的时间。

⑦ 作业时间。决定作业顺序后，画出手作业时间（实线）、设备自动进给时间（虚线）和步行时间（波浪线）。

标准作业组合票中作业的表示符号：

a. 手作业用实线表示 ——————。

b. 设备自动进给用虚线表示 ------。

c. 工序中的步行用波浪线表示 ∧∧∧∧∧。

⑧ 作业顺序。记录作业的顺序编号，在每个人的工序范围和作业顺序确定后再记录。

⑨ 手作业与设备进给作业组合后的完成时间计算。手作业与设备作业重合时，完成时间要剔除重合的时间，如图3.12所示。

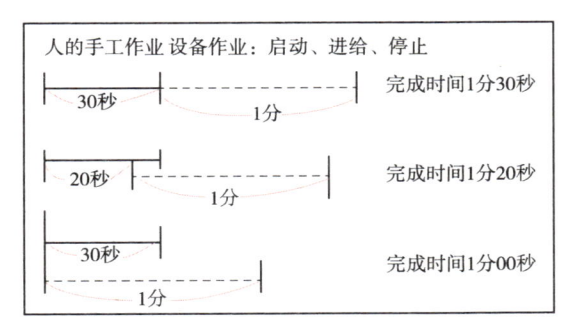

图 3.12 人的作业与机器作业组合图

（3）标准作业组合票的图示法。标准作业组合票图示法，见表3.9。

表 3.9 标准作业组合票图示法（简化画法）

类　型	说　明
①作业完成或作业中途等待：用⇔表示（下述作业内容仅供参考） a.作业员上下料，启动设备A，A进给；步行至设备B上下料、启动B，B进给；步行至设备C上下料，启动C，C进给；步行至设备D上下料、启动D，D进给；返回起点，等待3秒，开始下个循环作业。 b.作业员上下料，启动设备A，A进给；步行至B设备上下料，启动B，B进给；步行至C，等待3秒，上下料，启动C，C进给；步行至D上下料，启动D，D进给；返回起点，开始下个循环作业	a. b.
②机械自动进给时间的返回方法。将进给线画至T.T线为止，不足的时间从该行的0画出（下述作业内容仅供参考） a.CT=T.T，作业员上下料，启动设备A，A进给；步行至设备B上下料，启动B，B进给；步行至C上下料、启动C，C进给；步行至D上下料，启动D，D进给；返回起点，开始下个循环作业 b.CT＜T.T，作业员上下料，启动设备A，A进给，步行至设备B上下料，启动B，B进给；步行至C上下料，启动C，C进给；步行至设备D上下料，启动D，D进给，返回，等待3秒，开始下个循环作业	a. b.

续上表

类 型	说 明
c.CT > T.T，作业员上下料，启动设备A，A进给；步行至设备B上下料，启动B，B进给；步行至C上下料，启动C，C进给；步行至D上下料，启动D，D进给；返回至起点，开始下个循环作业	
③步行启动。工序中步行启动设备，在步行波浪线上，画小圆圈（作业内容仅供参考） 作业员上下料，启动设备A，A进给，行走中接通设备B启动开关，B进给，在步行波浪线上面画小圆圈表示设备启动自动进给开始	
④步行中同时启动多台设备。对应多作业的自动进给，启动多台设备运转 作业员上下料后，行走至设备C过程中，同时启动设备A和设备B，设备A与B同时运转	
⑤同工序不同作业。同一工序中进行不同的作业，将作业名称换行分别记入，分别记入作业时间线，中间用直线连接	

作业顺序	作业名称	时间/秒		
		手作业	自动	步行
1	上下料（手作业），启动设备A，A进给	3	7	1
2	上下料，启动设备B，B进给	3	8	0
3	上下料，启动设备C，C进给	2	4	1
4	上下料，启动设备D，D进给	4	3	

⑥步行为零。步行为零时，用直线与下一个工序的手作业实线连接

第 3 章 标准作业

续上表

类　型	说　明
⑦返回前工序。在一个周期中，回到前工序时，就回到相应作业顺序的行，记录作业时间线。此时在同一行分别标明作业顺序的编号、作业时间 | 作业顺序 | 作业名称 | 时间/秒 手作业 | 自动 | 步行 | |---|---|---|---|---| | 1 | 安装工件 | 2 | — | 2 | | 2 4 | MI-1764拆卸、安装工件、进给 | 3　3 | 6　6 | 2 | | 3 5 | DR-2424拆卸、安装工件、进给 | 4　4 | 6　6 | 2 0 | | 6 | TP-1101拆卸、安装工件、进给 | 3 | 5 | 1 |	
⑧步行中的作业。步行中做其他作业时，在手作业时间栏里加上括号，如不满 1 秒作业，在步行波浪线画圆圈 | 作业顺序 | 作业名称 | 时间/秒 手作业 | 自动 | 步行 | |---|---|---|---|---| | 1 | 安装工件 64466-06070 | 2 | | 2 | | 2 | 安装工件 64467-06020，钻孔 | 4 | 6 | 3 | | 3 | 拿取工件 | (3) | | | | 4 | 安装工件 64412-06210，攻丝 | 4 | 6 | 2 |	
⑨电焊的作业。不易将"人的作业"和"电焊设备作业"分离表示时，在实线上用括号记入点焊数量 将"人的作业"和"设备作业"分离表示时，明示分离状态	
⑩连续加工中的手作业。多轴旋转机床和多工作台等机械加工中，设备连续加工作业，手作业时间与设备进给应分开表示	

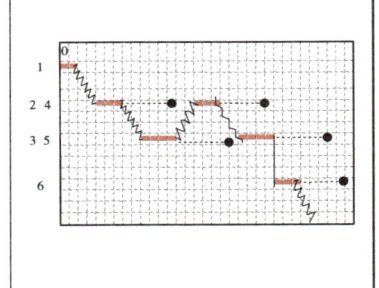

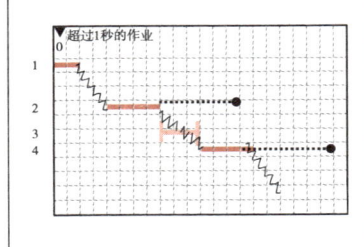

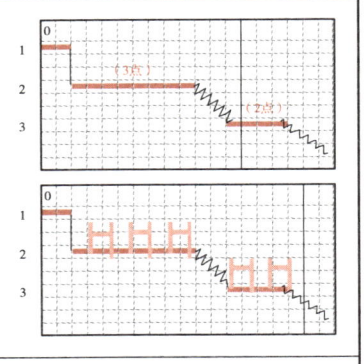

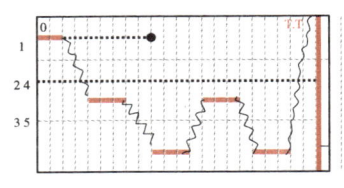

续上表

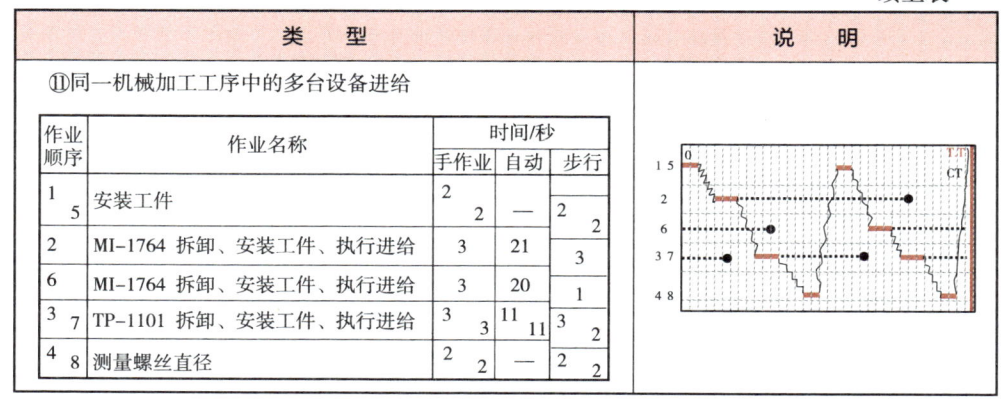

类型			说明
⑪同一机械加工工序中的多台设备进给			

作业顺序	作业名称	时间/秒		
		手作业	自动	步行
1　5	安装工件	2　2	—	2　2
2　6	MI-1764 拆卸、安装工件、执行进给	3	21　3	
2　6	MI-1764 拆卸、安装工件、执行进给	3	20　1	
3　7	TP-1101 拆卸、安装工件、执行进给	3　3	11　11	3　2
4　8	测量螺丝直径	2　2	—	2　2

（4）标准作业组合票的画法。

① 首先在作业时间的时间轴上，画出生产节拍的时间线，见表3.11。

② 估算出一个人的作业范围以及作业量。从工序能力表中按顺序获取并计算出各个作业的手作业时间，设备自动进给时间，估算出一个人的工序范围。此时步行时间也要计算在内。

③ 在作业名称栏里，要分行填写各自的手作业具体内容。

④ 在时间栏里填写手作业时间、自动进给时间和步行时间。

⑤ 决定第一步作业。在时间轴上画出手作业时间和自动进给时间线。自动进给时间碰到节拍时间轴时，从时间轴的0点开始画出剩余的时间。

⑥ 决定第二步作业。将下一道工序的作业当作第二步作业，工序移动时，用波浪线画出产生步行的时间。

⑦ 决定下一步作业。如果同一工序中有两台机械设备，或设备一次生产数个产品时，或拥有共用工序的设备时，就要认真思考作业顺序，不要让作业员因为设备自动进给的时间而产生等待。

⑧ 调查作业分配是否可行。自动进给时间碰到生产节拍时间轴时，虽然可以从0点画出剩余时间，但是如果这与相同作业的手作业时间重合的话，该项工作分配的作为生产节拍内作业就无法成立，需要重新编排作业顺序（多轴旋转设备、多工作台连续自动进给的作业除外）。

⑨ 调查估算的作业量与生产节拍的关系。预定作业分配完成后，返回到第一步作业栏。

⑩ 调查作业量分配是否适当。在步骤⑨中返回到最初作业的点，与红线一致则说明该项作业组合是合适的，反之则需要调整作业分配，如以下情况：

 a. 如果作业在生产节拍的红线前面终止，则说明作业量过少。

 b. 如果超过了生产节拍的红线则说明作业量过多。

 c. 相对于生产节拍，作业量过多或过少，均需要修改或调整作业分配。

⑪ 填写作业顺序编号。工作分配完成后，依照作业顺序在作业顺序栏里填写编号。

⑫ 标准作业组合票制作及注意事项，见表3.10。

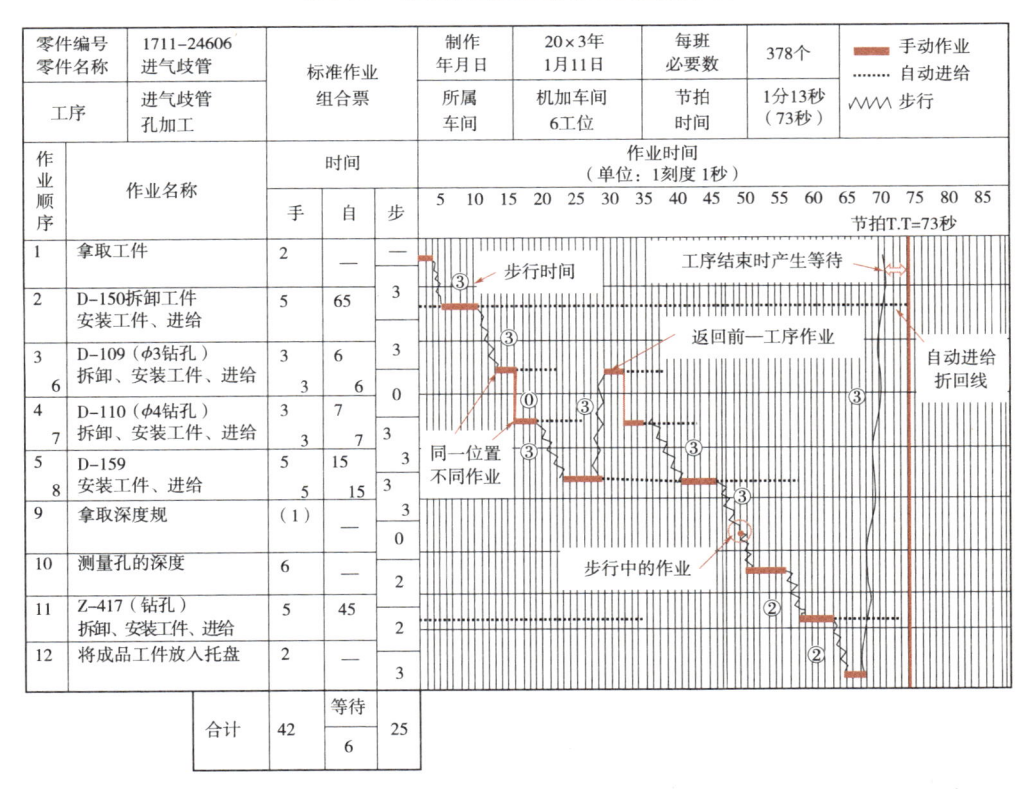

表 3.10 标准作业组合票制作及注意事项

零件编号	1711-24606	标准作业组合票	制作年月日	20×3年1月11日	每班必要数	378个	▬ 手动作业
零件名称	进气歧管						┄┄ 自动进给
工序	进气歧管孔加工		所属车间	机加车间6工位	节拍时间	1分13秒（73秒）	∿∿ 步行

作业顺序	作业名称	时间 手	时间 自	时间 步	作业时间（单位:1刻度1秒）5 10 15 20 25 30 35 40 45 50 55 60 65 70 75 80 85 节拍T.T=73秒
1	拿取工件	2	—		
2	D-150拆卸工件安装工件、进给	5	65	3	
3 6	D-109（φ3钻孔）拆卸、安装工件、进给	3 3	6 6	3 0	
4 7	D-110（φ4钻孔）拆卸、安装工件、进给	3 3	7 7	3 3	
5 8	D-159 安装工件、进给	5 5	15 15	3 3	
9	拿取深度规	(1)		3 0	
10	测量孔的深度	6	—	2	
11	Z-417（钻孔）拆卸、安装工件、进给	5	45	2	
12	将成品工件放入托盘	2	—	3	
	合计	42	等待 6	25	

注：①等待时间=生产节拍－（手动作业时间＋步行时间）＝73″－（42″＋25″）＝6″；②作业产生6秒等待时间，说明作业分配量少，后续仍有需要改善的空间；③表中作业时间刻度格内的◎、②、③，表示步行时间为0秒、2秒、3秒；④标准作业组合票是从人的动作、机械设备自动进给两方面入手，将一个作业员的作业内容一目了然地呈现出来，它是分割作业量的重要判断工具；⑤在生产过程中，如果节拍、产量、作业顺序等发生变化，则需要及时对标准作业组合票进行更新，使标准作业组合票时刻保持最新的状态。

⑬ 作业分配中监督者（班组长）应具备合理分配组员作业内容的能力，降低作业分配过程中，出现的作业分配过多、过少、过重、过轻等不合理的情况，如图 3.13 所示，经过组长重新审核，将原来由 5 人的作业内容，归纳整理为 4 人作业内容，减少了浪费的发生。

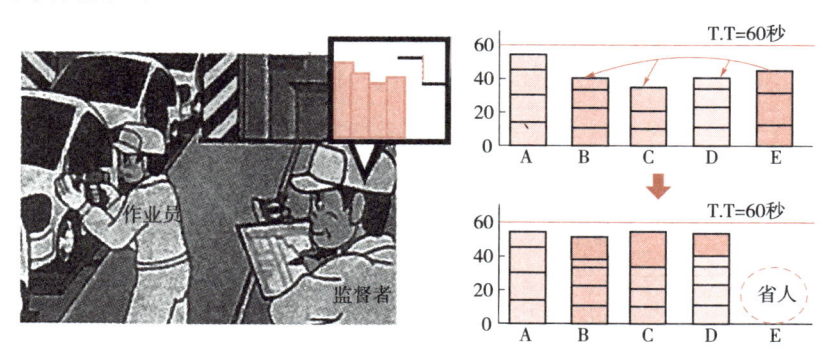

图 3.13　监督者对作业动作重新分配

3. 标准作业指导书

（1）标准作业指导书的定义及作用。标准作业指导书是作业的指导人员正确指导作业员进行标准作业的基准，它是以工序能力表和标准作业组合票为基础制作而成的。

（2）标准作业指导书的制作要领。

① 零件编号、零件名称。以标准作业组合票为基准，进行填写。

② 每班生产必要数量。记录生产必要数量。

③ 分解编号。在构成一条生产线（或工序）的作业员中，显示是第几位作业员。

④ 姓名、所属部门。以标准作业组合票为基准，进行填写。

⑤ No.(编号)。它是作业顺序的号码，以标准作业组合票为基准进行填写。

⑥ 作业内容。需注意：

a. 与标准作业组合票的作业名称内容相同；

b. 使用的设备务必要填写设备编号。

⑦ 品质。填写品质检查的次数和方法。

⑧ 关键点。为了正确地、安全地生产优质产品，填写作业方法的关键点：

a. 作业是否能够顺利完成还是无法完成；

b. 是否有受伤危险；

c. 工作是否能够轻松容易地进行，是否有诀窍。

⑨ 有效时间。有效时间是手作业和步行时间的合计：

a. 从事各自作业所需的时间，在手作业时间上要加上步行时间；

b. 依照作业顺序，完成一整套工序所需净时间的合计。

⑩ 图示栏。

a. 机械配置图。在作业内容栏中填写作业范围内的设备配置和设备编号在作业范围内，用阴影来识别加工能力的最低工序。

b. 作业顺序。填写作业员在各工序中的作业顺序，如①—②—③—④，只有从最后的工序到最初的工序的线为虚线并带有箭头，其余均为实线。

c. 标准手持。在放置标准手持的位置上用 ◯ 标记。

d. 品质检查。品质检查的工序用 ◇ 标记，将检查频率填写到表格中。

e. 安全注意。在注意安全的地方用绿十字记号 ✚ 表示。

f. 生产节拍、标准手持、循环时间。在相应的栏中填写，内容见表 3.11。

表 3.11 标准作业指导书

20×3 年 9 月 15 日制订　　　　　　　　　　　20 页　第 1 页

科长	组长	标准作业指导书	零件编号	18236-25632	每班必要数		920 个/班	所属部门	姓名
李×	陈×		零件名称	发动机进气管	分解编号		6/16	总装车间	张×× 周××
序号(NO.)	作业内容		品质		关键点顺利完成安全、容易做	有效时间		生产节拍	30 秒
			检查	量规		分	秒	循环时间	30 秒
								标准手持	3 个
1	拿取工件		—	—	使用左手	—	4	◯ 工序内在制品	
2	ME-1964 安装工件，执行进给		—	—	—		5	✚ 安全注意	
3	DD-3434 卸料，安装工件，进给		1/1	—	—		5	◇ 质量检查	
4	TE-1617 卸料，安装工件，进给		—	—	消除切屑		5		
5	测量螺纹直径		1/1	量规	—		7		
6	将成品工件放入在托架		—	—	交叉放置	—	4		
	合　　计		—	—	—		30		

4. 标准作业票

（1）标准作业票的定义及作用。标准作业票是直观管理工具。张贴在现场相应工位上，使作业的状态一目了然，可以发现生产线存在的潜在问题，是监督者对下级进行指导时使用的管理表。

（2）标准作业票的制作要领。

① 作业内容。在标准作业票的最初和最后填入作业名称。

② 作业顺序。在设备配置图中填入作业顺序。作业顺序的编号以标准作业组合票中的作业顺序编号为基准。编号顺序用实线连接，回到最初工序时用带箭头的虚线。加工能力最低的设备要画出斜线记号。

③ 标准手持。在经过各道工序加工后，要在设备所处的位置上填入标准手持。

④ 品质检查。对需要进行品质检查的工序（设备）画出 ◇ 记号。

⑤ 安全注意。对需要进行注意安全的工序（设备）画出 ✚ 记号。

⑥ 生产节拍。根据标准作业组合票，将生产节拍填入。

⑦ 循环时间。根据标准作业组合票，将循环时间填入。

⑧ 分解编号。记录构成该生产线的人数和是第几位作业员。

⑨ 制作及修订日期。记录制作及修订的日期。

标准作业票的制作要领，如图3.14所示。

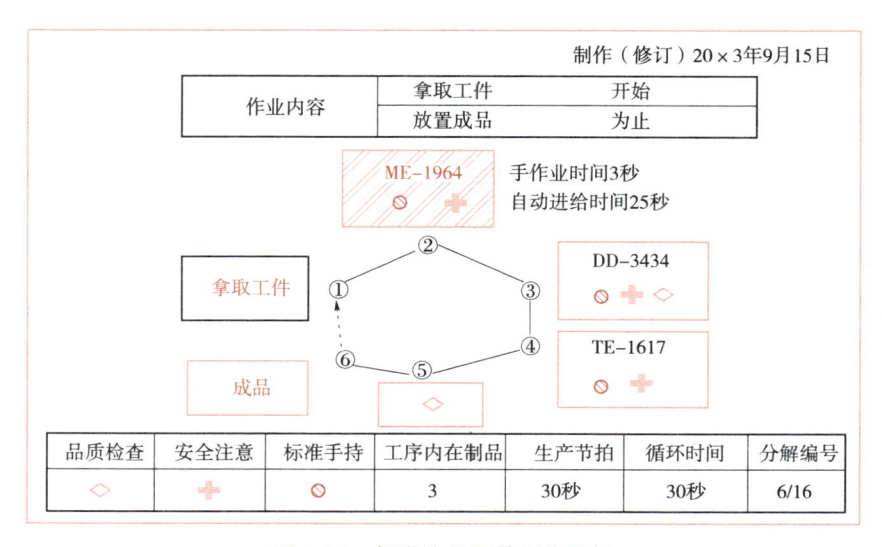

图3.14 标准作业票的制作要领

⑩ 标准作业票图 3.14 中的①~⑥，表示的是按作业顺序工作的作业员工作的移动轨迹，通过观察其轨迹，寻找到改善的切入点。

⑪ 标准作业票会因生产计划变更、工序的改善而发生变化。例如，进行了工序作业的改善，那么标准作业票也会随之变更。所以，改善后应对作业员进行相应的岗位培训，让他们能清晰地理解新工序的作业方法，这样才能更好地完成作业。

（3）标准作业实操顺序。标准作业实操顺序图（多能工1人作业），如图 3.15 所示。

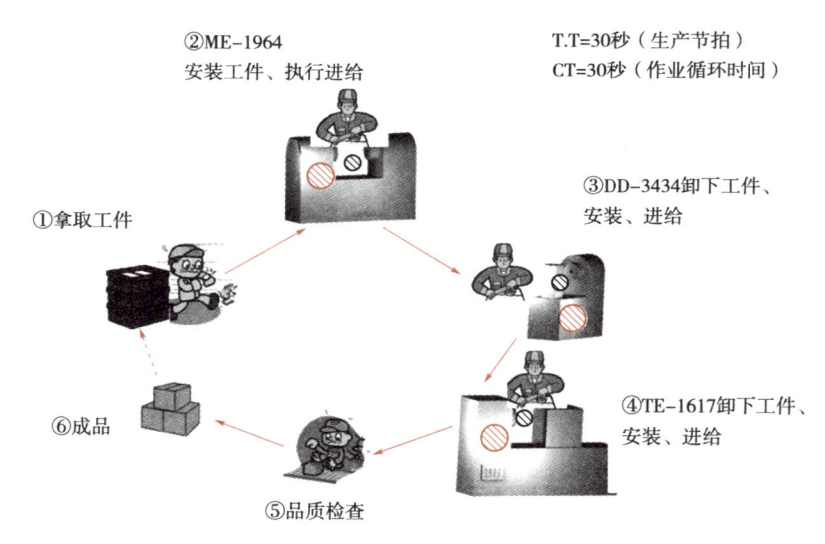

图 3.15　标准作业实操顺序图

5. 标准作业与作业标准的区别

标准作业与作业标准是完全不同的两个概念，明确两者之间的区别至关重要。

（1）标准作业。标准作业是以人的作业动作为中心进行工作，以没有浪费的顺序进行最具效率的生产方法。因此，作业工序上的标准作业的目的是最为有效地组合人、物、设备，实现标准作业三要素不可缺少，即生产节拍、作业顺序、标准手持。在品质、成本、安全以及作业性等方面得到综合性的提高。设备方面做到设备故障少、生产线运转的波动小；品质方面做到加工品质问题少、精度的偏差小、自工序完结；安全方面做到安全优先于一切，追求安全而稳定的作业。

（2）作业标准。作业标准是在进行标准作业的基础上，对设备、物品和方法等制定的各项生产技术标准，如在机械加工上设定的刀具种类和切削条件，以及在车身焊接工序上，对焊接电流的强度和焊接电极形状等的进行规定等。

具有代表性的作业标准有 QC 工序表、焊接电流设定表等。在工序管理方面还有安全作业要领书和刀具更换要领书等。

3.3.2 标准作业类型 II

适用于能够计算出生产节拍，而且是重复作业。但由于作业组合种类多而很难写明每个人作业量的工序中。

1. 作业顺序书

（1）作业顺序书的定义和作用。作业顺序书是记录每道作业工序的作业内容、组装顺序、组装时间和步行时间等内容的文件，见表 3.12。以此为基准，在生产台数和生产节拍更改时，对作业组合的工序进行管理的工具。

表 3.12　作业顺序书

工厂：明远工厂		作业组名：装配 1		车型 A		车种					
生产线：第 1 线		工序编号：01		生产计划号：61		生产比率 %					
节拍时间：81 秒		工序名：车内后侧装饰板组装				车型		A 车型⑦		B 车型	
作业顺序①	要素作业名②	标准时间秒③	实测时间秒④	前方步行秒⑤	作业位置⑥	后方步行秒⑤	选装部品型号规格⑧				
							E1120L-AEPDK	E1121L-AEMDK	E1120L-AEMNK	E1121L-AEMDK	E1120L-AEPDK	E1121L-AEMNK
1	确认指示票	2.0	1.0	0.0	LCC		S	S	S	S	S	S
2	取出车内后侧防滑板	2.0	2.0	0.0	LCC		S	S	S	S	S	S
3	取出前机盖隔音材（临放）	2.0	2.0	0.5	LCC		S	S	S	S	S	S
4	取出周转箱	2.0	2.0	0.0	LCC		S	P	P	P	P	P
5	取出左右前大灯	2.0	2.0	3.0	LCC		S	P	P	P	P	P
6	临时放置左前大灯、组合车前大灯、安装	11.0	12.0	0.0	LF		S	S	S	S	S	S
7	紧固车前大灯	15.0	14.0	0.0	LF		S	S	S	S	S	S
8	取出前机盖隔音材、安装	13.0	13.0	0.0	CF		S	S	S	S	S	S
9	取出右前灯、组合、安装	11.0	11.0	0.0	FE		S	S	S	S	S	S
10	取出冷却器导板、组装	2.0	2.0	0.0	FE		S	S	S	S	S	S
11	安装前机盖线束卡扣	3.0	2.0	3.5	FE		S	S	S	S	S	S
12	安装车内后侧装饰板	7.0	8.0	0.0	FE	2.0	S	S	S	S	S	S

（2）作业顺序书制作要领。

① 作业顺序。根据作业内容，记录零部件加工组装的顺序。

② 要素作业名称。在组装作业动作上称之为将 B 零件与 C 零件组合起来、紧固等，体现了组装零件的名称。这是组装作业上管理的最小单位。

③ 标准时间。进行一个要素作业的标准时间。

④ 实测时间。各个要素作业的实测时间。

⑤ 前方步行、后方步行。为了完成作业而产生的步行。

⑥ 作业 & 位置。作业员必须实施作业的位置，将车辆区分为 28 项（车门除外），明确作业位置。

⑦ 车型。表示车辆的型号。

⑧ 规格。装配的部件分 S 为标准件；P 为选装件。

2. 山积表（工序编排表）

（1）山积表定义和作用。将作业顺序书中体现的每个要素作业名称和作业时间作成山积表的形式（作业累加），是可以综合地看到要素作业的维持、管理和工序整体的管理工具，如图 3.16 所示。

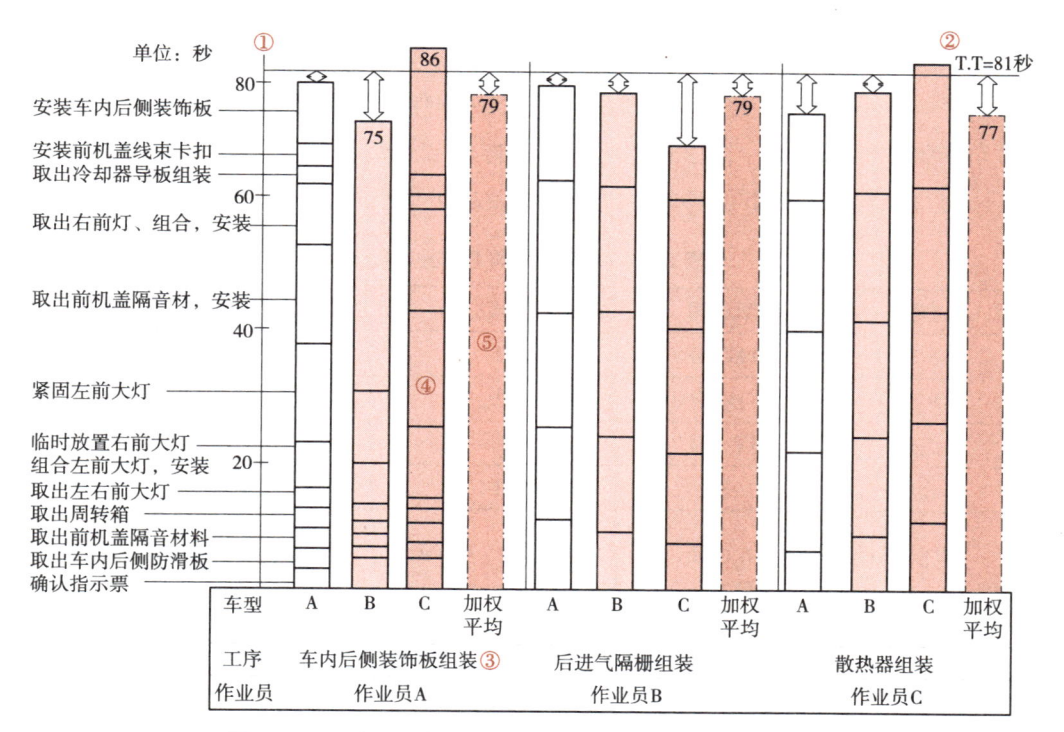

图 3.16　3 种混线车型装配作业山积表（工序编程看板）

（2）山积表的特点。

① 山积表是用山积的形式，将同一工序中不同车型的作业内容分别列出。

② 当工序变更，能准确找到相关作业，进行快速对应。

（3）山积表制作说明（如图3.16，在1个节拍内，个人作业内容累积）

① 时间轴。时间轴的单位是以秒为单位进行记录。

② 节拍时间。节拍时间的时间值画出横线。

③ 工序。多车型的作业内容分别记录。

④ 作业的累积。各个车型累积的要素作业，步行时间也要记录在内。

⑤ 计算加权平均作业时间。

（4）加权平均。各车型的作业内容不同，一部分车型还有选装件的要求，因此，需要山积表将超出节拍部分的作业内容表示出来，用加权平均值的方法计算、验证，在节拍时间范围内，同一工序中不同车型的作业可行性。

加权平均的定义是以生产多车型、不同时间值的作业工序作为对象，验证各工序累计作业是否可行，即验证补偿机制的一种手段。

例如，计算内后侧装饰板组装工序中，A、B、C三种车型的加权平均。

已知条件：生产线生产节拍 T.T=81秒；A车作业时间80秒/台，168台/班；B车作业时间75秒/台，123台/班；C车作业时间86秒/台，42台/班。

将每台车的作业时间、每班生产的台数及总作业时间汇总列表，见表3.13。

表3.13　各车型每班总作业时间表

车型	作业时间	每班生产台数	总作业时间
A车	80秒/台	168台/班	80×168＝13440秒/班
B车	75秒/台	123台/班	75×123＝9225秒/班
C车	86秒/台	42台/班	86×42＝3612秒/班
合计	—	333台/班	26277秒/班

加权平均作业时间为26277秒÷333台≈79秒/台。在山积表上记录加权平均作业时间为79秒/台。

虽然各车型作业完成时间不相同有长有短，但加权平均时间为79秒，处在小于生产节拍（T.T＝81秒）范围内。这样A、B、C三种车型在组装作业中，作业时间可以互为补偿，总体仍在81秒生产节拍范围内实施组装作业，做法是完全是可行的，不会影响生产的顺利进行。

3. 标准作业组合票

与标准作业类型Ⅰ的标准作业组合票的制作方法相同，写明车型、工序名称、节拍、每班必要数量、制作时间、作业名称等等，以车内后侧装饰板组装方法举例，见表3.14。

表 3.14 标准作业组合票（类型Ⅱ）

车型	A车型	标准作业组合票	制作年月日	20×3年9月11日	每班必要数	333个	手动作业 自动进给 步行
工序	车内后侧装饰板组装		部门	总装	节拍时间	81秒	

作业顺序	作业名称	时间 手	自	步	作业时间（单位：1刻度1秒） T.T=81秒
1	确认指示票	1	—	—	
2	取出后门内装饰板，临时放置在部品台车上	2	—	—	
3	取出前机盖隔音棉临时放置部品台车上	2	—	0.5	
4	取出空箱，返回	2	—	—	
5	取出左右前大灯	2	—	—	
6	右前大灯临时放置E/R内组合左前大灯，安装	12	—	3	
7	紧固左前大灯	14	—	—	
8	取出前机盖隔音棉麻安装（从部品台车中）	13	—	—	
9	取出右前大灯组合安装	11	—	—	
10	取出散热器隔板，安装（前工程搭载）	2	—	—	
11	取出前机盖线束卡扣	2	—	3.5	
12	取出后车窗内饰板进行组装	8	—	2	
	合计	71	等待 1	9	

4. 标准作业票

清楚地了解生产线运行过程中，人的作业状态，并作为目视管理的道具使用，用于发现生产线中潜在的问题点，以及对下属进行指导时使用。标准作业票的制作要领，见表3.15。

表 3.15　标准作业票的制作要领

项　目	说　明
①车辆的流动	本例中，将车辆定义为从左向右的流动方式
②作业内容	记入标准作业组合票的最初和最后作业名称，标示作业范围（"开始"左对齐、"为止"右对齐的方式填写）
③定位停止线	依据节拍时间，标记出定位停止线
④时间线	1单元格是从定位停止线起始、终止的区间，划出10等分时间线 1单元格＝车的前轴到下一辆车的前轴为止
⑤物品车、货架	根据定位停止线，正确标出物品车的位置。根据定位停止线，正确标出货架的位置
⑥作业位置	根据每项作业手顺的作业时间移动车辆，在该作业开始时的位置、站立为止的位置，记入标准作业组合票的作业顺序编号
⑦作业部位	在实际作业的作业部位记入作业顺序编号
⑧作业动线	步行用细实线，传送带上作业用粗实线记入，由最终作业向最初作业制定编号时，用虚线及箭头标示
⑨作业开始·结束	记入关于开始作业最初的车辆作业开始的位置，标示箭头及作业开始，在相距一定距离时，作业结束的最后车辆位置，标示箭头及作业结束
⑩品质检查	需要品质检查的作业，记入品质检查记号，检查频度按照 n/n 方式记入
⑪安全注意	需要注意安全的作业，记入绿色＋字记号
⑫标准手持	在进行重复作业的基础上，线内持有的最小限度半成品（此例中车辆为标准手持）
⑬生产节拍	在下方相应栏中记入生产节拍
⑭循环时间	在遵守作业手顺的前提下，1循环的实际时间记入下方相应栏，此时间为计入手作业时间及步行时间的时间值
⑮分解编号	将构成整工序（组）的作业员数（表示为分母），将该作业员为几号作业员（表示为分子），在下方的相应栏中，以 n/n 的方式记入
⑯制作/修订	记入此账票的制作及修订时间
⑰改善的着眼点	A.作业开始和作业结束的位置以及物品棚的位置是否适当 B.搬运物品的次数能否减少 C.能否减少作业部位

续上表

项 目	说 明
⑰改善的着眼点	D. 是否离车的作业位置过远 E. 是否存在斜线移动 F. 是否有重复移动 G. 货车、货架的上下料位置是否适当 H. 空箱返回位置是否适当

标准作业类型Ⅱ的标准作业票的制作方法，如图3.17所示。

标准作业票（类型Ⅱ）

⑯ 制作 20×2年1月6日
修订 20×3年9月15日

作业内容 ②　确认指示票　开始
车内后侧装饰板组装　为止

—— 流水线或车内作业
—— 人的步行

前机盖隔音棉货架　车内后侧装饰板　空箱返回　左右前大灯顺序货架

③ 定位停止线　③ 定位停止线

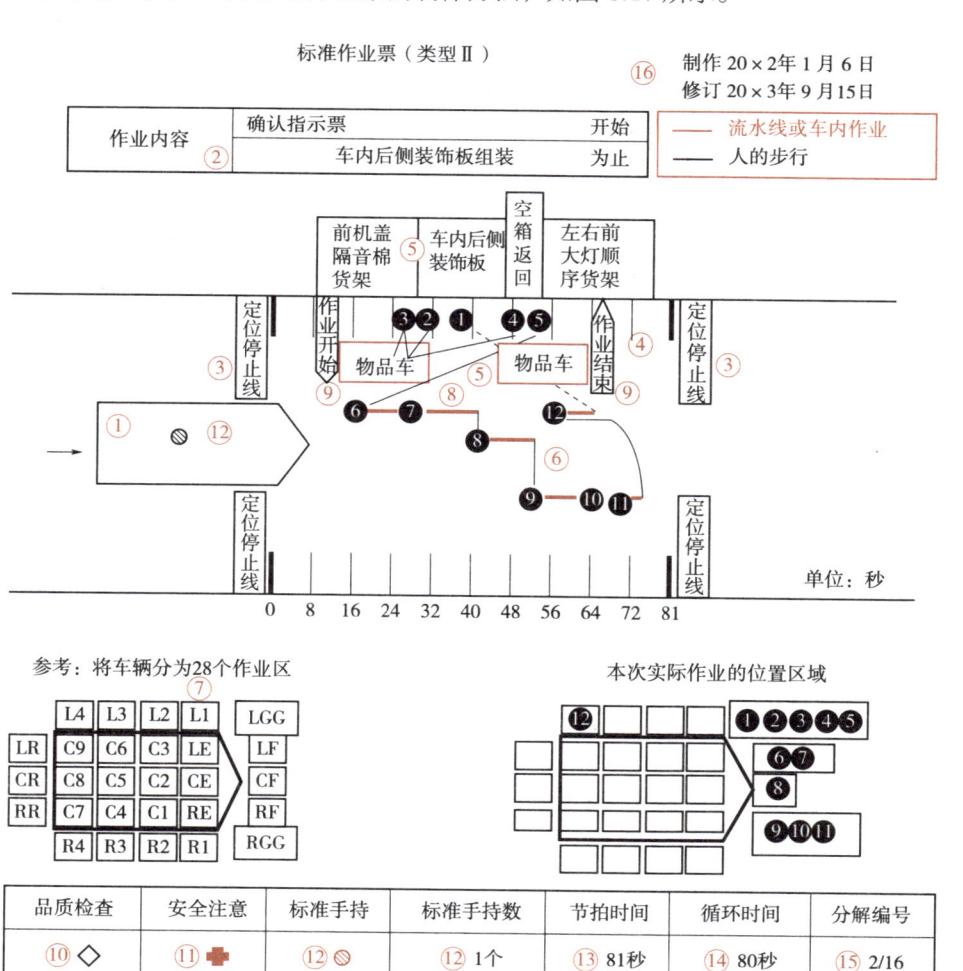

单位：秒

0　8　16　24　32　40　48　56　64　72　81

参考：将车辆分为28个作业区　⑦

L4	L3	L2	L1	LGG
LR	C9	C6	C3	LE
				LF
CR	C8	C5	C2	CE
				CF
RR	C7	C4	C1	RE
				RF
R4	R3	R2	R1	RGG

本次实际作业的位置区域

品质检查	安全注意	标准手持	标准手持数	节拍时间	循环时间	分解编号
⑩◇	⑪✚	⑫⊘	⑫ 1个	⑬ 81秒	⑭ 80秒	⑮ 2/16

图3.17　标准作业票制作方法（流水生产线）

3.3.3 标准作业类型Ⅲ

标准作业类型Ⅲ适用于不能按生产节拍进行作业，只能按生产指示系统（信号）的指示进行作业的类型，如刀具、模具更换、设备维护、品质检查、定期搬运等。需要将每个作业员的作业时间进行累加，实施定时、满负荷化的作业管理。作业中如果有超出规定时间的作业情况，则需要改善。因为超定时作业，意味着延长工作时间或者加班对应。因此，在规定时间内，将超定时作业改为定时作业，需要改善者通过智慧和手段解决问题。

1. 适用范围

标准作业类型Ⅲ适用范围，如图3.18所示的阴影部分。

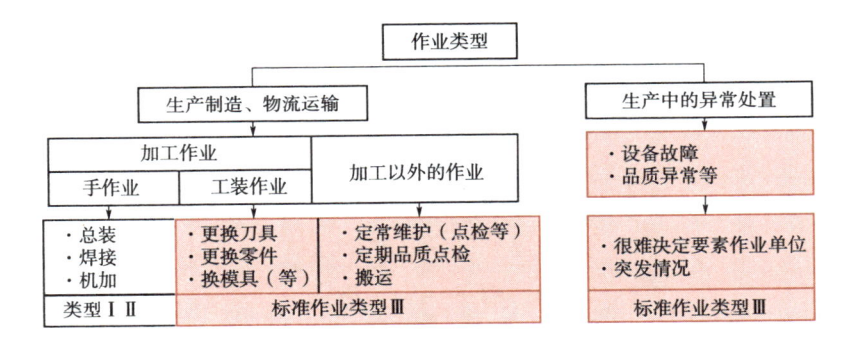

图 3.18 标准作业类型Ⅲ适用范围

2. 山积表制作（作业负荷表）

搬运作业是标准作业类型Ⅲ中常见的作业方式。根据信号指示作业，工时数按照稼动时间进行计算，实施定点、定容、定量的搬运。图3.19中为4人作业。

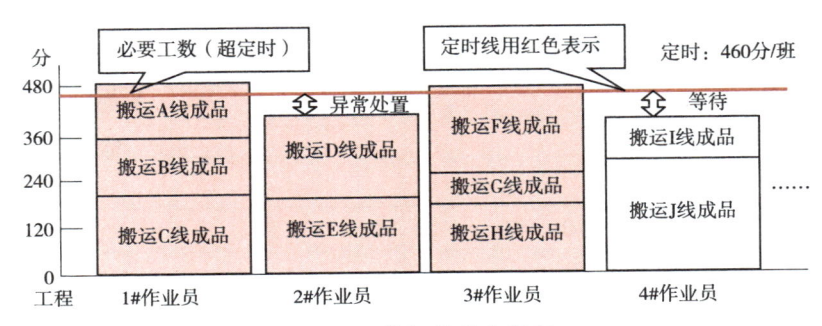

图 3.19 搬运作业山积表

（1）划分出每个人的要素作业量，采取最适当的作业编程。

① 按顺序确定作业内容，确定作业单位。

② 确认手作业时间、步行时间（区分必要作业和异常对应）。

③ 确认一个作业单位的时间、内容（量、频度、种类）。

④ 确定是定期搬运还是定量搬运。

（2）制作要素作业票。要素作业票决定一个作业单位的工作方法及必要时间，见表 3.16 中的 A 线搬运。

表 3.16 要素作业票

要素作业票（类型Ⅲ）			制作	2023 年 9 月		修订	
生产线名	A 生产线（搬运产品）		姓名	张×	要素作业：	搬运 A 线成品	
配置图	⑨作业内容				基本时间/秒		
	序号	作业顺序①	要点②	理由	手③	步	合计④
（5）成品（4） A生产线 （3） （6）（2）（1） 集货场　看板箱 　　　空箱	（1）	拿取看板	—	—	3	20	23
	（2）	从放置区拿空箱	箱种确认	防止取错种类	21	18	39
	（3）	空箱放入传送带			18	6	24
	（4）	取出成品	看板确认	防止出货错误	25	12	37
	（5）	返还半成品看板			3	36	39
	（6）	成品放置集货场	顺序确认	防止出货错误	16	35	51
作业信息	生产量		收容数	频率（次/班）	班	合计	
定量搬运数⑤（10 个/次）	394⑥个/班		10⑦个/箱	39.4⑧次/班 搬运	连续2班倒	86	127　213

① 作业顺序。按照每项作业内容记入表格，由于是人的动作，所以用"怎么做"的形式表述。

② 要点（理由）。在遵守作业顺序的基础上，明确关键点的依据是"为什么必须这么做"，不做会产生什么问题。

③ 手作业和步行作业时间。记入人的作业时间以及以工序移动、物品拿取（防置）等为目的的步行时间。

④ 合计时间。合计栏中记入手作业时间和步行时间的合计。

⑤ 作业信息。以怎样信息开始作业，是否定期、间隔几分钟、是否定量、有几种、搬运地点有几个（定点）。

⑥ 生产量。记入每班搬运的生产量（定量）。

⑦ 收容数。记入每箱收容物品的数量（定容）。

⑧ 频度。（次/班）记入每班的相应的作业次数。

$$频度 = 生产量（量/班）\div 收容数（量/箱）$$

⑨ 配置图。根据作业内容的顺序，编辑作业顺序配置图。编号用实线连接，最终作业向最初作业移动，用虚线连接。

（3）制作要素一览表。要素作业一览表完整体现作业全貌，可为改善提供数据支撑，见表 3.17。

表 3.17　要素作业一览表（1# 作业员搬运）

稼动时间 $G = 450$ 分

序号	要素作业名	每班生产个数 a	频度 个/次 b	每班次数 $c=a/b$	基本时间（秒/次）手作业	基本时间（秒/次）步行	基本时间（秒/次）合计 d	必要工数 秒/班 $e=c\times d$	必要工数 分/班	必要工数 人工 e/g	必要工数 累计	定量
1	搬运 A 线成品	394	10	39.4	86	127	213	8 393	140	0.32	0.32	10
2	搬运 B 线成品	400	10	40.0	100	90	190	7 600	127	0.29	0.61	10
3	搬运 C 线成品	400	10	40.0	150	160	310	12 400	207	0.46	1.07	10
合计		1 194	30	119.4	336	377	713	28 393	474	1.07	—	30

（4）标准作业类型 Ⅲ 的搬运改善。1# 作业员工数 474 分/班，超出定时 460 分/班，通过现状调查，发现一些问题，针对问题点制订以下改善方案，见表 3.18。

表 3.18 改善后的要素作业票

要素作业票（类型Ⅲ）			制作	20×2年11月		修订 20×3年2月		
生产线名	总装A线	作业员	张×	要素作业		搬运A线成品		
配置图		作业内容				基本时间/秒		
		序号	作业顺序	要点	理由	手	步	合计
（配置图）		（1）	拿取看板	—	—	3	~~20~~ 3	~~23~~ 6
		（2）	从空箱放置场拿空箱	箱种确认	防止取错箱种	21	18	39
		（3）	空箱放入传送带	—	—	~~18~~ 15	6	~~24~~ 21
		（4）	取出成品	看板确认	防止误出货	~~25~~ 20	~~12~~ 3	~~37~~ 23
		（5）	返还半成品看板	—	—	3	~~36~~ 27	~~39~~ 30
		（6）	成品放到集货场	顺序确认	防止出货错误	16	~~35~~ 7	~~51~~ 23
作业信息	生产量（个/班）	收容数个/箱	频率次/班	班/天	合计	~~86~~ 78	~~127~~ 64	~~213~~ 142
定量每次10个	394个	10个	39.4次	连续2班倒				

搬运的改善方案，见表3.19。

表 3.19 搬运的改善方案

将步行线降到最短	序号（1）将作业位置缩短，更靠近空箱处。 序号（2）半成品看板通过传送带返还给生产线。
作业改善	序号（3）（4）调整货架与台车之间高度差，使物品能顺利滑入台车。

（5）改善后的山积表。改善后实际作业时间减少，4人的作业量，如图3.20所示。

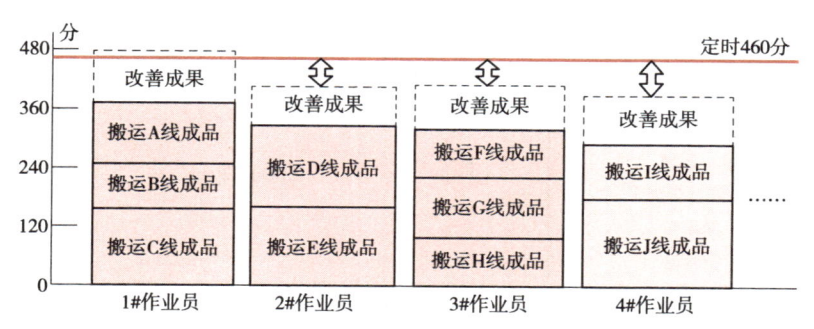

图 3.20 改善后的山积表

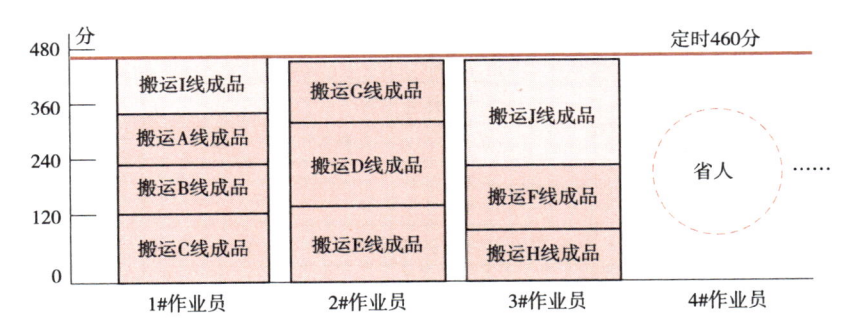

（6）作业重组后的山积表。作业重组后的山积表，如图3.21所示。

图 3.21　作业重组后的山积表

将B、C、D、E等其他线的搬运作业参照A线事例进行改善，同时实施作业重组，将4#作业员的作业分配给其他人，最终由原来4人变为3人，搬运时，遵循物品的先入先出原则，即先搬入的物品、最先搬出使用。

（7）搬运作业的原单位。搬运具备流动性大，搬运过程不确定性的特点，因此用山积表作为定时定量的管理工具，非常适合。

① 搬运作业原单位。如果搬运1次为40分/次，连续测3次，将测得最短时间定为原单位，按40分/次的原单位进行正常作业，但某次是45分/次，延迟5分钟，就要调查原因，防止同类事件再次发生。

② 制定原单位，如图3.22所示。

a. 利用山积表可视化的管理工具对要素作业进行摸查。

b. 将繁杂凌乱的要素作业归纳整理成原单位。

c. 通过原单位的累加制定出一天的作业时间。

d. 定时定出每个工序的作业时间。

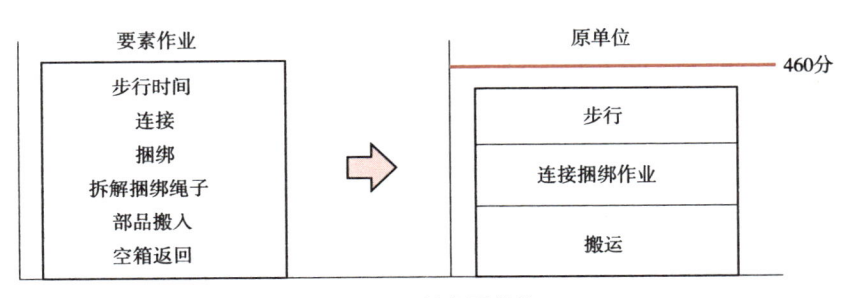

图 3.22　制定原单位

3. 标准作业类型Ⅲ的维护作业

（1）维护作业的特殊性。

维护作业是不跟线生产，经常会遇到突发故障处置的问题。因此，其作业内容很难细化，但将维护作业内容进行划分，就很便于管理，见表3.20。

表 3.20　维护作业划分

定常点检维护（预防＋定期定量维护）		改善故障减低活动	异常处置突发故障＋事后对策
预防维护	定期定量维护	故障减低活动内容：	异常处置
点检	加油	打造不会坏的设备	修理
测定	调整	设备故障之前提前发现	调查
解析	交换	征兆管理	解析
诊断	增紧	故障发生前仍然能生产	再发防止
改善	大修	故障快速处理	横展
	改善		改善

（2）维护作业的改善。

改善前，维护3人的作业分配，如图3.23所示。

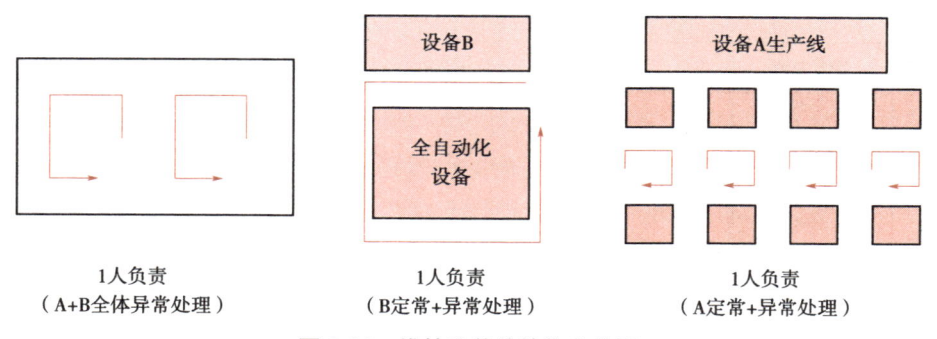

1人负责
（A+B全体异常处理）

1人负责
（B定常+异常处理）

1人负责
（A定常+异常处理）

图 3.23　维护改善前的作业分配

改善后：通过标准工时对工序进行核算（1人工表示每班1个人作业量）；定常业务0.9人工/3工序，异常业务：0.7人工/3工序。合计：1.6人工/3人（定常＋异常）；维护改善后工序整合，如图3.24所示。

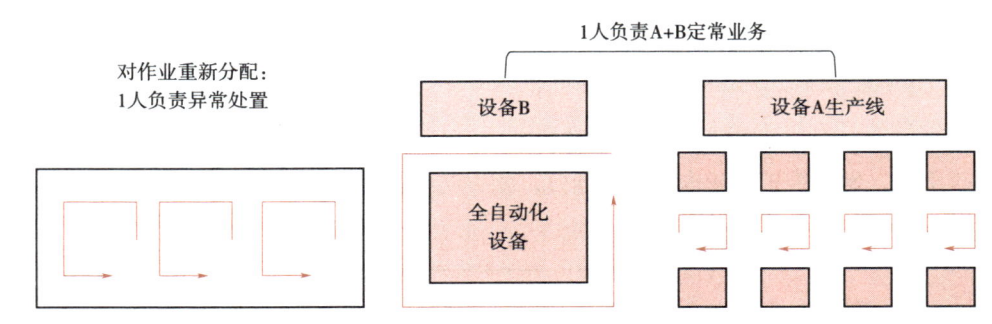

图 3.24 维护改善后的作业分配

改善后，由原来的3人作业变为2人作业，削减1人。

借助标准工时核算对作业进行重组后，生产指示系统的内容也需要变更：

① 确认定常点检的维护工时变更，按信号指示作业。
② 确认异常处置跟进的工时变更，按信号指示作业。
③ 确认重组后的作业指示信号时间变更。
④ 确认重组后作业内容以及作业数量变更。
⑤ 对作业完成情况进行点检和评价。

（3）维护工时核算。

定常点检表将点检内容、判断标准、时长、频次、周期等项目列出，进行跟踪管理，它可作为维护工时核算的依据。设备定常点检查管理表，见表3.21。

表 3.21 设备定常点检查管理表（月度）

序号	点检内容	判断标准	周期	工具	时长	频次	1月	2月	…
1	U型铰链装置加油作业	铰链联结部加2毫升左右润滑油，作业后擦除外溢的润滑油	1次/月	3#润滑油枪	2分	3班 周六/日	1/15	2/16	…
2	滑块导轨装置加油	滑块加注润滑脂2毫升/次；油枪加压1~2次	1次/月	润滑脂油枪	3分	3班 周二	1/6	2/7	…
3	滑块导轨装置磨损点检	导轨表面平滑，磨损量<0.1毫米，无灰尘附着，动作无异响	1次/月	目视听觉	5分	3班 周六/日	1/15	2/16	…

4. 标准作业类型Ⅲ的班组长业务

改善前：班组长要素作业内容没有明确，容易出现管理漏洞，改善前、后班组长的山积表，如图 3.25、图 3.26 所示。

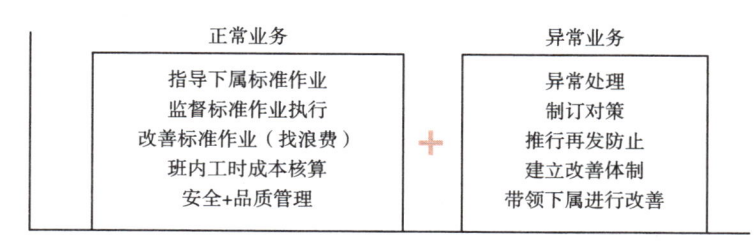

```
         正常业务                    异常业务
  指导下属标准作业              异常处理
  监督标准作业执行              制订对策
  改善标准作业（找浪费）   +    推行再发防止
  班内工时成本核算              建立改善体制
  安全+品质管理                 带领下属进行改善
```

图 3.25　改善前班组长要素作业内容

改善后：班组长作业内容定时管理，上级监管。

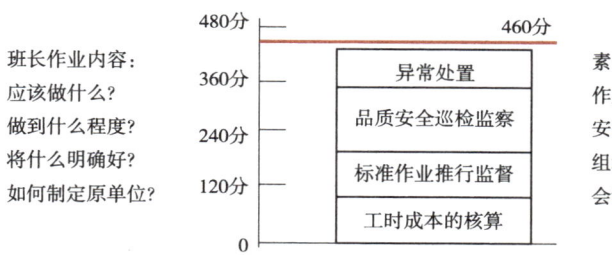

```
班长作业内容：    480分 ┌──────────┐ 460分    素质、教养程度
应该做什么？      360分 │  异常处置  │         作业分配合理的能力
做到什么程度？    240分 │品质安全巡检监察│     安全、成本、质量把控
将什么明确好？    120分 │标准作业推行监督│     组织改善的能力水平
如何制定原单位？    0  │ 工时成本的核算 │      会议组织、执行能力
```

图 3.26　改善后班组长定时作业内容

5. 标准作业的改善

（1）标准作业中的改善。标准作业中怎样做到省时省力？表 3.22 提供一些改善思路可供读者参考。

表 3.22　标准作业中的改善及评价（跟线作业）

○：良好；　△：一般；　×：较差；　××：最差

作业内容	要　点	详细说明（例）	评　价
步　行	①是否空手步行	什么都不拿，什么都不做，空手步行	×
	②步行很少	从工位到台车，点对点最短距离。	△
	③没有返回步行	不断地边作业、边前进的作业组合状态 （物品配置与作业顺序相一致吻合）	○

续上表

作业内容	要 点	详细说明（例）	评 价
物品安装	④左右手之间交换物品	左手拿取，右手接过来安装 这种做法不可取，属于倒手，浪费时间	×
	⑤拿物品时，手臂到物品的距离	不移动脚就拿不到物品 不移动身体就拿不到物品　距离 手臂不完全伸直拿不到物品　物品→安装点 手臂弯曲时，能够拿到物品	×× × △ ○
	⑥弯曲手臂持物作业，省力		○
	⑦伸直手臂持物作业，费力		△
	⑧拿取物品的位置到安装的距离	拉杆副总成装配 　　　　　　　拐弯拿取 　　　　　　　直接拿取	× ○
	⑨拿取物品时，手是否弯曲旋转	直接拿取 弯曲拿取	○ ×
工 具	⑩工具的离手性好（拿得起，放得下）	伸缩拧紧	○

续上表

作业内容	要 点	详细说明（例）	评 价
工 具	⑪不需要左、右手同时拿取（单手作业）	脚踩式拿取	○
	⑫下一个动作是否影响手的使用	物品从左向右移动　左手持物　右手作业	○
	⑬双手是否交叉作业	双手无交叉作业	○
		双手交叉作业	×

（2）改善中的巧迟拙速。做任何事请都应该脚踏实地，一步一个脚印地认真去做，一味追求灵巧快速的捷径，反而容易坏事，既浪费了时间，事情还没有做好。如果做事情慢一点、一步一个脚印，效果可能会更好，即大巧若拙。

3.3.4 顺序生产

1. 顺建

（1）装配线上同时生产多种车型，但是同一个位置上的操作都是一样的，把不同产品的相同操作，在同一流水线上按顺序操作，这就是顺建。

（2）在厂家的周转箱中，按照总装装配的生产顺序，依次将零件排列好装配顺序放入到专用（供）箱中，减少零件分拣时间。

2. 顺序生产

顺序生产是在总装生产线以外，各个供应商将物品、副总成、总成按照总装生产顺序顺建好，供应到总装线上，取消总装的分拣工序。

3. 顺建的应用

顺建的应用如图 3.27 所示。

（1）物品安装的顺建是线下按顺序顺建好多个不同的物品，再供应到总线上的同一个工序中去。

（2）组装的顺建是将副总成在线下按总装生产顺序顺建好，再供应到总装线上。

（3）箱子的顺建是直接使用厂家的箱子顺建在总装（不用周转箱）。

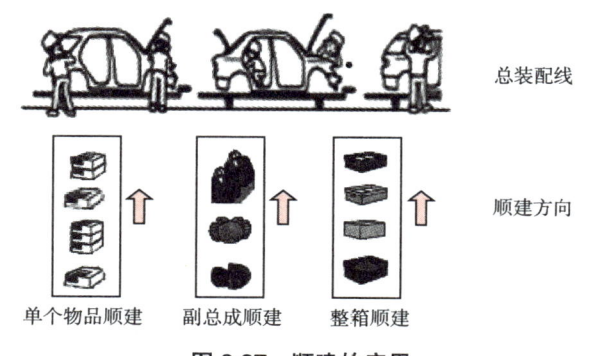

图 3.27　顺建的应用

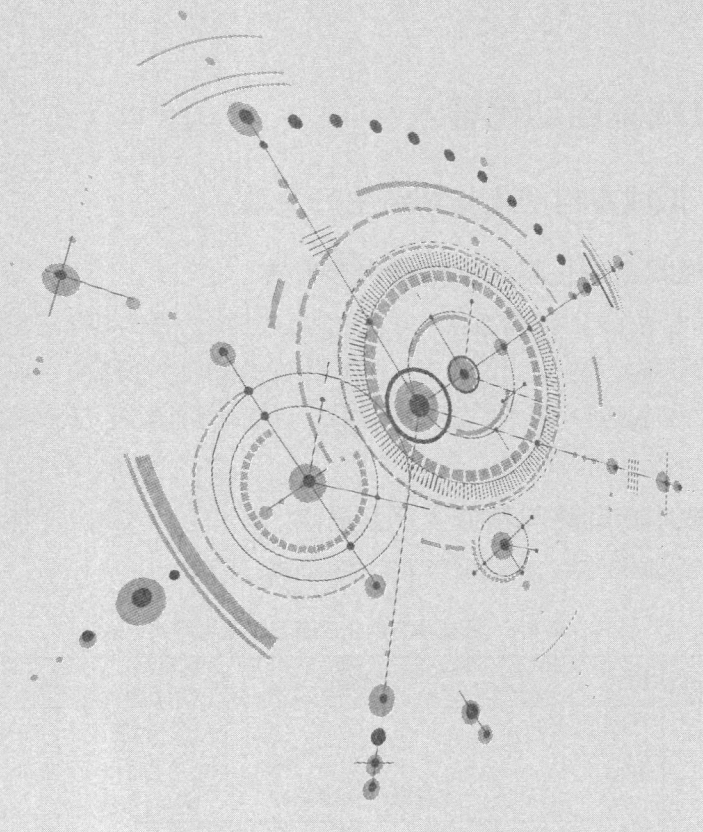

第4章
低成本自动化应用

近些年，随着经济环境的不断变化，市场也呈现出相应的波动，大型自动化设备的投入成本大、维护成本高、改线重组困难，作业员对设备的理解、操作能力要求高。这个时候就需要考虑用简单的机械装置，以低成本的巧妙机构原理，对产线进行改善，使其达到自动化设备同样的效果。

4.1 低成本自动化导入

4.1.1 低成本自动化与精益生产关系

1. 低成本自动化起源于精益生产方式

低成本自动化起源于精益生产方式的两大支柱之一的自动化思想,是持续改善的一种具体体现方式。其目的在于方便作业员的操作,使设备符合人体工学,节省作业员的体力与时间,通过先省力,再省人,以低成本的投入,获得高效率的生产,最后达到自动化作业的目的。

2. 低成本自动化与精益生产共通点

低成本自动化改善与精益生产两者的共通点,见表4.1。

表4.1 低成本自动化改善与精益生产共通点

分类	特点	共通点
精益生产模式	消除浪费,降低成本 自动化　准时化 持续改善,实现省人化、省力化、少人化	·持续改善 ·消除浪费 ·降低成本 ·自动化 ·省人化 ·省力化 ·少人化 ·减轻劳动强度
低成本自动化装置	低成本模式下,发挥员工的聪明才智,持续改善,实现从省力化、省人化,再到少人化的过程,减轻劳动强度,让员工轻松愉快地工作	

目前,国内企业大多是以中低端制造的中小型企业者居多,如果大量引入机器人实现自动化,势必推高生产成本,降低产品的竞争力。因此,引入低成本自动化技术至关重要,企业应从低成本自动化的改善入手,夯实基础、积累经验,最终实现智能化、无人化,这是制造企业升级转型过程中重要的一环。

4.1.2 低成本自动化装置

低成本自动化装置，俗称机巧装置。它是巧妙地利用最简单的力学原理和机械结构，对生产或物流作业中的浪费、不合理，不均衡、危险作业，以及作业环境差等因素进行改善过程的产物；亦是一种能耗低、二氧化碳排放低的省时省力装置。通过机巧装置改善实现人员减低，减轻了作业者体力劳动强度，提高了工作品质。

1. 机巧装置的起源

机巧装置的起源分为三个阶段，即古代机巧装置（17世纪以前）、近代机巧装置（17世纪至18世纪中期）、现代机巧装置（18世纪中期以后）。

（1）古代的机巧装置。

① 机巧装置的鼻祖。

公元前 476 年，墨子发明了连弩车，用于抵抗外敌入侵。它一次能发射 60 支大箭，无数支小箭，当时可谓威力强大，战场上屡建奇功。后续墨子又发明了转射机、籍车等武器，堪称是机巧装置的鼻祖。他利用杠杆原理，发明制造了辘轳装置用于提水，又研制了滑车、云梯等生产设施，极大提高了人们的生活质量。这些古老的机巧一直被沿用至今。

② 差动式指南车。

公元 78 年至公元 139 年，东汉张衡制造了指南车，《后汉书·张衡传》中有"衡善机巧""妙尽璇机之正"。后汉书引用张衡所撰《应问篇·述客问》中有"参轮可使自转，木雕犹能独飞"，参轮是指行星轮系。张衡这句话，一语点出了差动式指南车的关键部分参轮自转。它借助一套行星轮系使车上左右两只半轴转动，驱动行星轮自转。当两只半轴转速相同时，行星轮公转为零，只有自转；当车子转弯，左右半轴的转动产生了差速，这时行星轮发生公转，导致行进中的车子无论怎样转向，车上的木人始终将手臂指向正南。这样绝妙的设计，使中国的机械发展史、控制论发展史在国际上占有了重要的地位。差动式指南车原理图，如图 4.1 所示，差动式指南车外形图，如图 4.2 所示。

图 4.1 中齿轮 $_1$ 与车轮 $_A$ 的半轴固联，齿轮 $_1$ 与齿轮 $_3$ 啮合；齿轮 $_3$ 与齿轮 $_{3'}$ 固联，齿轮 $_{3'}$ 与行星齿轮 $_5$ 啮合；齿轮 $_2$ 与车轮 $_B$ 的半轴固联，齿轮 $_2$ 与齿轮 $_4$ 啮合；齿轮 $_4$ 与齿轮 $_{4'}$ 固联，齿轮 $_{4'}$ 也与行星齿轮 $_5$ 啮合；行星齿轮 $_5$ 空套在轴杆 H 上；通过行星齿轮 $_5$ 的公转，被驱动的 H 杆带动木人转动。

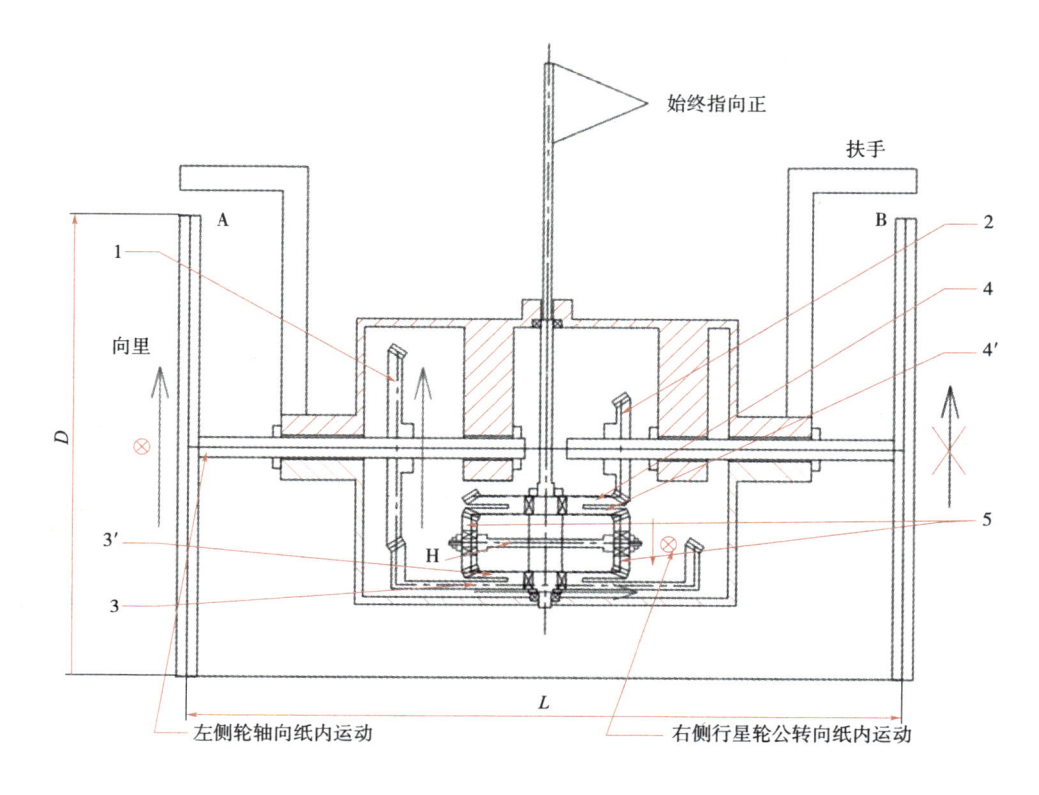

图 4.1 差动式指南车原理图

木人恒定指向的条件：$D/L = Z_1/Z_3 = Z_2/Z_4$。

① 当左右车轮同向等速度运动时，齿轮$_3$与齿轮$_4$转速相等、方向相反，齿轮$_5$公转速度 = 0，木人不动。

② 当左车轮移转，左侧半轴向纸内转动，右车轮固定不动时，齿轮$_3$右转，右侧 H 杆也向纸内移转，且角速度相同，补偿了大车的转动角。

③ 当左右车轮移转，左右半轴均向纸内转动，若左车轮转速较大，齿轮$_3$右转速度大于齿轮$_4$左转速度。右侧 H 杆也向纸内移转。补偿大车两轮速度差产生的回转。

图 4.2 指南车外形图

（2）现代机巧装置。如今智能化的发展，有越来越多的技术人员参与其中。现场解决问题的方式，逐渐由原来的简单、小巧、智慧的低成本自动化装置，演变成用智能化、无人化的高端装备，去替代传统人工操作。

生产效率的提高与人的改善能力的提升息息相关，如图 4.3 所示。因此，无论何时都不要熄灭改善的火种，它是人类进步的源泉。

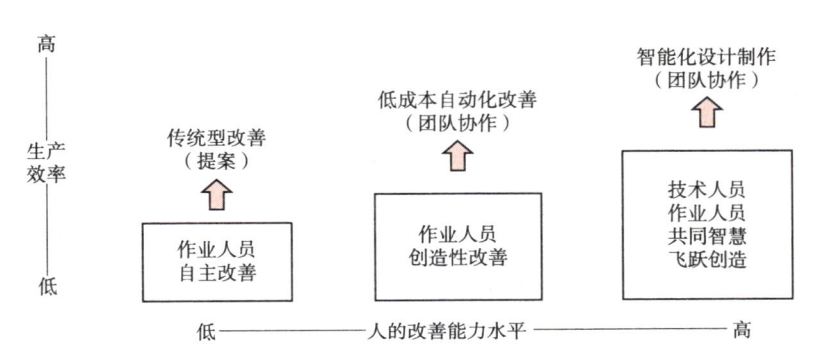

图 4.3 人的改善能力与生产效率的关系

4.1.3 制作者具备的能力

1. 实操的技能

低成本自动化装置的制作者，应具备以下几种实操技能，如图 4.4 所示。

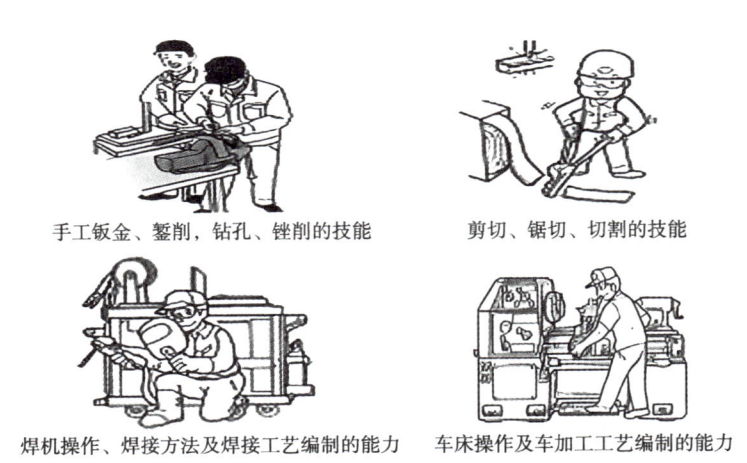

图 4.4 制作者的实操技能

2. 丰富的想象力

低成本自动化装置的制作者，应具有丰富的想象力，如图 4.5 所示。

图 4.5　制作者的想象力

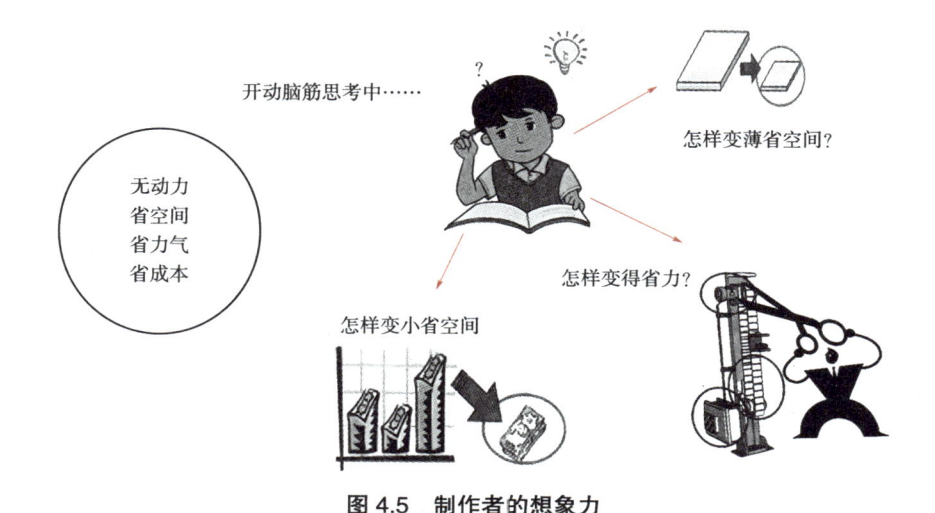

4.2　低成本自动化装置基本类型

低成本自动化装置共有八大基本类型，以下将逐一分析介绍各个装置的原理及其应用。

4.2.1　杠杆装置

"给我一个支点，我就能撬起整个地球。"这是古希腊物理学家阿基米德的一句名言，只要找到一个能供支撑的支点，庞大的地球又如何？足见杠杆的威力巨大。工厂中的拨杆装置、空箱回收装置等，都是基于杠杆原理制作而成的。

1. 杠杆五要素

杠杆五要素（支点、动力、阻力、动力臂、阻力臂），如图 4.6 所示。支点：杠杆绕着转动的点，通常用字母 O 表示；动力：使杠杆转动的力，通常用 F_1 表示；阻力：阻碍杠杆转动的力，通常用 F_2 表示；动力臂：从支点到动力作用线的距离，用 L_1 表示；阻力臂：从支点到阻力作用线的距离，用 L_2 表示。

2. 杠杆装置的基本原理

杠杆装置的主动侧一旦提供动力，并产生动作，从动侧就会获得动力与动作。如果不考虑摩擦及振动等机械损失，则主动侧提供动能与从动侧动能相等。设计时

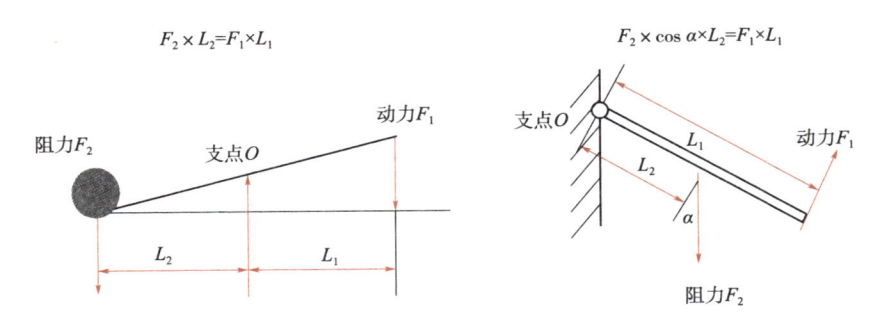

图 4.6 杠杆五要素

要考虑力和距离的长短，重点放在支点、施力点、受力点这三点的距离关系上，设计出符合自身需求的杆系。巧妙利用杠杆原理，实现送料和空箱返回，如图 4.7 所示。

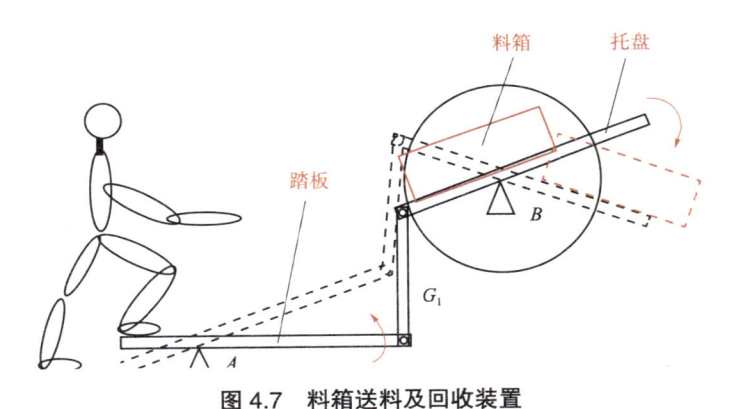

图 4.7 料箱送料及回收装置

人脚踩踏板，踏板一端绕 A 点向上转动，带动传动杆 G_1 上升，托盘围绕 B 点顺时针转动，使料箱沿托盘从上方滑出（空箱返回）。人松开踏板，踏板受力消失后复位，托盘恢复到初始状态，使补料箱滑入到作业区（送料开始）。

4.2.2 连杆装置

连杆装置，又称低副装置，是机械的组成部分中的一类，由若干（两个以上）有确定相对运动的构件用低副（转动副或移动副）连接组成的装置。连杆装置构件的运动形式多样，可实现旋转、摇摆运动、平面或空间复杂运动，从而实现其需要的运动轨迹。

副的定义：两个构件之间的接触是通过点接触、线接触、面接触形成运动约束，两个构件之间接触的点、线、面之间的组合构成了副元素。如果副元素为点或线，则运动副为高副，如果副元素为面，则运动副为低副。点或线接触的运动副，如齿轮、凸轮装置（接触部分压强高）。面和面接触的运动副，如曲柄滑块（接触部分压强低）。

1. 连杆结构类型

根据构件之间的相对运动，分为平面连杆装置和空间连杆装置，又根据装置中构件数目的多少分为三连杆装置、四连杆装置、五连杆装置、六连杆装置等，一般将五连杆装置及以上的连杆装置称为多连杆装置，当连杆装置的自由度为1时，称为单自由度连杆装置，自由度大于1时，为多自由度连杆装置。曲柄连杆装置，如图4.8所示。

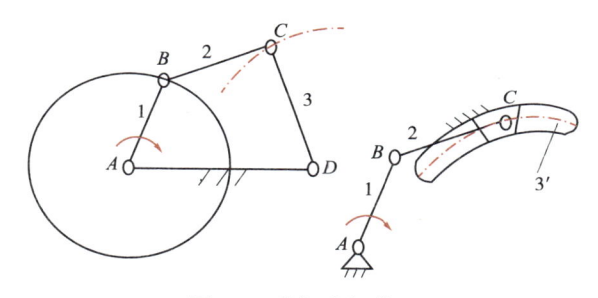

图4.8　曲柄连杆装置

四连杆装置（曲柄连杆）是一种常见的传动装置，由4个低副、4个杆件连接在一起，当固定其中一根杆AD（3'）时，则低副B以A为中心做旋转运动，低副C会按照一定轨迹随之一起运动。

2. 复合连杆装置

如图4.9所示，蒸汽机车运用连杆装置将蒸汽活塞推杆GH做直线运动的力，转化为曲轴连杆的旋转运动，进而使车轮转动，推动火车前进。

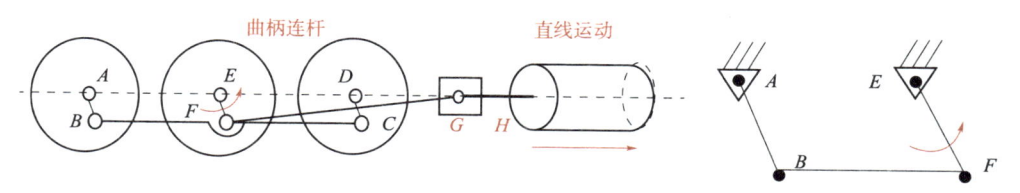

图4.9　曲柄连杆及直线运动装置

4.2.3 斜面及重力装置

斜面装置也称分力装置，如图 4.10 所示，它利用分力原理能够将物体以相对较小的力从低处提升至高处，斜面与平面的夹角 β 越小，斜面越长，则越省力，但距离相对也长。斜面分为直线型斜面、凸形斜面、凹形斜面等多种形式。

1. 斜面设计

设计斜面时要考虑物料的属性和容器大小，根据现场实际情况，若是在工作站前方或者侧方为了方便取物料，斜面的角度设计为 35°～45° 较为合理，便于快速取料。当斜面需要传送物品或料箱时，斜面的材料首选流利条、福来轮、滚筒等助力滑动材料，同时需考虑材料的摩擦系数、物体下滑的冲击力、物体移动的速度等。

2. 摩擦系数与斜面角度的关系

摩擦系数与斜面角度的关系，如图 4.11 所示。

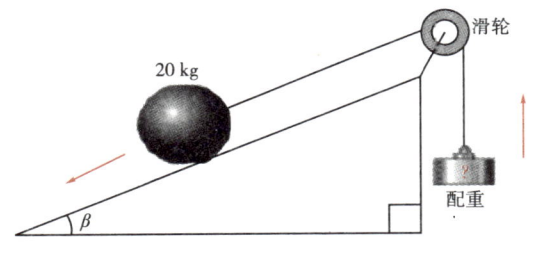

图 4.10 斜面装置

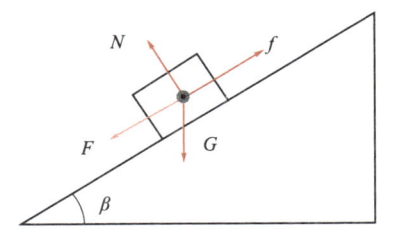

图 4.11 摩擦系数与斜面角度关系

条件：初速度为 0；

$N = G \times \cos\beta$；$f = \mu N$；$F = ma$；$G = mg$；时间 t

$F = G \times \sin\beta - f = G \times \sin\beta - \mu G \times \cos\beta = ma$

$mg \times \sin\beta - \mu mg \times \cos\beta = ma$

$a = g \times \sin\beta - \mu g \times \cos\beta = g(\sin\beta - \mu \times \cos\beta)$

行程 $s = \dfrac{1}{2} at^2 = \dfrac{1}{2} g(\sin\beta - \mu \times \cos\beta) t^2$

通过上述公式可知，摩擦系数越大，物体下滑的加速度就越小，同等行程的时间就越长，下滑时的冲击力就越小；摩擦系数越小，物体下滑的加速度就越大，同等行程的时间就越短，下滑时冲击力就越大。

3. 斜面周转车与斜面料架空实箱交换装置（斜面应用案例）

周转车以 1 米 / 秒速度与料架碰撞对接，借助惯性力作用，实箱滑入对方料架上，空箱滑入周转车上，料架与周转车的斜面需要多大角度能使料箱交换？在设计制作中，精准设计和计算斜面角度及使用材料都很重要。空、实箱交换装置，如图 4.12 所示。对接时借助惯性力，受撞杆往右退去，带动阻挡器下移，使料箱滑出，如图 4.13 所示。

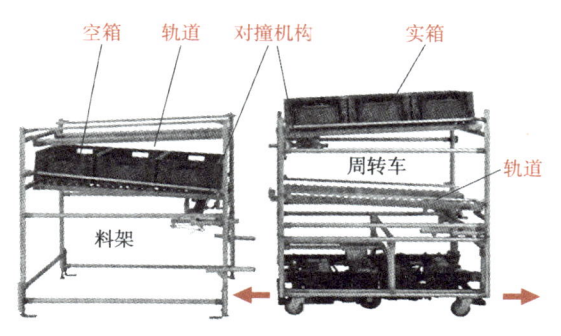

图 4.12 空实箱交换装置

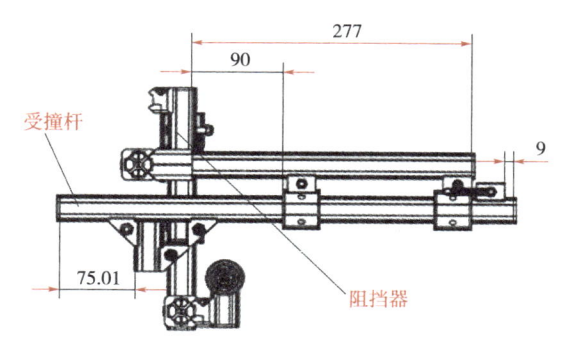

图 4.13 对接装置（单位：毫米）

4.2.4 滑轮及滑轮组装置

滑轮用来提升重物并省力的简单装置。分定滑轮、动滑轮两种，如图 4.14 所示。定滑轮装置：改变力的方向，对力和距离都没有影响，不省力；动滑轮装置：省力，但费距离，如果动滑轮组上的绳索有 n 根，负载为 G，则绳索的拉力 = G/n，人拉动绳子的距离为负载移动距离的 n 倍（损耗不计）。

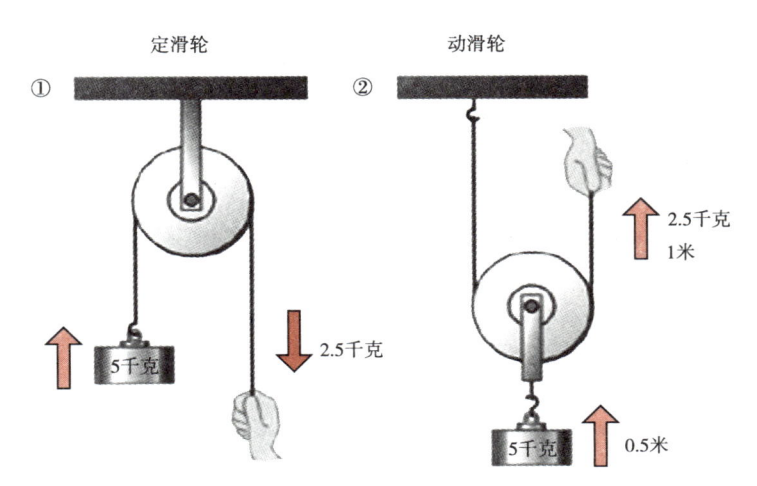

图 4.14 定滑轮及动滑轮装置

1. 滑轮拉力的受力分析

不计损耗的情况下，拉力 F 的受力分析，如图 4.15 所示。

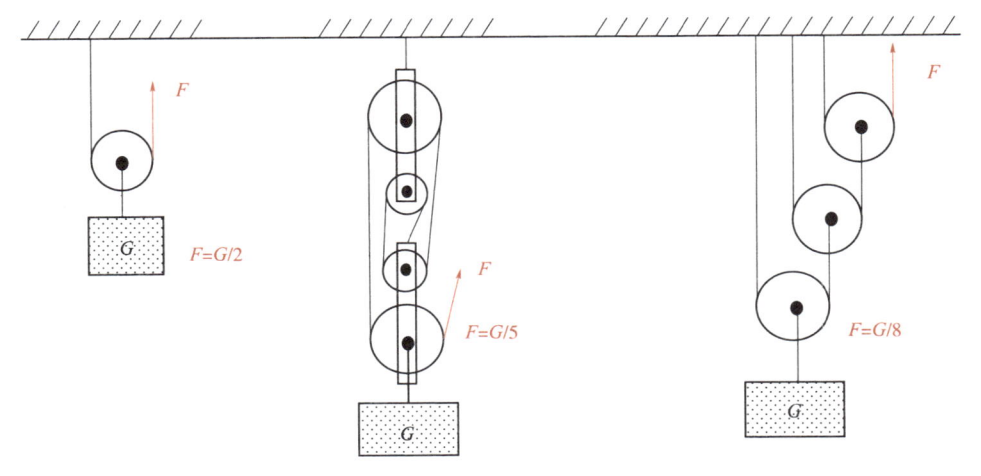

图 4.15 滑轮的受力分析

2. 滑轮组提升重物

生产现场中经常会遇到提升重物的情况，如果使用人力，作业员会十分辛苦，容易造成腰肌劳损，采用滑轮组提升重物，则减轻了作业负荷，如图 4.16 所示。

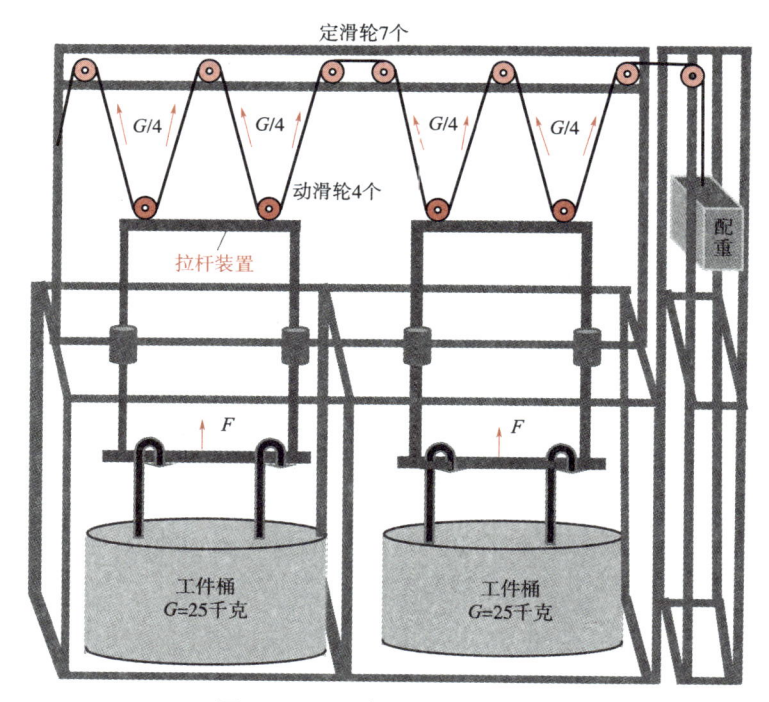

图 4.16 用滑轮组提升重物装置

往桶里缓慢注入油，桶满后需要提走，频繁提 25 千克重桶十分费力。若使用滑轮助力，单桶的提力 $F=25\div 4\approx 6.25$ 千克，只是原来的 1/4。当 2 个桶提高距地面 30 厘米后，桶被叉车叉走，再将空桶放入，装满即运，减轻了作业负荷。

4.2.5 皮带及链条装置

皮带及链条装置，如图 4.17 所示。

主动轴与从动轴之间距离较远时，适合使用皮带、链条装置传递动力，链条传动效率高，能量损失小，但噪声大、转速低，而皮带传动利用相互接触时产生的摩擦力传递动力，转速高，但容易打滑，不能应用在精度要求高的场合。

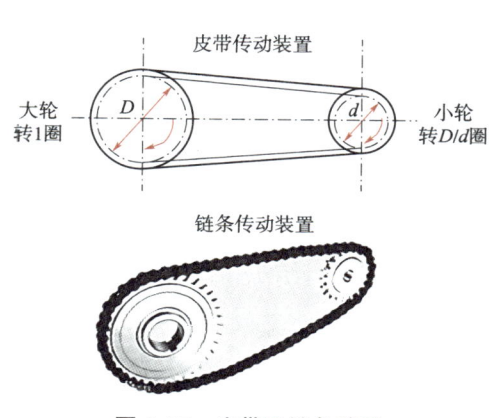

图 4.17 皮带及链条装置

通过链条传动带动滑块上下往复运动,实现工件的自动提升、下落,省力省时。链条传动带动滑块往复运动整体示意图,如图 4.18 所示,链条传动如图 4.19 所示。

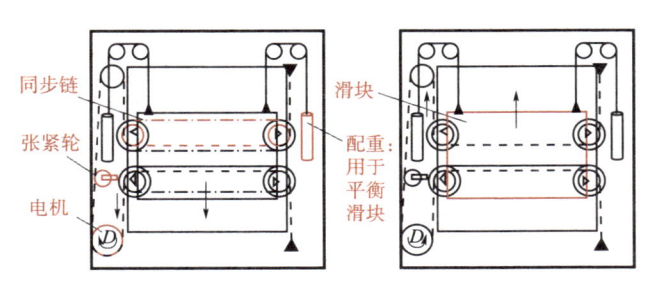

图 4.18 整体示意图

链条装置工作原理:滑块上安装 4 个链轮,电机顺时针转动,电机右侧链条受拉力作用,带动滑块下行,滑块碰到行程开关后电机减速停止,滑块静止。当电机逆时针旋转时,电机左侧链条受拉力作用提升滑块上行,滑块碰到上行程开关电机减速停止,滑块静止,完成了滑块的上下运动,实现滑块上工件的给料。

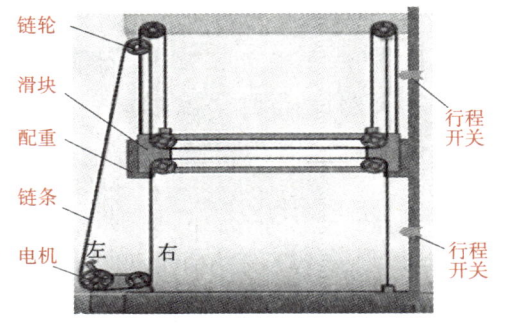

图 4.19 链条传动图

4.2.6 凸轮装置

凸轮装置由凸轮、从动件和机架三部分组成。凸轮通常做连续的等速转动,一般根据使用要求设计从动件,并使从动件获得一定规律的运动。按照凸轮的轮廓,可以将凸轮的旋转运动转换为从动件上的上下往复直线运动或水平往复直线运动等复杂的运动形式。凸轮运动方式有旋转、移动,从动件的运动方式有移动、摆动等,如图 4.20 和图 4.21 所示。

图 4.20 中凸轮 1 转动,从动件 2 被限制在机架 3 上,凸轮旋转,带动从动件做上下往复的直线运动,实现由凸轮的旋转运动,输出成为上下往复直线运动。

图 4.21 中凸轮 1 转动,带动从动件 2 作水平往复的直线运动,从动件 2 与刀架之间是齿轮齿条传动,因此实现了刀架的进给、回撤的水平直线往复运动。

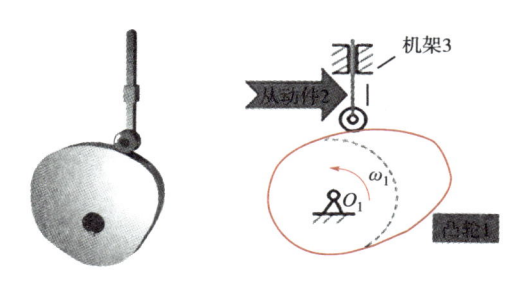

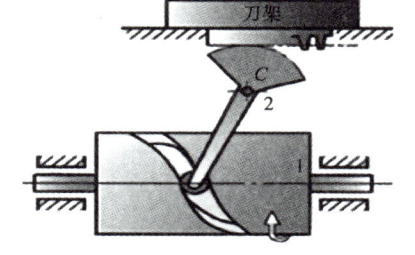

图 4.20　做上下往复直线运动的凸轮装置　　图 4.21　做水平往复直线运动的凸轮装置

1. 凸轮传动的优缺点

（1）优点。只需设计适当的凸轮轮廓，便可使从动件得到任意的预期运动，结构简单、紧凑，设计方便。

（2）缺点。

① 凸轮与从动件间为点或线接触，易磨损，只适用于传动力不大的场合。

② 从动件的行程不能过大，否则会使凸轮装置臃肿笨重。

2. 凸轮装置设计的注意事项

凸轮装置设计应注意：一是偏心距 e 越大，从动件运转越不顺利，如图 4.22 所示；二是压力角 α 越大，从动件运转越不顺利，如图 4.23 所示。

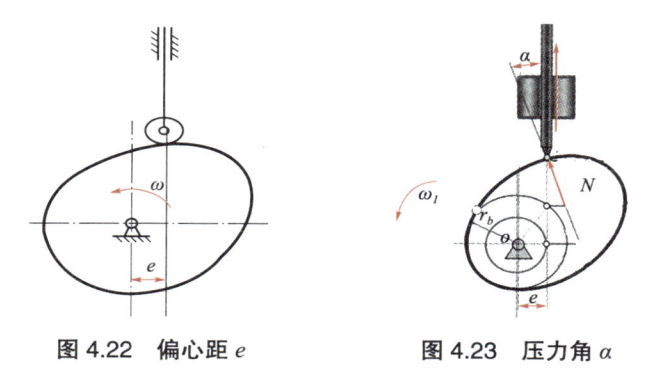

图 4.22　偏心距 e　　图 4.23　压力角 α

4.2.7　齿轮装置

齿轮装置是依靠轮齿的直接接触构成高副来传递两轴之间的运动和动力。它分为直齿轮（见图 4.24）、斜齿轮、锥齿轮、人字齿轮、蜗轮蜗杆、齿轮齿条、内齿轮、行星齿轮等多种类型。

第 4 章　低成本自动化应用

图 4.24　齿轮传动

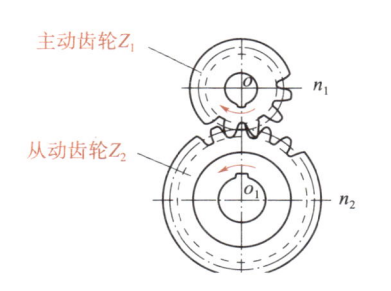

传动比 i = 从动轮齿数/主动轮齿数
　　　 = 主动轮转速/从动轮转速
　　　 = $Z_2/Z_1 = n_1/n_2$

1. 齿轮传动的优缺点

（1）优点。传动比恒定、可获得较大的传动比，承载能力强、结构紧凑、工作稳定、寿命长。

（2）缺点。制造、安装精度高，不适合远距离传递。

2. 齿轮传动中的差速原理

齿轮传动中的差速原理，如图 4.25 所示。

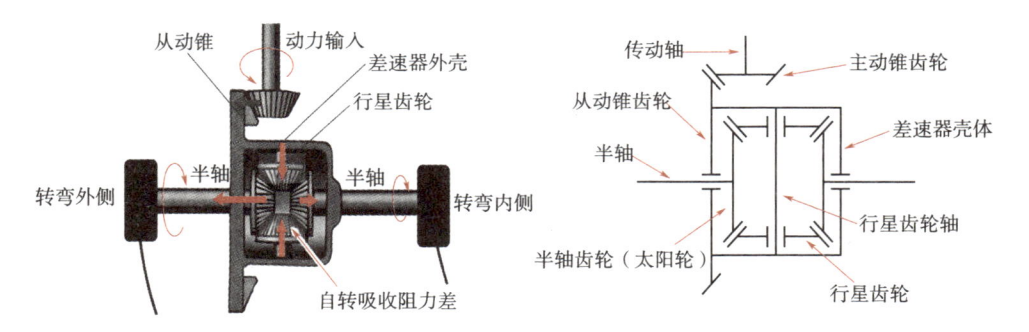

图 4.25　差速原理

差速器由行星齿轮、行星轮架（差速器壳体）、半轴及半轴齿轮等零件组成。当车辆直线行驶时，动力通过从动锥齿轮，传递到行星齿轮。由于两侧驱动轮受到阻力相同，行星齿轮不会发生自传，通过半轴将动力传递到两侧的车轮（即刚性连接，两侧车轮转速相等）。当车辆转弯时，左右车轮受到的阻力不一样，这时行星齿轮绕着半轴公转同时也自转，从而吸收阻力差，使车轮能够以不同速度旋转，保证车轮顺利过弯。差速器的设计原理非常巧妙，可谓是齿轮传动装置中的典范。

4.2.8 棘轮及槽轮装置

棘轮装置主要是由棘轮、棘爪、摇杆、止动爪和机架组成的一种单向间歇性运动装置。它是将连续转动或往复运动转换成单向步进的一种运动装置。棘轮装置的优点是结构简单、运动可靠、转角可调,缺点是工作时伴有噪声和振动。它适用于速度低、载荷不大的场合。棘轮装置是单向驱动,因此常被用于防止逆转的安全装置中使用,如图4.26所示。

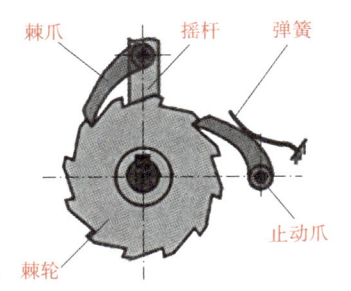

图4.26 棘轮装置

棘轮工作原理:摇杆往复摆动,使棘爪推动棘轮做间歇转动。弹簧是用来使止动爪和棘轮保持接触的作用。同样在摇杆与棘爪之间也设置弹簧,以维持棘爪与棘轮的接触,棘轮是固定安装在装置的传动轴上,而摇杆则是空套在传动轴上。

1. 棘轮装置类型

按工作原理分:齿啮合式棘轮、摩擦式棘轮装置,如图4.27所示;按工作方式分:单动式、双动式棘轮装置,如图4.28所示。

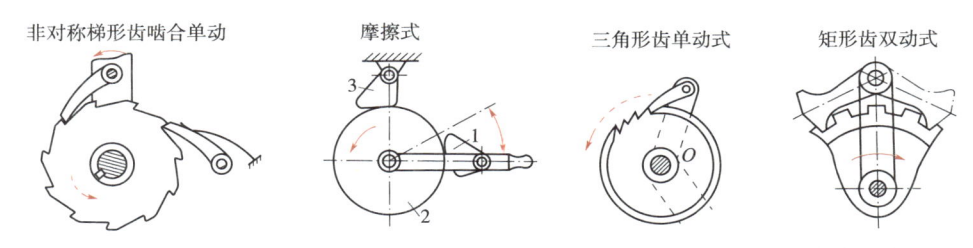

图4.27 按工作原理区分

图4.28 按工作方式区分

2. 曲柄摇杆棘轮装置

可将曲柄调整到图示工作角度固定,驱动驱动杆上下运动。其一端的销轴在曲柄内滑动,另一端驱动摇杆摆动带动棘爪左右往复运动。当摇杆向右移动,推动棘轮顺时针转动;当摇杆向左移动,止动爪阻止棘轮逆时针转动。实现将往复摇摆运动,转化为棘轮旋转运动,也可将销轴在曲柄的滑槽中调整到适当位置固定,摇动曲柄驱动棘轮转动,如图4.29所示。

3. 槽轮装置

槽轮装置由装有圆柱销的主动拨盘、带有径向槽的槽轮及机架组成的单向间歇运动装置。槽轮装置常用于将主动件的连续转动或往复运动，转换成从动件的带有间歇的单向周期性转动。它结构简单、工作可靠，能平稳间歇地转位，但不适应高速运动场合。槽轮装置，如图4.30所示。

图4.30中主动拨盘和槽轮上都有锁止弧，槽轮上是凹圆弧，拨盘上是凸圆弧，起锁定作用。

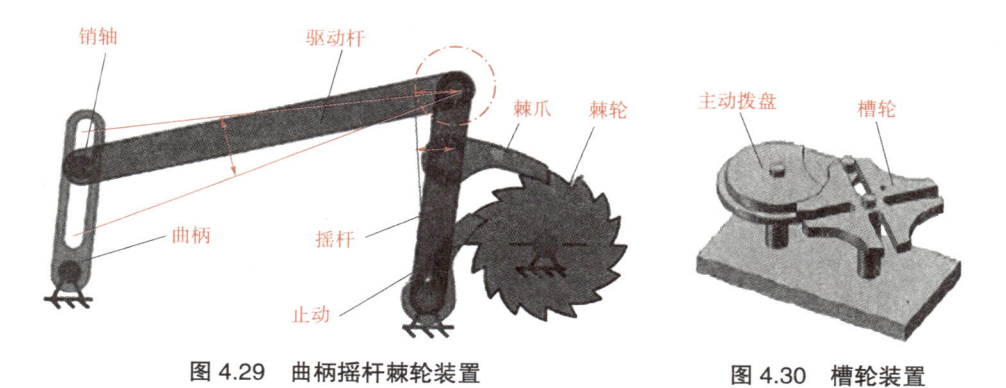

图4.29 曲柄摇杆棘轮装置

图4.30 槽轮装置

槽轮装置的几何计算见表4.2，槽轮装置尺寸图如图4.31所示。

表4.2 槽轮装置的几何计算表

参数	计算公式
槽数(z) 圆销子数量(n)	由工作要求设定
中心距(L)	由安装空间设定
回转半径(R)	$R = L\sin\varphi_2 = L\sin(\pi/z)$
圆销半径(r)	由受力大小确定 $r \approx R/6$
槽顶半径(s)	$s = L\cos\varphi_2 = L\cos(\pi/z)$
槽深(h)	$h \geq s - (L - R - r)$
拨盘轴径(d_1)	$d_1 \leq 2(L - s)$
槽轮轴径(d_2)	$d_2 \leq 2(L - R - r)$
槽顶侧壁厚(b)	$b = 3 \sim 5$ 毫米经验确定
锁止弧半径(r_0)	$r_0 = R - r - b$

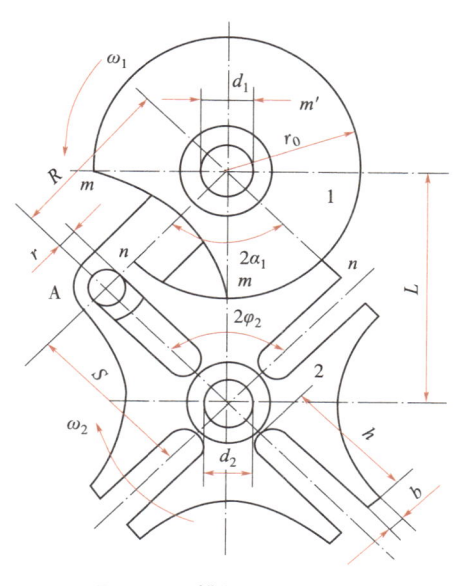

图4.31 槽轮装置尺寸图

4.2.9 低成本自动化装置特点

1. 动力及组成

（1）动力源。动力源包括重力、弹力、磁力、浮力、摩擦力、表面张力、人力、设备驱动力（电、气、液压）、压力、推力等。

（2）传动原理。传动原理包括：杠杆、连杆、凸轮、齿轮、斜面重力、带链条、滑轮、棘槽轮八大传动装置。

（3）装置的组成。利用物体的重力、弹力、磁力等为动力源，通过杠杆、凸轮、线、绳、棒等组成一个小巧的自动化装置，实现想要的动作或运动。

2. 改善方面的特点

（1）由一个动作带动多个动作。
（2）不花钱或花费小额的材料费用或使用少量动力。
（3）消除现场的作业困难、浪费、不均衡、不稳定等因素。
（4）饱含创造性，且机构简单，易于操作，可作为优秀改善事例横展。

3. 效果

（1）使品质和安全提升、生产和运输效率提升。
（2）故障、作业负荷低减。
（3）设备点检容易，可维护性提升。

4.3 相关力学知识点

4.3.1 力的分类

力的分类及原理，见表4.3。

表4.3 力的分类

力的名称	经济性	力的原理
重力	○	利用物体的重力产生的势能，实现物体移动或旋转，且重力的方向始终向下
弹力	○	相互作用使物体发生弹性形变的力，如利用发条、弹簧作用力和反作用力，存储和释放能量，驱动物体运动
磁力	○	利用磁铁的磁性，使两个导磁体产生相互作用的力

续上表

力的名称	经济性	力的原理
浮力	○	利用物体在液体中的浮力，给物体一个向上的作用力
摩擦力	○	利用物体间相互挤压而发生的阻碍，产生相对运动的力
人力	○	利用人的手或脚等施加力，做功而得到的运动
设备驱动力电驱	◇	利用电机的旋转力，使物体旋转，从而得到的运动
压力	◇	利用压缩空气或液体的压力（气、液缸），使物体产生运动
推力	◇	借助台车、传送带的推动力，使物体产生运动

注：○不耗能，◇耗能。

4.3.2 传动装置活用

传动装置活用，见表4.4。

表4.4 传动装置活用及说明表

名称	活用说明
发条、杠杆	利用发条、杠杆移动受力体，通过力学计算，得到合理想要的驱动力
齿轮组合的	利用多组齿轮的啮合，获得所需的传动比或扭矩
凸轮装置	利用凸轮的回转或往复运动，推动从动件作规定往复移动或摆动
连续周期性的动作	通过连续周期性一系列动作机构，使物体得到力的传递，实现预想效果
线、绳、棒、杆等	利用线、绳、棒、杆等材料，向远处复杂的机构传递所需的动力，实现预想的运动轨迹
导轨、拨杆	通过拨杆摆动，驱动物体，使其沿着导轨滑动
机构配重	通过设置配重，平衡负载的重力，以最小的外力驱动负载移动，实现预想的运动轨迹
磁力机构	利用磁条（AGV使用）、磁力扣、磁锁等磁体相互作用的力，实现预想的运动
浮力机构	利用物体的浮力，实现缓冲、搬运、控制、可视化等运作需求，容易获得，且维护方便

4.4 低成本自动化装置的制作材料

低成本自动化装置的制作材料大多采用精益管、型材、合金、木制品、尼龙等材料组成，如图4.32所示。

图4.32 低成本自动化装置的制作材料

1. 管材系列（见图4.33）

名称	重量	长度
空心管	0.37千克/米	4米/件

名称	重量	长度
槽口管	0.68千克/米	4米/件

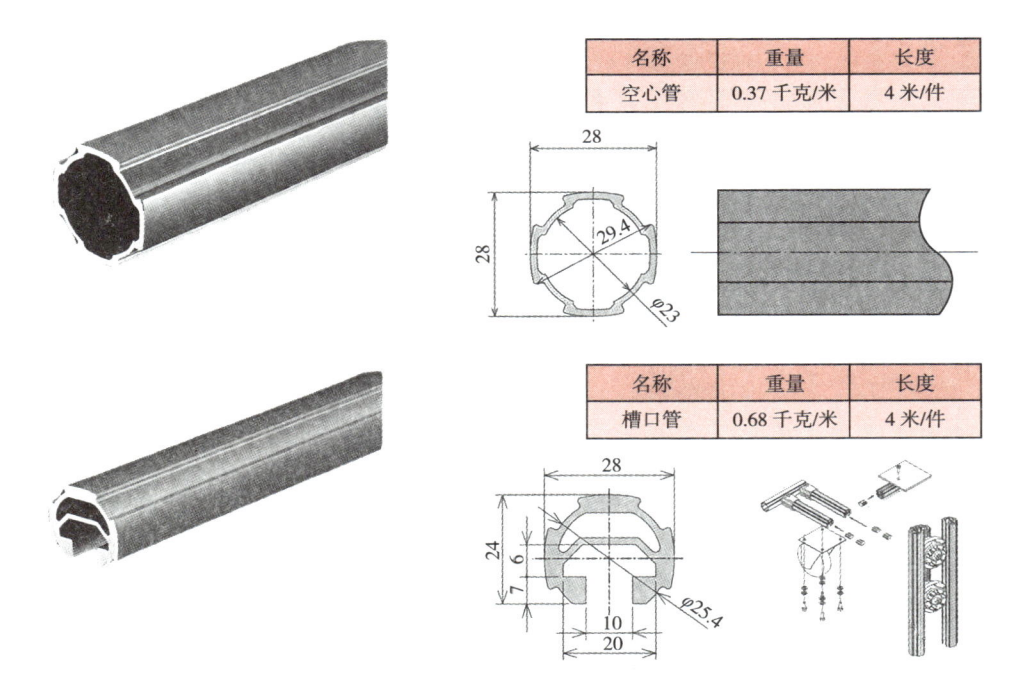

图4.33 管材系列（单位：毫米）

第 4 章 低成本自动化应用

名称	重量	长度
梅花管	0.79 千克/米	4 米/件

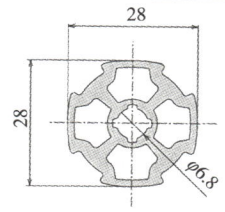

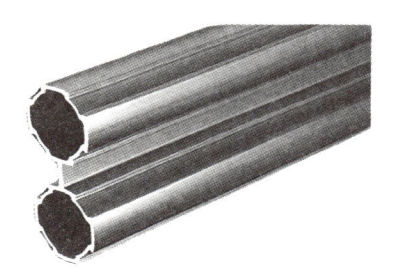

名称	重量	长度
双排管	0.79 千克/米	4 米/件

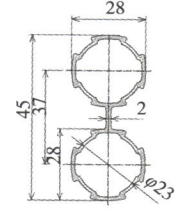

名称	重量	长度
单边管	0.67 千克/米	4 米/件

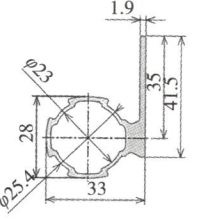

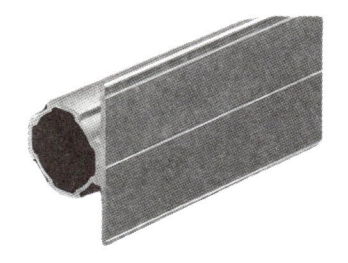

名称	重量	长度
双边管	0.65 千克/米	4 米/件

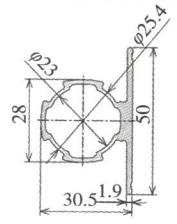

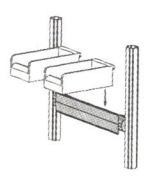

图 4.33　管材系列（续）（单位：毫米）

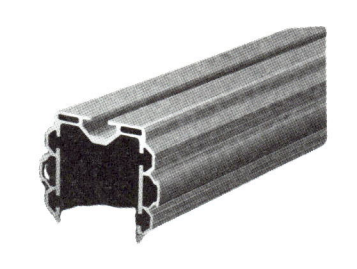

名称	重量	长度
滑轨/滑轮	1.45 千克/米	4 米/件

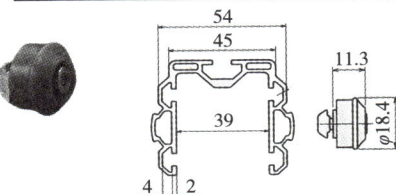

名称	重量	长度
滑轨组合	—	100~500 毫米

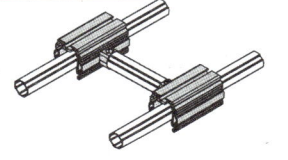

图 4.33　管材系列（续）（单位：毫米）

2. 管接头系列（见图 4.34）

名称	重量	备注
T形外包接头	61 克/件	—

名称	重量	备注
T形内涨接头	54 克/件	—

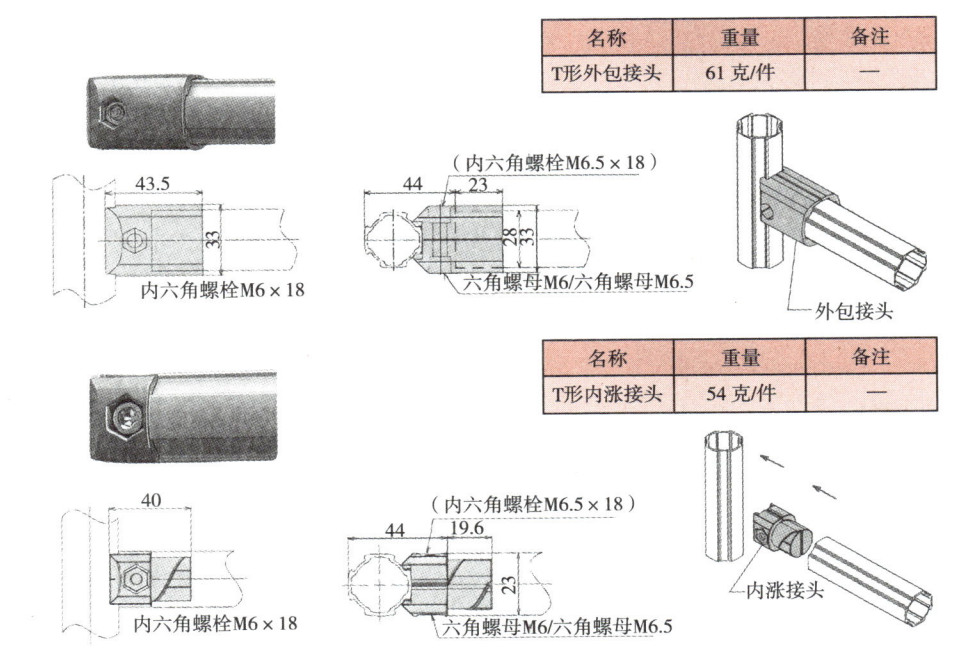

图 4.34　管接头系列（单位：毫米）

第 4 章　低成本自动化应用

名称	重量	备注
T形内涨接头	54 克/件	可旋转

名称	重量	备注
L形外包接头	96 克/件	—

名称	重量	备注
可调节角度外包接头	125 克/件	—

名称	重量	备注
双排外包接头	127 克/件	—

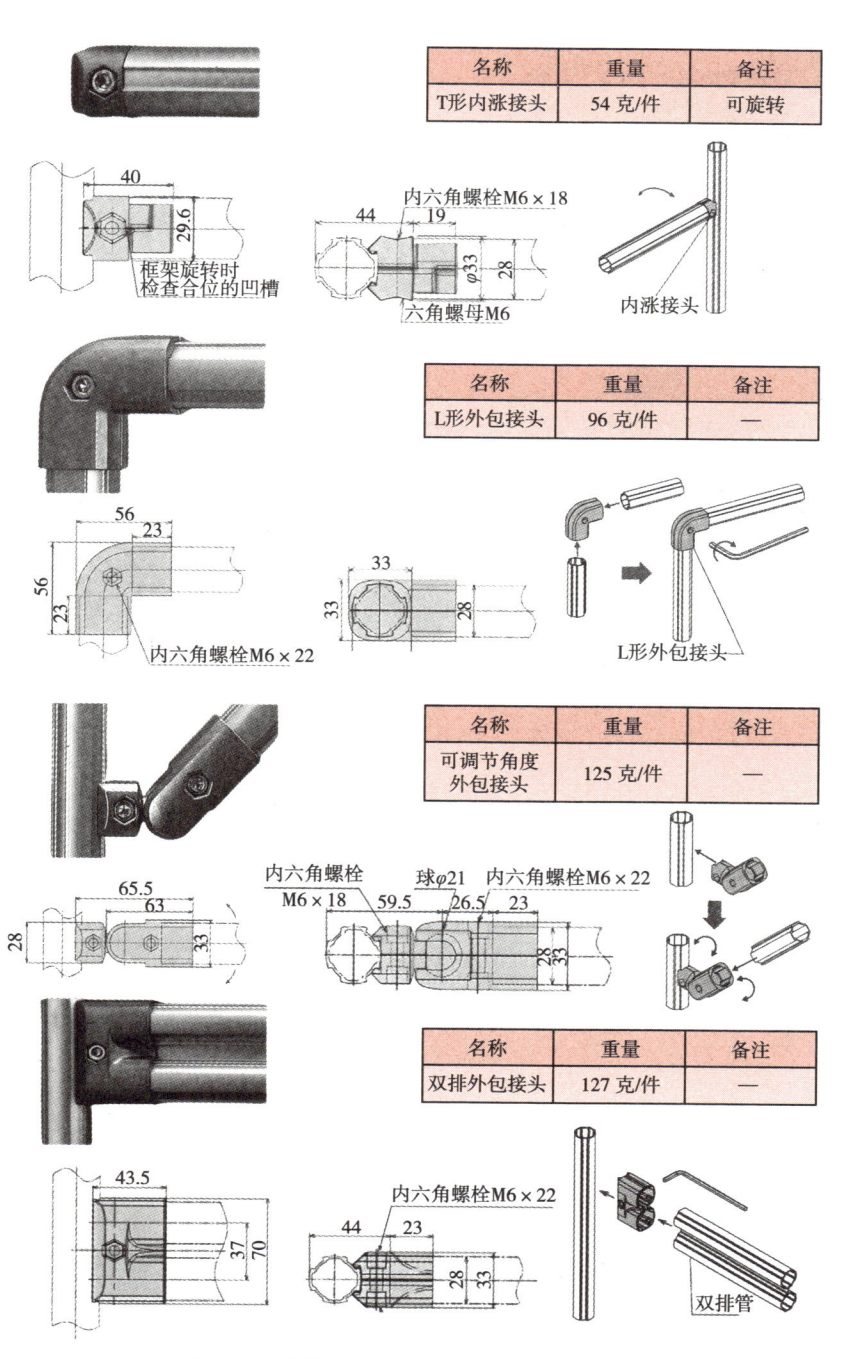

图 4.34　管接头系列（续）（单位：毫米）

名称	重量	备注
45°外包接头	61 克/件	—

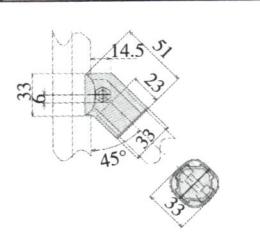

45°外包接头

名称	重量	备注
45°加强斜撑	123 克/件	—

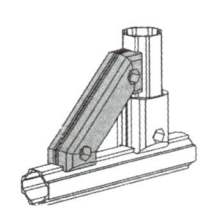

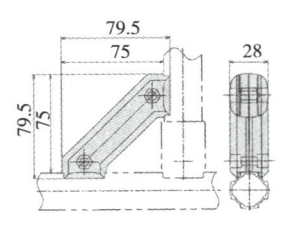

图 4.34　管接头系列（续）（单位：毫米）

3. 配件系列（见图 4.35）

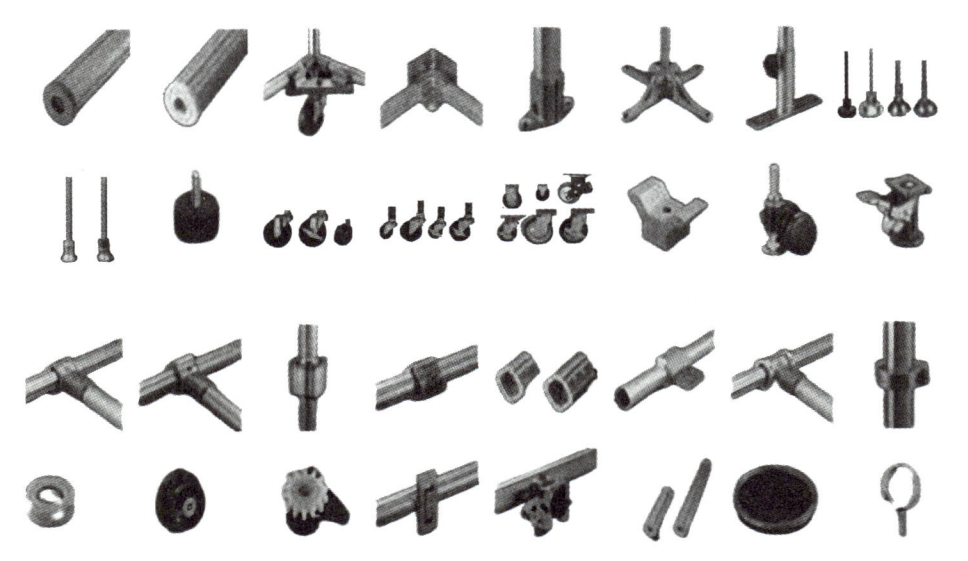

图 4.35　配件系列

第 4 章 低成本自动化应用

名称	重量	备注
挡圈	33 克/件	—

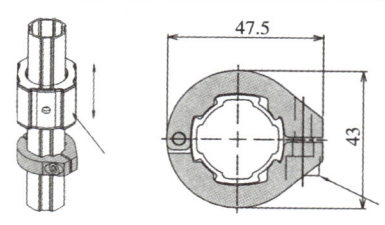

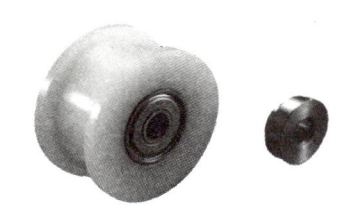

名称	重量	备注
大滑轮	70 克/件	—

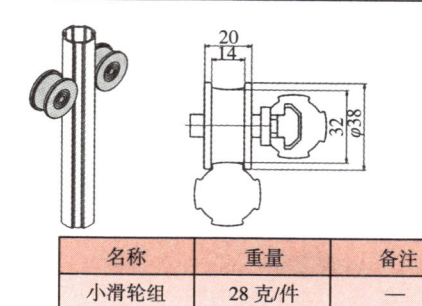

名称	重量	备注
小滑轮组	28 克/件	—

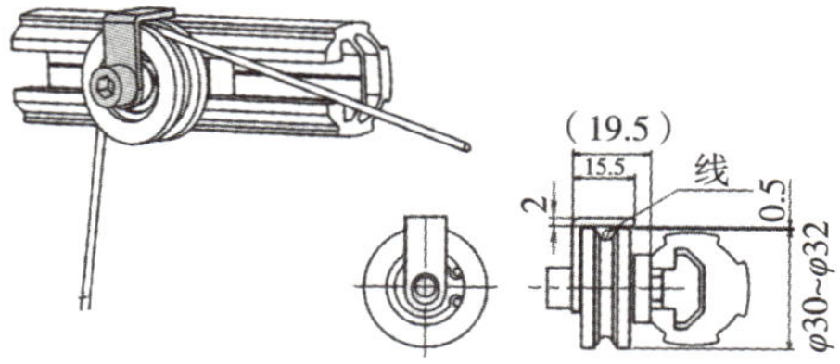

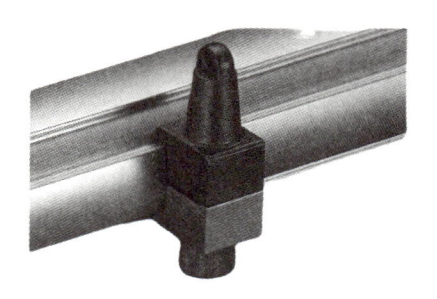

名称	重量	备注
弹簧接头	23.9 克/件	—

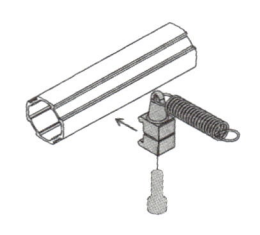

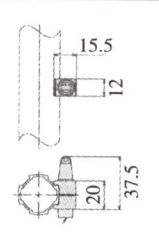

图 4.35 配件系列（续）（单位：毫米）

名称	重量	备注
钣金流利条	1 400克/米	—

名称	重量	备注
铝合金流利条	1 080克/米	—

可以插入方形螺母M4

名称	重量	备注
流利条接头A	178克/件	—

流利条接头

如果使用可旋转内涨接头，接头可以通过槽安装到框架上

名称	重量	备注
流利条接头B	211克/件	—

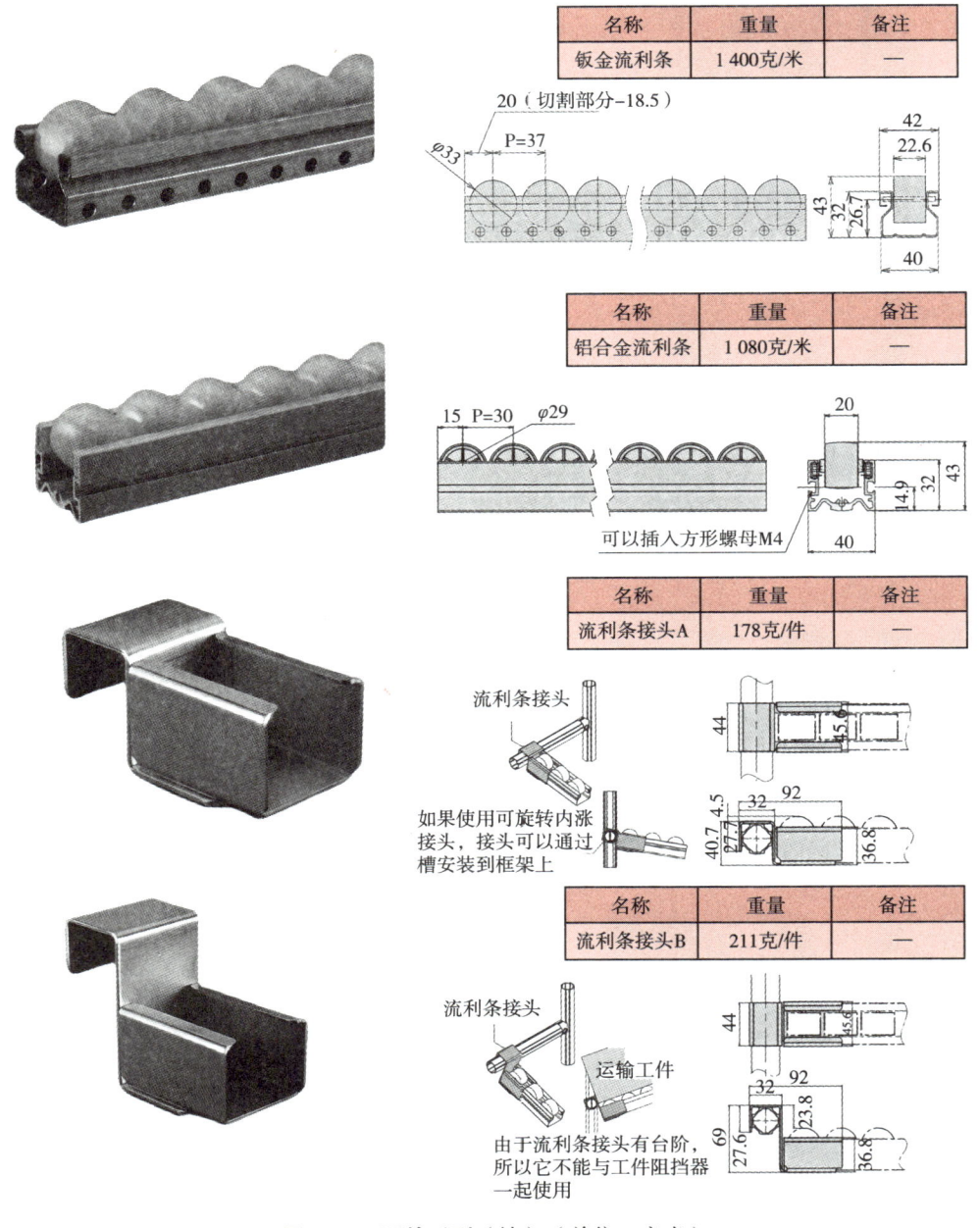

流利条接头

运输工件

由于流利条接头有台阶，所以它不能与工件阻挡器一起使用

图4.35 配件系列（续）（单位：毫米）

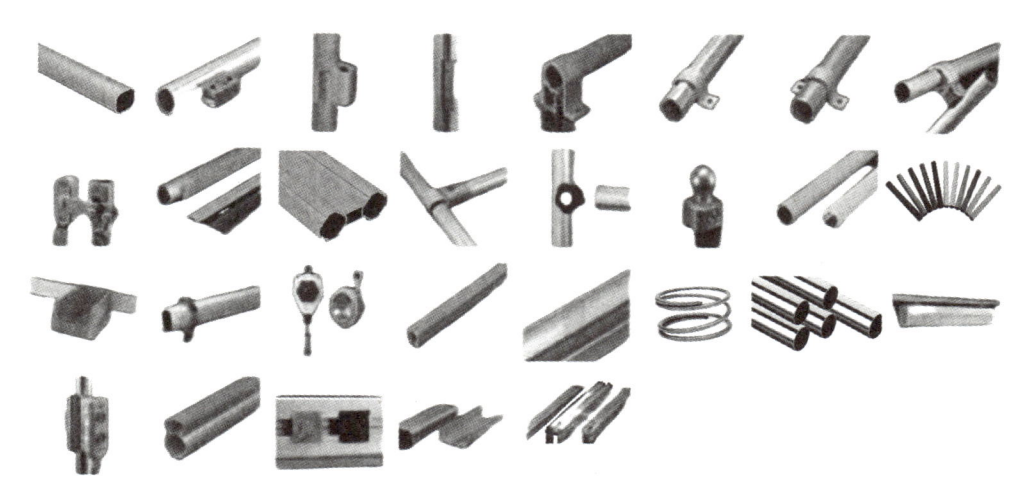

图 4.35　配件系列（续）

4. 低成本自动化装置使用的元器件（见表 4.5）

表 4.5　元器件列表

名　称	说　明	图　片
①伺服电机	伺服电机由伺服驱动器驱动，通过旋转与齿轮结合实现机构动作	
②步进电机	将脉冲信号转化为角位移的执行机构，每一个指令脉冲，产生一个角度位移	
③电缸	将伺服电机的旋转运动转换成直线运动的机构，实现精确的速度、位置、推力控制	

续上表

名　称	说　明	图　片
④气缸	将气体的压力能转换为机械能的标准构件，可做往复直线运动、往复摆动和旋转运动	
⑤弹簧平衡器/电动葫芦	弹簧平衡器是一种用于悬挂、搬运、移动的辅助工具。也可作为一种驱动器，在机构运动过程中储备动能，释放后使机构运动单元复位。另一种电驱动即电动葫芦，功能相同	
⑥断路器	断路器是指能够关合、承载和开断正常回路条件下的电流，并能关合在规定的时间内承载和开断异常回路条件下的电流的开关装置。断路器按其使用范围可分为高压断路器和低压断路器	
⑦PLC控制器	可编程逻辑控制器，它采用一种可编程的存储器，在其内部存储执行逻辑运算、顺序控制、定时、计数和算术运算等操作指令，并通过数字式或模拟式的输入输出来控制各种类型的机构或生产过程	
⑧定时器	指在一个固定的时间周期内进行循环的控制装置。如检测、流水线作业等	

续上表

名　称	说　明	图　片
⑨真空发生器	它是一种能将正压气源转化为负压的真空元件，通过压缩空气产生真空，使得在一个有正负压的气动系统中，获得负压变得十分容易	
⑩真空吸盘	与真空发生器配合使用，具有很好的吸附性，是抓取物品的最廉价的工具之一	
⑪振动器	振动器需要少量压缩空气就可以实现振动，被广泛用于机构制作中，耗气量小、安全节能	
⑫光电传感器	光电传感器是借助于光电元器件，将光信号转换成电信号的元件	
⑬压力传感器	压力传感器是将应力、压力等力学量转换成电信号的转换器件。	
⑭电磁传感器	电磁传感器可以感知磁性物体的存在或者磁性强度大小，也能感知周围磁场以及通电的情况等	

续上表

名　称	说　明	图　片
⑮磁光效应传感器	磁光效应传感器是利用光的偏振状态来实现传感功能，对特殊场合电磁参数测量，有独特功效	
⑯直线导轨	直线导轨又称线性导轨，用于支撑和引导运动部件，按给定的方向做往复直线运动的标准构件，它可以承担一定的扭矩，可以在高负载的情况下实现高精度且平稳直线运动	
⑰滚珠丝杠	滚珠丝杠将回转运动转化成直线运动，或将直线运动转化为回转运动的标准构件，由螺杆、螺母、钢球、预压片等组成	

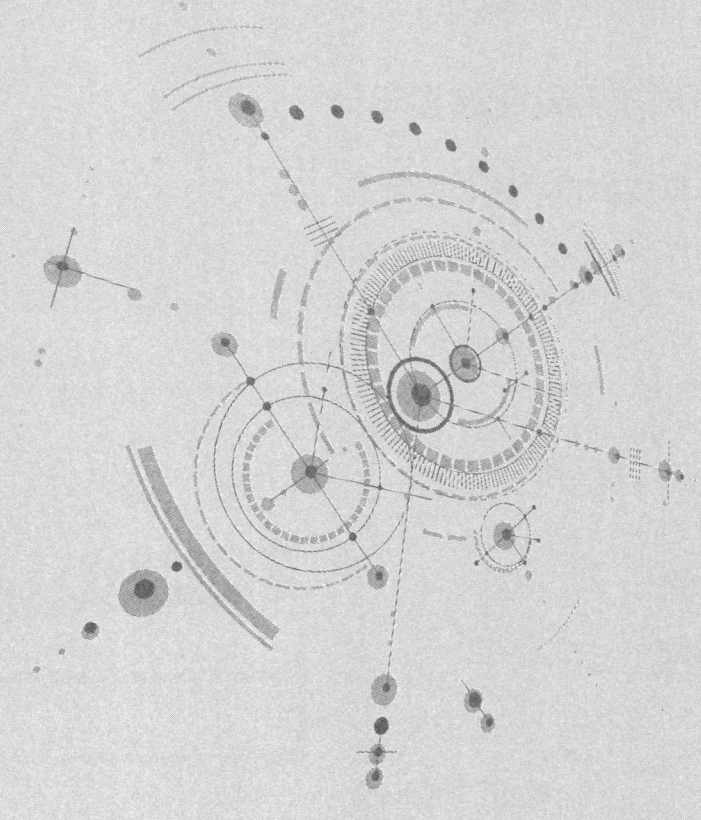

第5章
低成本自动化装置设计与制作

低成本自动化装置是由多构件用各种运动副活动链接而组成的，各装置之间具有确定的相对运动，其用途是传递或转换机械运动。

5.1 低成本自动化装置设计

5.1.1 低成本自动化装置分类

低成本自动化装置分为无动力低成本自动化装置（简称无动力装置）和有动力低成本自动化装置（简称有动力装置）两种类型。无动力装置由传动部分、机架组成，有动力装置由传动部分、控制部分、机架组成。

图5.1中使用简单的线材、滑道等材料，利用物体重力、斜面原理传送物品，并实现空箱、实箱的搬运和交换。它不需要额外的动力，结构简单，仅仅依靠重力和斜面就能实现，所以称为无动力装置。

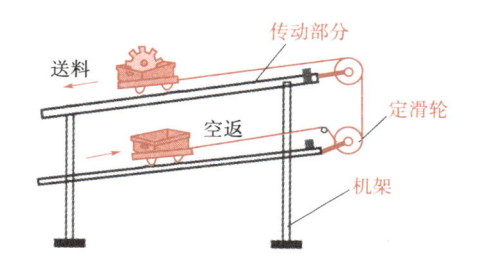

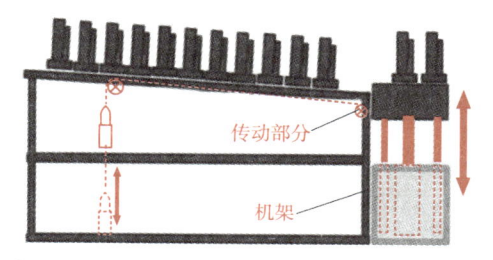

图 5.1 无动力装置（斜面 & 重力传送）

图5.2中的螺栓分拣计数器是通过计数器统计螺栓落入盘内的数量，当盘内螺栓数量达到限定值5时，计数器停止计数。拿走螺栓后，传动部分开始分拣螺栓，重新计数，周而复始地循环。传动部分是需要电机驱动圆盘旋转，计数器控制脉冲个数，

图 5.2 有动力装置（螺栓计数分拣器）

装置的运转需要消耗电力，因此称为有动力装置（电驱动）。

1. 低成本自动化装置组成要素

低成本自动化装置是由多构件用各种运动副活动链接而组成的，各装置之间具有确定的相对运动，其用途是传递或转换机械运动。按装置中各活动构件的运动是否在相互平行的平面上，可将装置分为平面装置和空间装置。平面装置可视为空间装置的特例。

（1）低成本自动化装置和运动副。在三维空间内不受约束的自由构件具有六个独立的基本运动，或者说，要用六个独立参数，如图5.3所示。图中通过s_x、s_y、s_z、θ_x、θ_y、θ_z来描述其运动。空间自由构件具有六个自由度，即x、y、z轴3个方向移动和3个方向的转动。

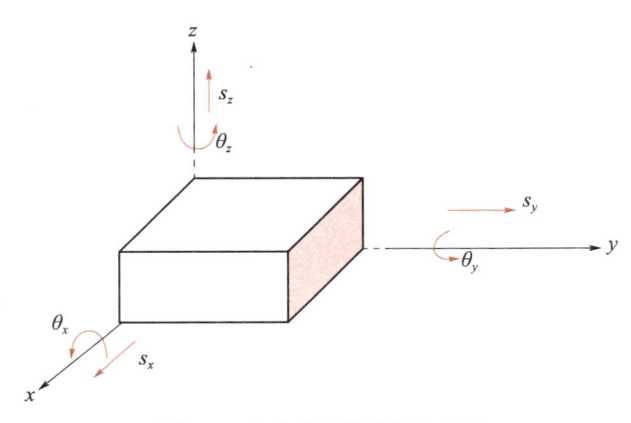

图 5.3 自由构件的空间自由度

（2）运动副与约束。当两个构件组成运动副时，相互间只能作约束运动，其相对运动的自由度f必小于6，即运动副的自由度f可为1、2、3、4、5，相应地，运动副可分为Ⅰ、Ⅱ、Ⅲ、Ⅳ、Ⅴ类。

① 运动副。两个装置或者构件以一定几何形状和尺寸的表面相互接触所形成的可动连接。

② 运动副元素。两个装置或者构件上参与接触而构成运动副的点、线、面部分则为运动副元素。

③ 约束。运动副对装置或构件间的相对运动的自由度所施加的限制。

（3）运动副的分类。

① 按运动副的接触形式分。有面与面接触的运动副称为低副；点与线接触的运动副称为高副。

② 按两装置或者构件相对运动的形式分。有平面运动副和空间运动副。

③ 按接触部分的几何形状分。有转动副、移动副、螺旋副、圆柱副、球销副、球面副、平面副、滚柱副、槽球副和滚球副。

表 5.1 列出了常用运动副名称、运动副简图、自由度及其表示符号。

表 5.1 常用运动副类型

序号	名称	代表符号	自由度 f	运动副简图
1	转动副	R	1（Ⅰ类副）	
2	移动副	P		
3	螺旋副	H		
4	圆柱副	C	2（Ⅱ类副）	
5	球销副	S'		
6	球面副	S	3（Ⅲ类副）	
7	平面副	E		

续上表

序号	名称	代表符号	自由度 f	运动副简图
8	滚柱副	—	4 （Ⅳ类副）	
9	槽球副	—		
10	滚球副	—	5 （Ⅴ类副）	

2. 低成本自动化装置构件类型

（1）主动件。装置中按给定运动规律运动的构件，如连杆、齿轮、链轮等，也称为输入构件。

（2）从动件。装置中其余的可动构件，具有预期的运动规律，对外完成某种动作的从动件，也称为输出构件或执行构件。

（3）约束件。装置中约束运动单元的构件，如挡块、定位块、锁付构件等。

（4）固定不动的构件。装置中固定不动的构件，如精益管、型材、钣金角铁等材料组成的框架。

3. 低成本自动化装置运动简图

低成本自动化装置运动简图是从运动学的角度出发，将实际装置中与运动无关的因素加以抽象和简化后，得到的反映实际装置的运动特性和运动传递关系的图形。装置示意图是不严格按比例绘制的简图，用于表达装置的结构特征，便于了解和掌握装置的意图。

（1）装置运动简图应满足的条件。

① 构件数目与实际装置相同。

② 运动副的类型、数目与实际装置相符。

③ 运动副之间的相对位置以及构件尺寸与实际装置成比例。

（2）装置的运动简图绘制步骤。

① 分析装置的动作原理、组成情况和运行情况，确定主动件、机架、控制部分和传动部分。

② 沿着运动传递路线，逐一分析每两个构件或装置间相对运动的性质，确定运动副的类型和数目。

③ 选择与装置多数构件的运动平面平行的面，将之作为装置运动简图的视图平面。

④ 选择适当的装置运动瞬时位置和比例尺，定出各运动副的相对位置。

⑤ 从主动件开始，按运动传递顺序标出各构件的编号。在主动件上标出箭头以表示其运动的方向。

活塞装置运动简图，如图 5.4 所示。

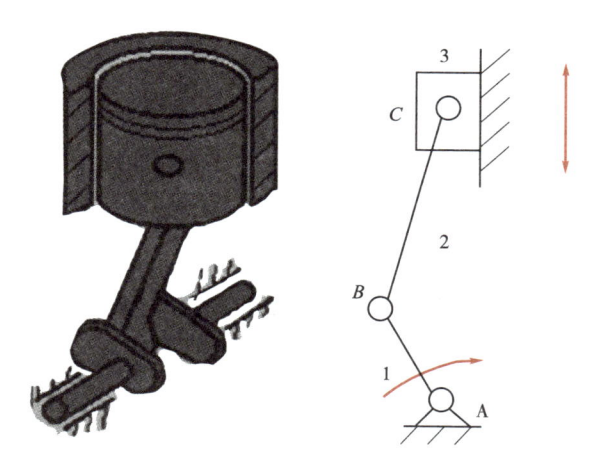

图 5.4　活塞装置运动简图

5.1.2　低成本自动化装置设计流程

设计工作一定要有流程，一步一个脚印，步步为营地前行。若没有一个好流程，在设计过程中就会出现疏漏，也会产生很多问题，甚至浪费时间重头返工。在进行低成本自动化装置设计时，可参考表 5.2 中的设计流程进行推进。

第 5 章　低成本自动化装置设计与制作

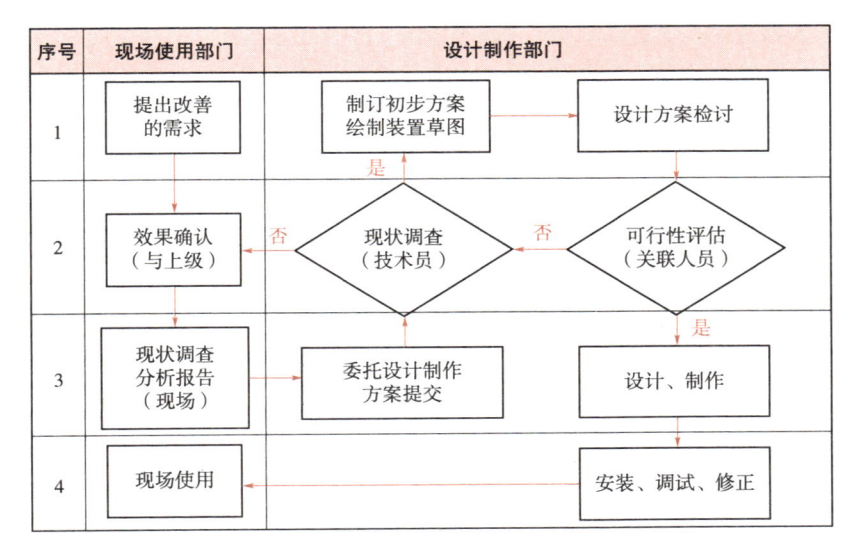

表 5.2　低成本自动化装置设计流程

序号	现场使用部门	设计制作部门
1	提出改善的需求	制订初步方案 绘制装置草图 → 设计方案检讨
2	效果确认（与上级）	←否— 现状调查（技术员） ←否— 可行性评估（关联人员）
3	现状调查分析报告（现场）	委托设计制作方案提交　设计、制作
4	现场使用	← 安装、调试、修正

1. 改善需求

为了提高现场的作业效率，让员工能更加轻松、愉快地工作，将自身从繁重的体力劳动中解放出来，许多改善的点子是由生产现场的员工提了出来的，这些点子给技术人员、管理者提振了信心，因此要全力支持并积极推进。

低成本自动化改善制作需要一套方法和表格对改善过程进行管理，见表 5.3。

表 5.3　低成本自动化改善需求表

提出部门	部/科室		日　期	
	姓　名		领导签字	
改善需求的描述				
当前存在的问题	员工方面：累□　险□　难□　脏□　污□　乱□ 工序方面：效率□　安全□　成本□　品质□　环境□			
问题点及现状描述（5W1H）				
希望解决哪些问题达成目标是什么				
照片或者视频说明				

2. 现状调查

改善需求提出后，技术人员、管理者，以及相关人员要进行实地现状调查和特性评估，收集资料和数据，以便于后续开发出更加贴近现场实际的好用装置。现状调查数据收集整理需要调查清晰、问题明确、分解问题、设定目标、把握真因、制订对策等，见表5.4。

表 5.4　现状调查数据收集整理表

序号	项目	描述	数据	备注（风险点）
1	明确问题			
2	分解问题			
3	设定目标			
4	把握真因			
5	制订对策			
6	多方论证			
7	检讨修正			
8	标准化			
9	其他			

3. 设计制作

根据现状调查的数据信息对装置进行初步的设计勾画模型，需进行充分的多方论证，确保方案的缜密性及后续的试验和调试的顺利。低成本自动化装置设计制作表，见表5.5。

表 5.5　低成本自动化装置设计制作表

序号	装置	运动装置轨迹	动力源	材料	备注
1	操作部分				
2	传动部分				
3	控制部分				
4	机架本体				

4. 低成本自动化装置组合

现场工作中的低成本自动化装置不是一个简单的基本装置，而是由若干个基本装置通过各种连接组合而成的。常用的组合方法有串联、并联两种方式。利用串联和并联组合可得到复杂装置系统。

例如，压力机传动装置，它是由皮带轮、齿轮、杆系等多组成的串联组合体，如图5.5所示。它是先由皮带轮驱动齿轮Z_1转动，Z_1驱动Z_2转动，Z_2驱动Z_3转动，Z_3驱动Z_4转动。Z_4为空心齿轮，该轮上的偏心点A作为铰链，连接着杆$_2$，点A绕着空心齿轮Z_4的中心点O_1旋转。在Z_4外的横梁上有一转轴轴心点O_2（固定在压力机上的不动点），点O_2作为杆$_3$的转动中心，杆$_3$的B点与杆$_2$铰接，杆$_3$的C点与杆$_4$铰接，杆$_3$绕O_2点非匀速转动，杆$_4$驱动杆$_5$（导柱）带动滑块往复运动（杆$_3$包含三个铰接点：B、O_2和C）。滑块运动曲线的特点为慢速下降、快速提升。

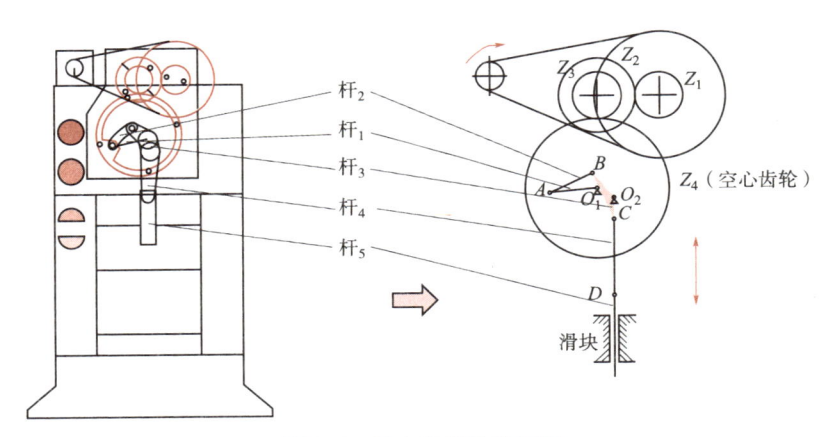

图5.5 压力机传动装置图

5.1.3 低成本自动化装置设计原则与技巧

1. 低成本自动化装置的设计原则

低成本自动化装置的设计，在符合原理并满足工作要求的条件下，应遵循以下原则：

（1）安全。牢固可靠。

（2）结构简单。易改造、易维护保养等。

（3）成本低。固定构件级别越低，构件数和运动副数越少越好。

（4）防错。减少依赖人工的技能作业。

（5）小型适速化。快速移动。

（6）构件通用化。例如，机架材料、电子元器件、构件等尽量选择标准件。

（7）动力源优先选择无动力。

低成本自动化装置的动力源选择原则是优先考虑无动力，再考虑气（如气缸）、最后考虑电（如电动机、电缸）。一个装置中尽量实现动力源共用，越少越好。动力源的选择还应该根据自身实际情况而定，若采用无动力不能快速解决问题，也可考虑用气或者电来解决问题。

2. 低成本自动化装置的设计技巧

（1）首先分析装置的最末端要实现的动作，将末端动作分析结果作为引导进行逐步分解，最终设计出满足要求的低成本自动化装置。

（2）根据末端动作的运动特性，选择采用无动力还是用气缸、电动机等作为驱动的动力输出，将动力输出做运动转换。

（3）按照表5.5的步骤来确定初步设计方案，根据表中描述和数据等进行绘图，可以起到事半功倍的效果。

5.2　低成本自动化装置制作

5.2.1　小模块化

小型DIY模块化，将装置做成一个个模块，然后再组装，如图5.6所示。

装置做成小模块化后，对后续的运营维护、局部更换、拆卸和保养等工作，都十分方便，省时省力，节省维修费用。

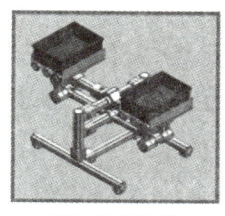

跷跷板式模块　　　　翻转式转运模块　　　　二轴移动平台模块

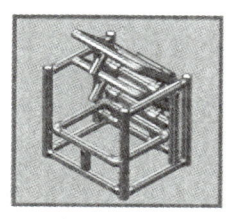

图5.6　小模块化

5.2.2 小模块组装化

将小模块进行组装，或者进行模块之间的连接，如图 5.7 所示。

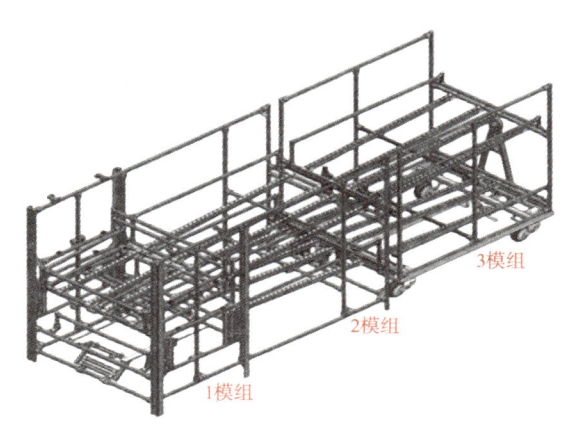

图 5.7 小模块组装化

5.2.3 手边化

1. 制作物料手边化

通过物料架，把制作装置所需的物料以喂料的形式摆放到作业员手边，缩短拿取时间，消除减少换手作业，减少人员的步行距离，提升员工有价值作业的时间，如图 5.8 所示。

2. 制作工具手边化

工具分门别类放置，随手就能拿到，不用反复翻找，如图 5.9 所示。

图 5.8 制作物料手边化

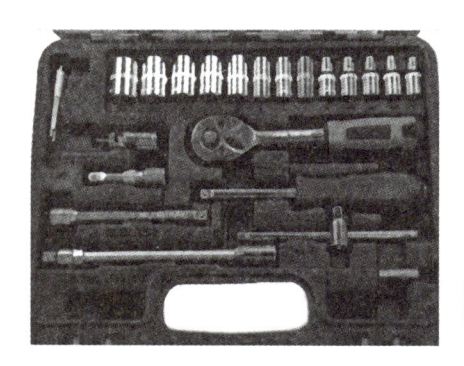

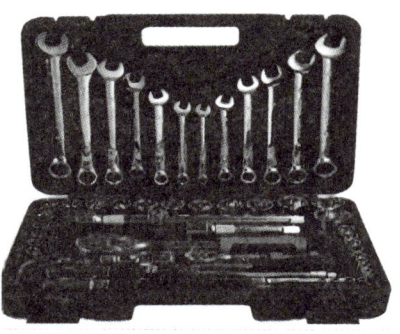

图 5.9　工具分门别类放置随手就能拿到

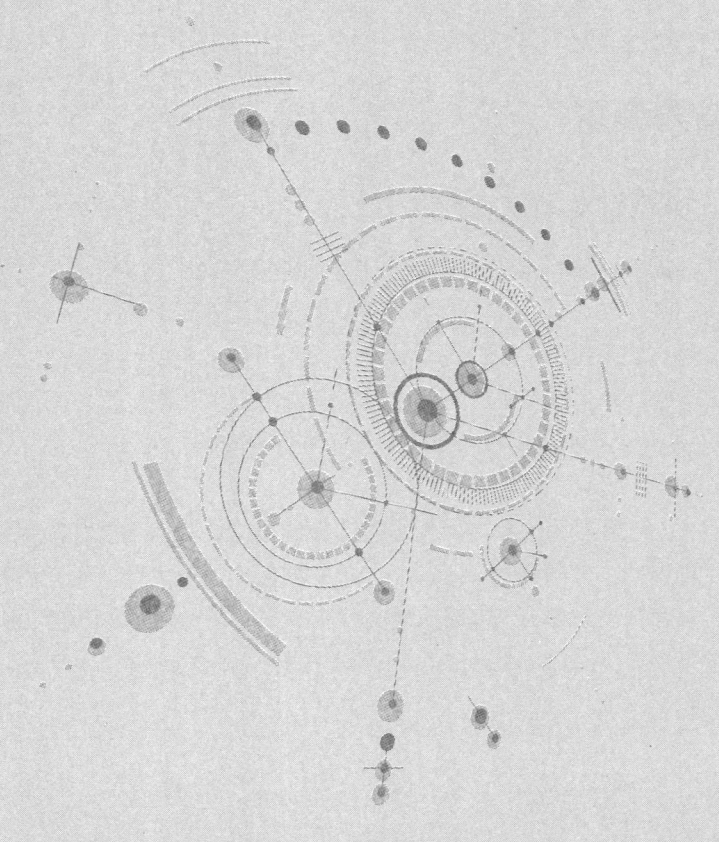

第6章
低成本自动化装置改善
（无动力部分）

> 许多无动力低成本自动化装置改善的点子是由生产现场的员工先提出来，再由技术人员去实现的。

6.1 省力装置

6.1.1 料箱提起省力装置的改善

改善前：需要作业员弯腰到物品箱中拿取料箱费时费力。

改善后：制作料箱提升省力装置，不用弯腰就可提起料箱。

装置原理：使用拉簧、一套滑轮组和一个可升降的托盘，实现托盘的自动上升、下降，并在弹力作用下始终让最上面的料箱保持在上浮基准位置。便于作业员的拿取，省力而且减少弯腰等劳动强度。料箱提起省力装置简图，如图 6.1 所示，其动滑轮受力分析，如图 6.2 所示。

图 6.2 中，利用弹簧的弹力，来平衡料箱的重力，弹簧的选型应根据料箱重量、滑轮配置计算得到，弹簧弹力 $\Delta F = k \cdot \Delta x$，托盘作为受力体，承受着料箱的总重，需要根据现有弹簧变形量 x、单箱重量 ΔG（单位：kg）和提升高度 Δh，确定弹力：$\Delta F = 2\Delta T = 2 \times \Delta G \times 9.8$，$\Delta x = \Delta h/2$。箱子提升高度 $\Delta h = 39.2\Delta G/k$。$T$：绳子张力，$k$：弹性系数。

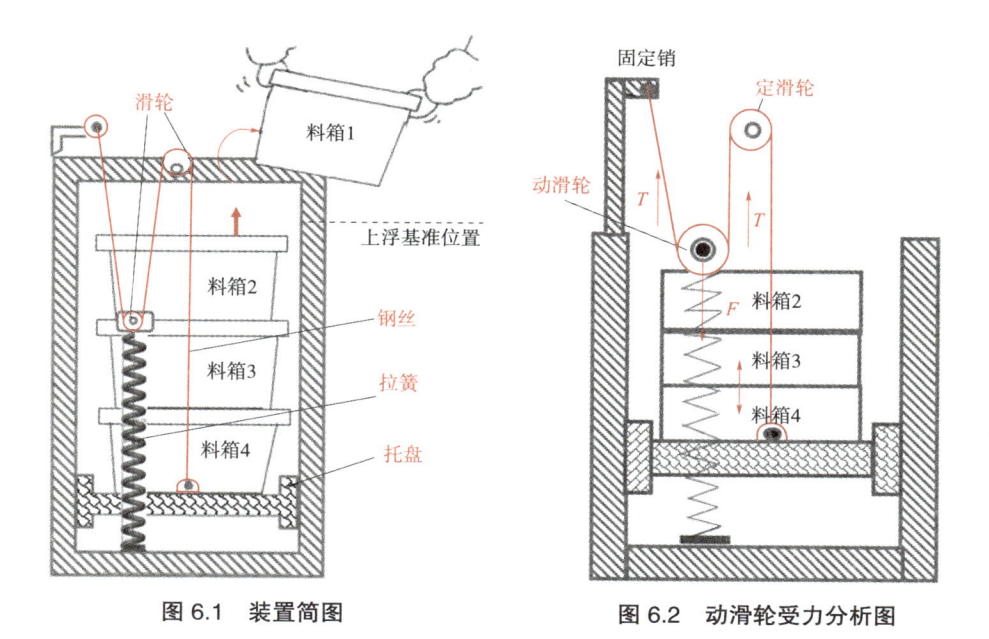

图 6.1 装置简图

图 6.2 动滑轮受力分析图

6.1.2 门自动开闭装置的改善

改善前：车间的门又大又重，推拉十分费力，手推（拉）力 5 kg/次。

改善后：利用人体的重力，实现门的自动开闭，如图6.3、图6.4和图6.5所示。

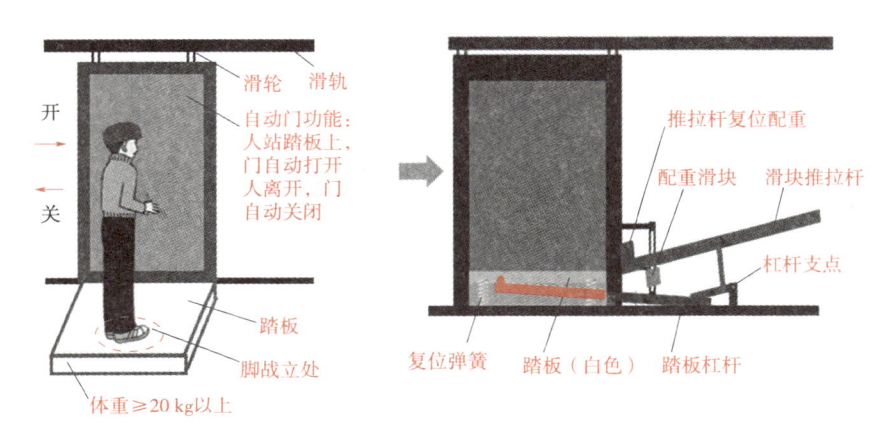

图 6.3 推拉门结构

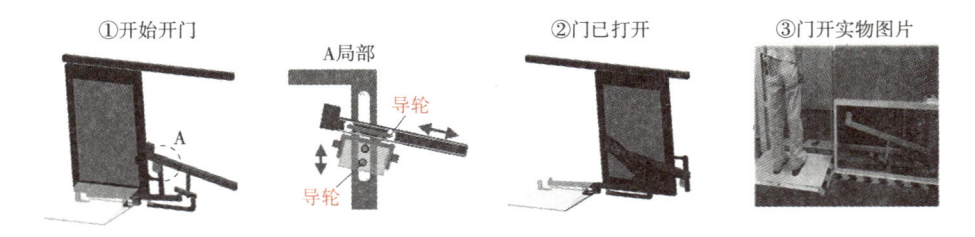

图 6.4 开门装置示意图

开门时踩下踏板，推拉杆复位配重抬起，配重滑块受重力和推拉杆对配重滑块支撑力，两力的合力，驱使配重滑块向右移动，打开滑动门。

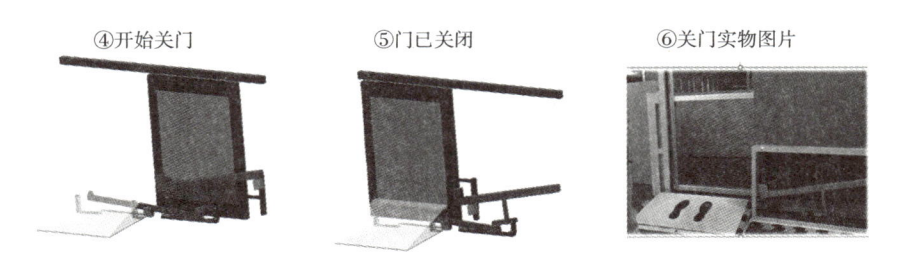

图 6.5 关门装置示意图

人离开踏板，踏板复位，配重滑块的重力和推拉杆对配重滑块支撑力，两力的合力驱使配重滑块向左移动，关闭滑动门。此装置环保可靠，很适合推广。

6.1.3　长套筒作业气枪拿取装置的改善

改善前：作业者使用气枪，进行螺栓的安装作业，但气枪钻头又细又长，约30厘米，每次从套筒中取出、放回时费时费力，如图6.6和图6.7所示。

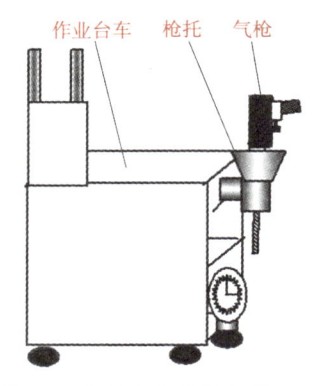

图6.6　作业台车上的气枪　　　图6.7　气枪现场实物照片

改善后：在枪托上制作一个喇叭开口槽，这样气枪能从开口槽内取出，节省拿起、放下的时间，如图6.8和图6.9所示。

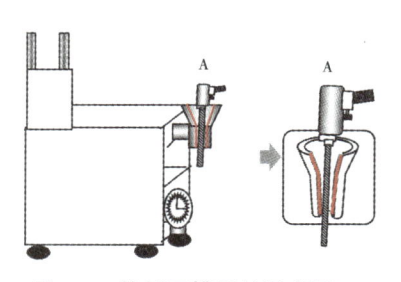

图6.8　枪托开槽后的示意图　　　图6.9　现场实物照片

本事例简单易做，启发性强，我们应多尝试去做，且效果明显，见表6.1。

表6.1　改善前、后效果对比表

区　分	改善前	改善后	改善成果
气枪取出	4秒/次	1.5秒/次	节省2.5秒/次

第 6 章 低成本自动化装置改善（无动力部分）

续上表

区　分	改善前	改善后	改善成果
气枪放回	4 秒 / 次	1.5 秒 / 次	节省 2.5 秒 / 次
动作分析	向上提起气枪 30 厘米	向上提起气枪 2 厘米	提起长度缩短约 28 厘米
改善后，提起动作的时间缩短，省力、省时，减轻作业的劳动强度			

6.2 搬运装置

6.2.1 工件搬运省力装置的改善

改善前：A 加工完后，由 B 搬运箱子至 B 工序加工，如图 6.10 所示。

图 6.10 利用人力搬运工件

改善方法 1：使用滚道传递工件，如图 6.11 所示。

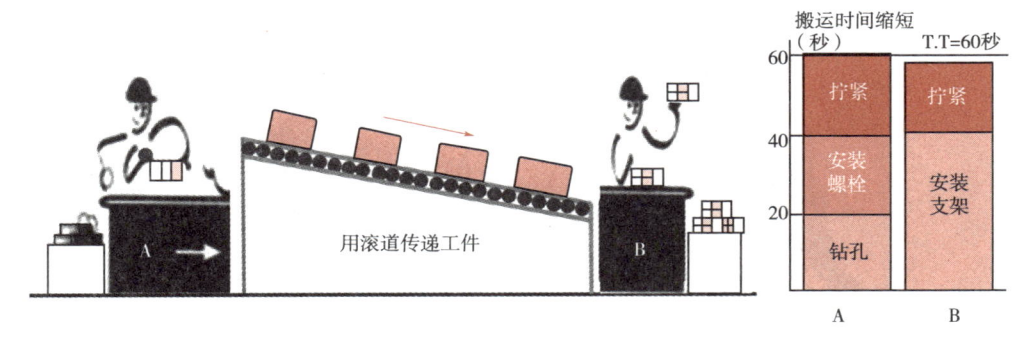

图 6.11 使用滚轮滑道传递工件

改善方法 2：利用杠杆气缸传递工件，如图 6.12 所示。

注：用山积表发现搬运中的浪费，改善前（见图 6.10）、改善后（见图 6.11）的山积表仅供参考，后续的改善将对山积表不再赘述。

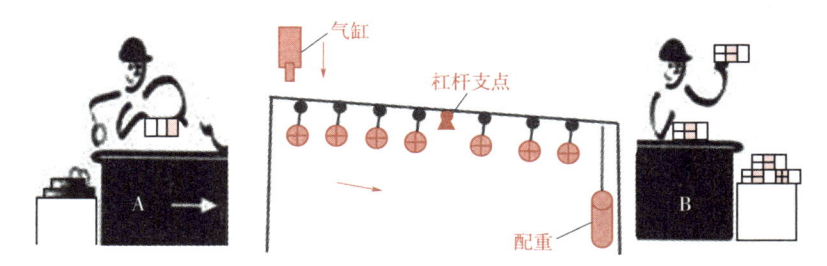

图 6.12　利用杠杆及气缸传递工件

改善方法 3：利用空中滑道传递工件，如图 6.13 所示。

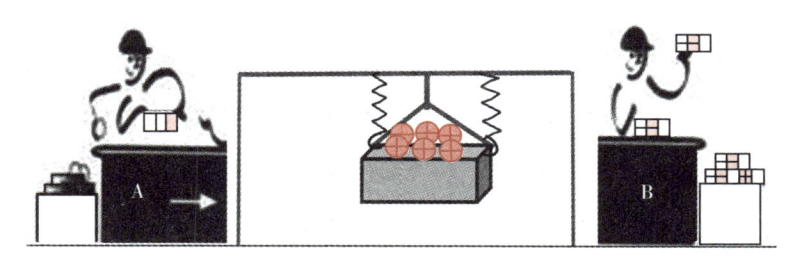

图 6.13　利用空中滑道传递工件

6.2.2　止挡装置的改善

改善前：料箱一个挨着一个送料，挨着太紧拿取十分不便，如图 6.14 所示。

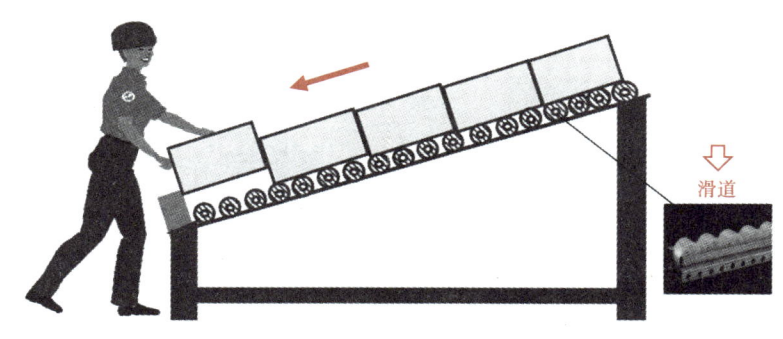

图 6.14　送料滑道

第 6 章 低成本自动化装置改善（无动力部分） 143

改善后：采用止挡装置，当第一个料箱取走时，受第一个料箱重力的作用，止挡后端上升挡住第二个料箱，如图 6.15 所示。

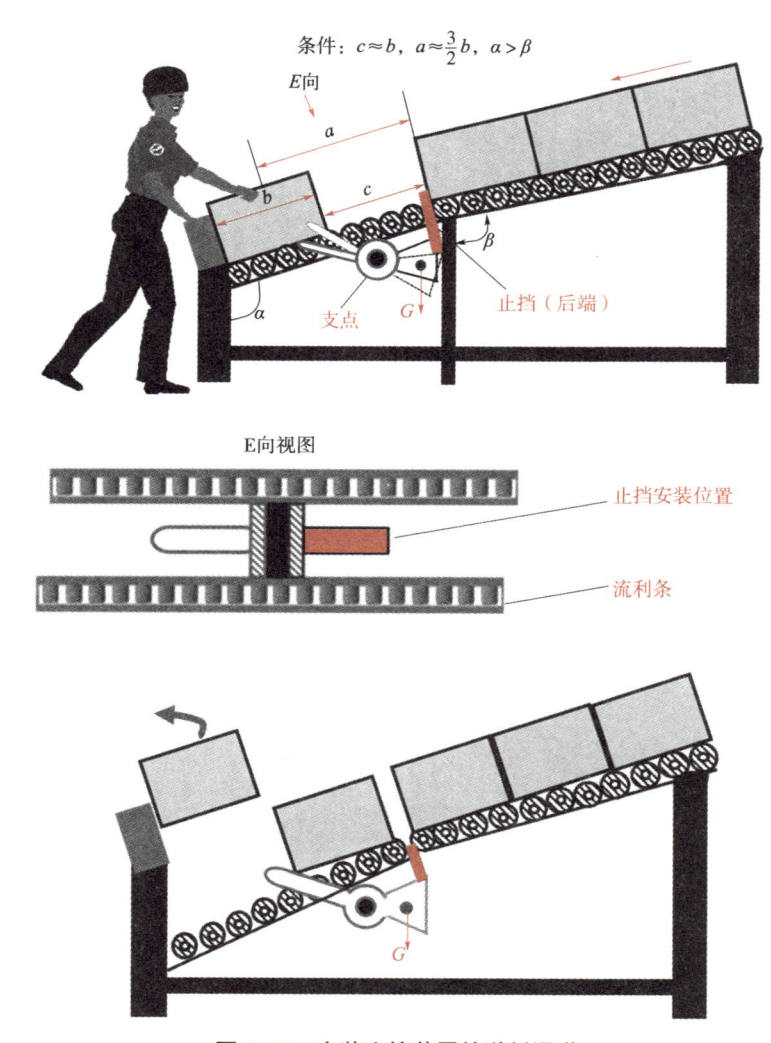

图 6.15 安装止挡装置的送料滑道

6.2.3 空箱回收装置的改善

改善前：需要人工回收空箱劳动强度大，浪费工时。

改善后：无动力装置实现送料、空箱回收。

改善案例 1：手拨动杠杆装置，如图 6.16 所示。

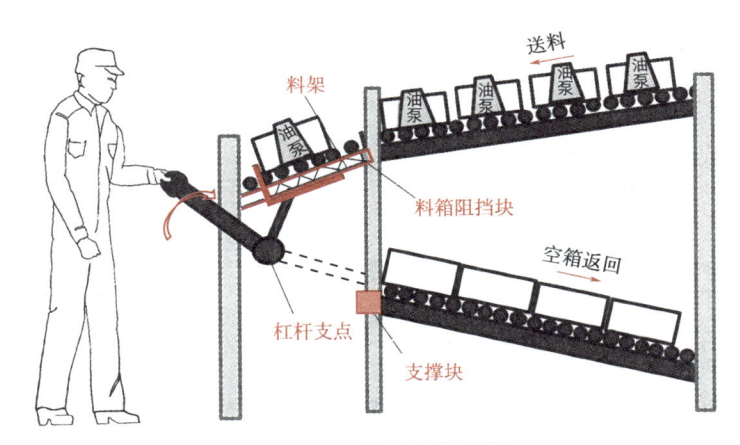

图 6.16　手拨动杠杆装置

改善案例 2：机械踏板式杠杆装置，如图 6.17 所示。

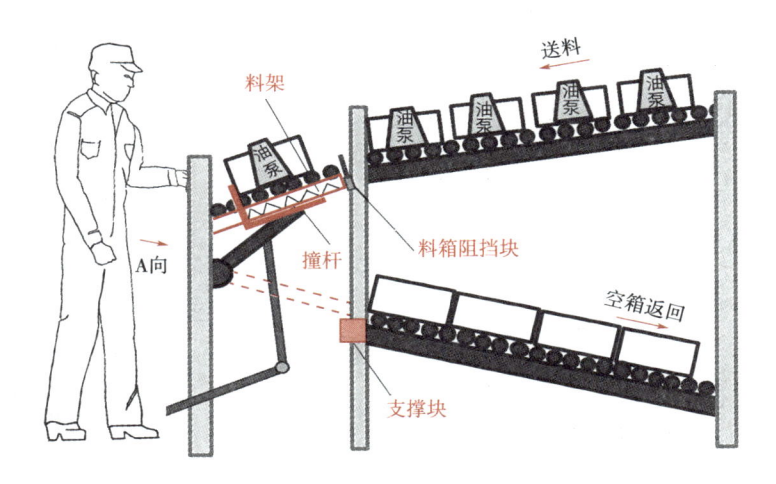

图 6.17　机械踏板式杠杆装置

料箱阻挡块，如图 6.18 所示，其工作原理如下：

当空箱返回结束时，料架上的撞杆在弹簧力作用下复位，同时料架抬起，撞杆与料箱阻挡块上的 A 点相撞。阻挡器绕转轴逆时针旋转，使送料箱下行，完成送料。

机械踏板式杠杆装置 A 向视图，如图 6.19 所示。

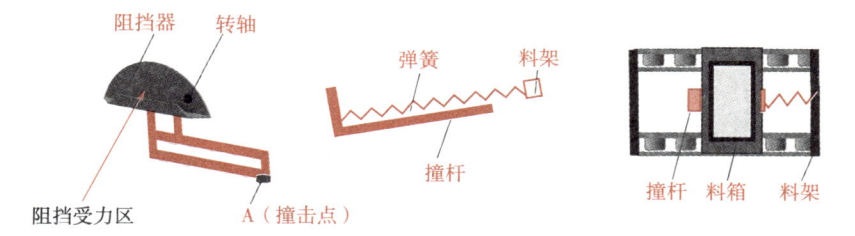

第 6 章　低成本自动化装置改善（无动力部分）　145

图 6.18　料箱阻挡块结构图

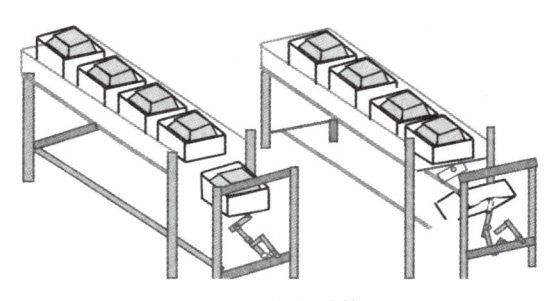

图 6.19　A 向结构图

改善案例 3：平衡器杠杆装置，如图 6.20 所示。

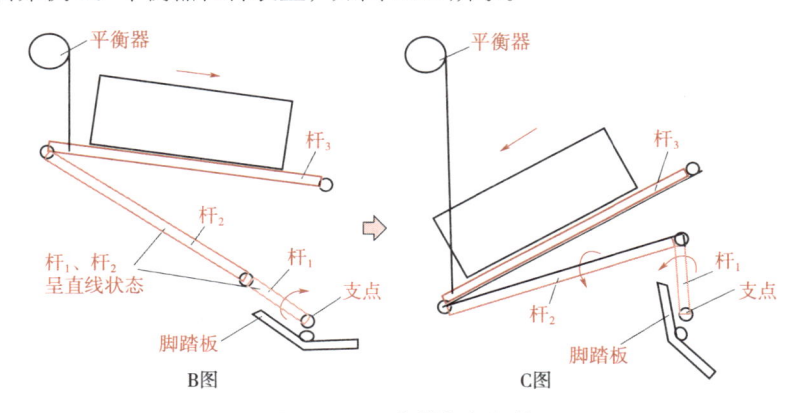

图 6.20　平衡器杠杆机构

图 6.20 中杆$_1$、杆$_2$、杆$_3$均为铰链连接。B 图中杆$_1$、杆$_2$呈一条直线状态，当踩下脚踏板，杆$_1$绕着支点顺时针旋转，至竖起位置（见 C 图），杆$_2$、杆$_3$下降至极限处，此时料箱滑下，空箱返回；失去空箱重力的杆$_1$、杆$_2$、杆$_3$受平衡器拉力作用，杆$_1$逆时针旋转，使杆$_1$、杆$_2$复位至呈一条直线状态，杆$_3$抬起升高，新料箱滑至杆$_3$上，实施循环往复作业。

改善案例4：对接空箱返回装置，如图6.21、图6.22和图6.23所示。

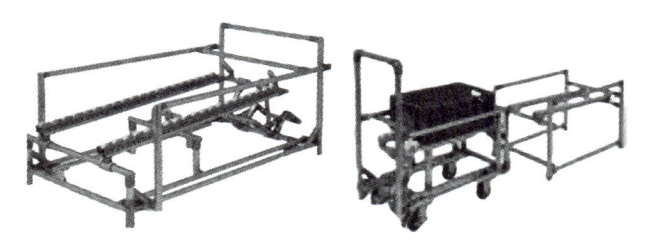

图6.21 对接装置整体图

使用脚踏板控制止挡，踩踏板，止挡落下，料箱通过。松踏板，止挡抬起，料箱被阻止通过。

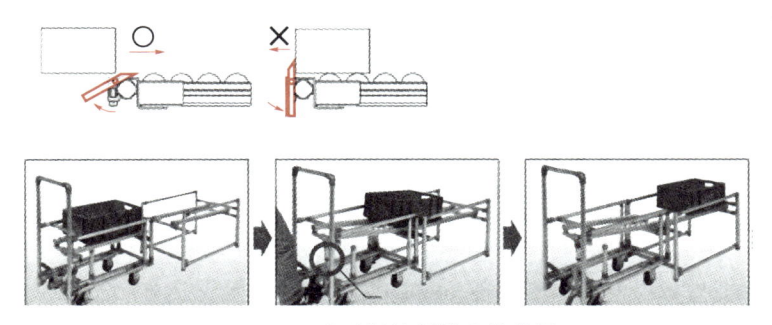

图6.22 脚踏板控制的止挡装置

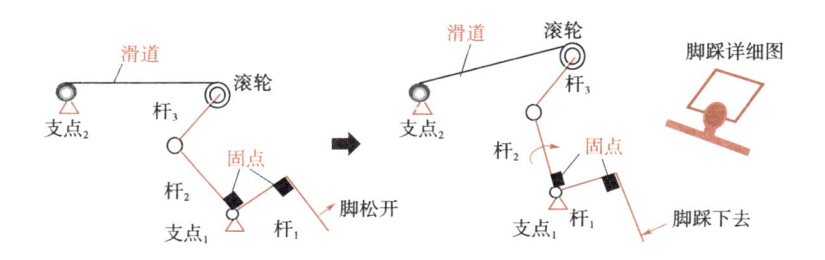

图6.23 杆系原理图

图6.23中踩下踏板，杆$_2$绕着支点$_1$由左向右旋转，带动杆$_3$向上运动，滑道右端升高，滑道因此变成了倾斜状态，这时滑道上的空箱实现返回，当松开踏板时，杆$_3$由右向左运动，滑道右端降低回位，滑道恢复呈水平状态。

6.2.4 同步工具台车的改善

改善前：手推台车返回作业区域，如图 6.24 所示。

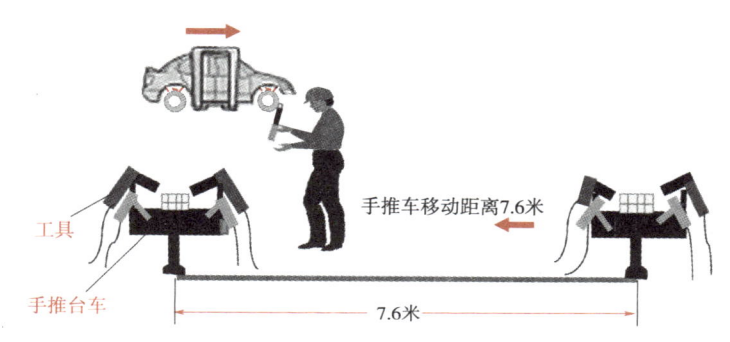

图 6.24 台车作业图

作业顺序：①台车与主线一起前进。②组装作业开始。③组装作业完成。④作业员推台车返回上工位，新作业循环。

台车重量 33 千克，生产一台车，返回 1 次，步行 7.6 米，1 天返回 1 040 次。步行距离 = 7.6 米 ×1 040 次 / 天 = 7 904 米 / 天，步行时间长，费时又费力。班产量 520 台 / 班，一天 2 个班，即早班 + 中班，日产量 =520×2 = 1 040（台）。

改善后：制作自动返回同步台车，减低步行距离，降低作业员的劳动强度，如图 6.25 所示。

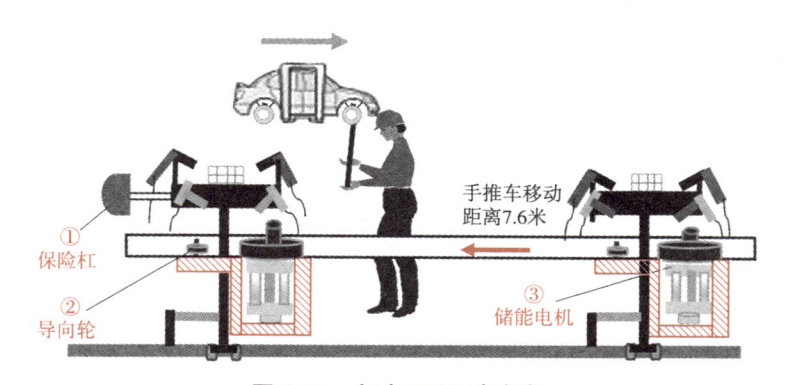

图 6.25 自动返回同步台车

作业顺序：①台车与主线一起前进。②组装作业开始。③组装作业完成。④台车自动返回上工位，新作业循环。

① 保险杠。为保证台车返回安全,同步台车上设置了安全保险杠,如图 6.26 所示。

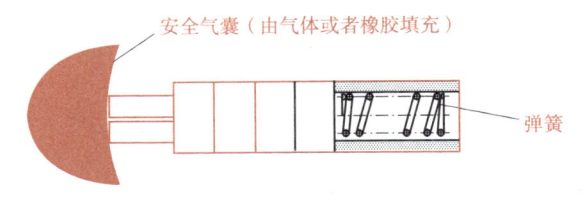

图 6.26　保险杠装置

② 导向轮。为了使台车能够顺畅地返回,在返回前端设置了导向滚轮,如图 6.27 所示。

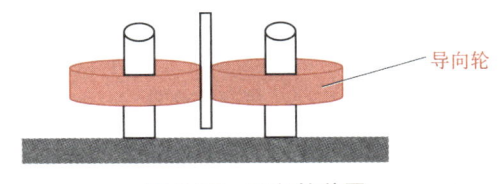

图 6.27　导向轮装置

③ 储能电机。台车选择储能电机驱动,它带有速度调节控制器,安全可靠,如图 6.28 所示。

图 6.28　储能电机装置

④ 储能电机的储能原理,如图 6.29 所示。

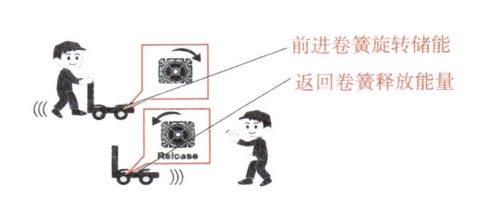

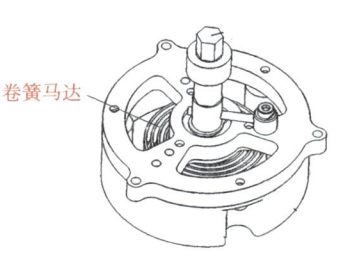

图 6.29　储能原理

⑤ 卷簧储能电机的特点。储能电机是节能装置，借助于生产线的摩擦力，卷簧将随外力转动的机械能量储存，它是以弹簧作为储能介质，返回时卷簧将能量一次性释放。

6.2.5 堆垛装置的改善

改善前：空箱从第 1 层送料箱滑道送至作业员处，作业员人工堆垛空箱到第 2 层，劳动强度很大，易造成腰肌劳损，如图 6.30 所示。

图 6.30 人工堆垛（单位：毫米）

改善后：制作堆垛装置，如图 6.31、图 6.32、图 6.33 和图 6.34 所示。

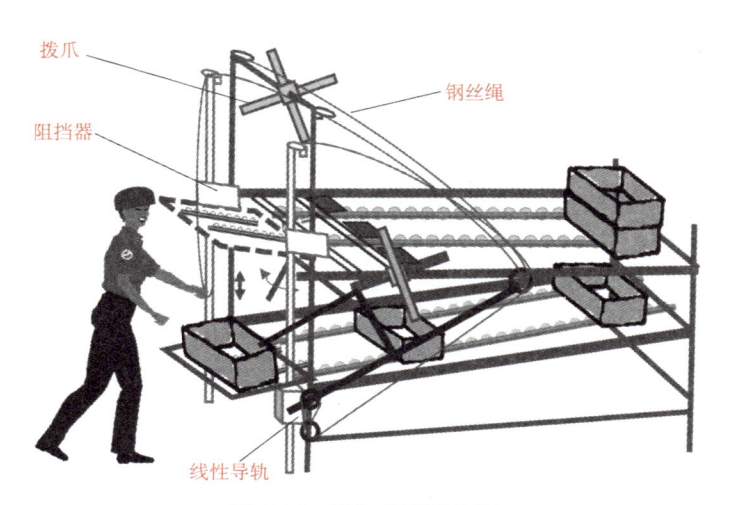

图 6.31 堆垛装置整体图

（1）使用线性导轨。线性导轨的摩擦系数是传统导轨的1/50，借助钢珠在导轨上做无限滚动循环，使负载平台沿着导轨轻易地以高精度作线性运动，轻轻一提，即向上行走，顺滑省力。

（2）举升、堆垛与复位。

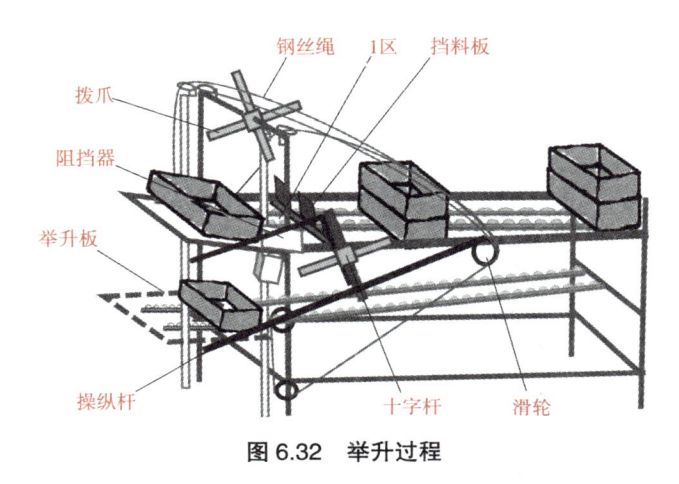

图 6.32 举升过程

举升料箱：上提操纵杆，举升板上举，碰到阻挡器停止上升，在力矩作用下，举升板倾斜。料箱下滑，推开阻挡器，落入1区。操纵杆上提时，同时带动十字杆顺时针旋转90°，使挡料板竖起。

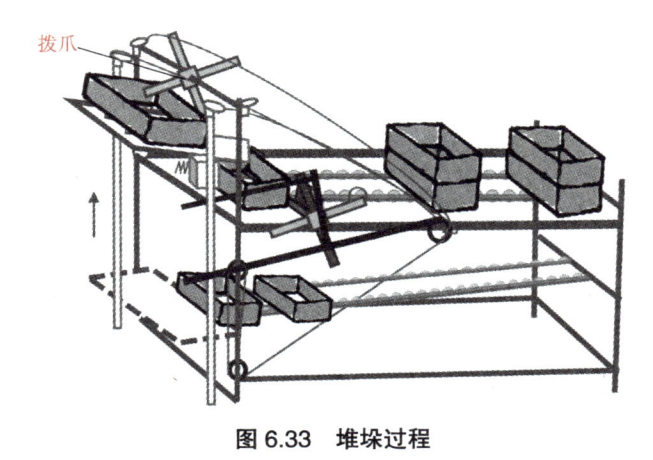

图 6.33 堆垛过程

堆垛料箱：前次举升已打开阻挡器，第2次举升至高于第1次的位置，这时拉紧十字杆，拨爪依靠钢丝绳，将料箱拨至第1个箱子上。

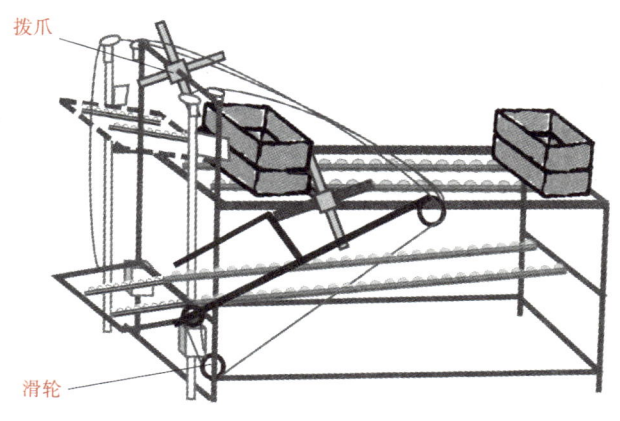

第 6 章　低成本自动化装置改善（无动力部分）　151

拨爪

滑轮

图 6.34　复位过程

操纵杆下压：举升板下降复位。操纵杆带动十字杆逆时针旋转 90°，挡料板放平，料箱滑出。

6.2.6　转向滑道装置的改善

改善前：装配线上零部件通过物流车运至线边，放置在线边货架上，作业员到货架上拿取物品进行装配，存在步行、搬运、倒手等浪费情况，如图 6.35 所示。

作业员A

物品货架

物流车送料

物流通道

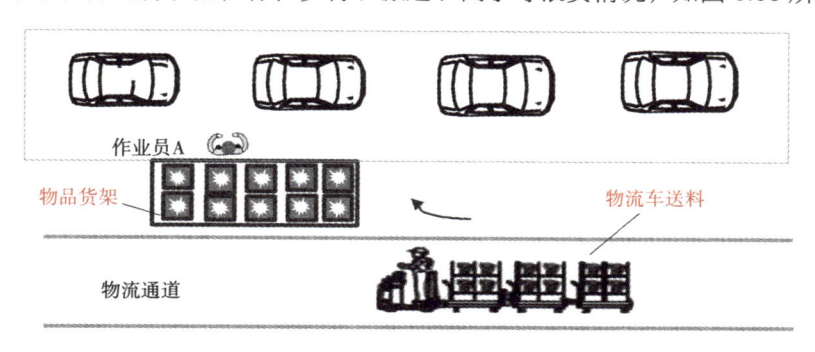

图 6.35　物品的物流运输

转向送料滑道的改善案例 1：制作转向送料滑道装置，提高作业效率，如图 6.36 和图 6.37 所示。

首先，用转向送料滑道取代传统的货架，减少作业员的搬运、弯腰、倒手次数，同时也减小作业的步行距离，合理利用场地。

其次，当料箱内物品拿空时，踩下脚踏板，在装置的第二层，可实现空箱自动返回。转向送料滑道的组成，如图 6.38 所示。

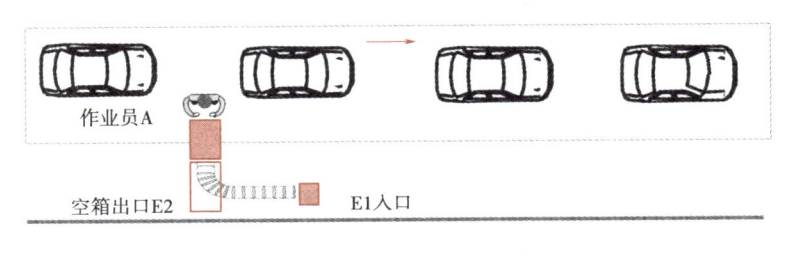

图 6.36 转向送料滑道

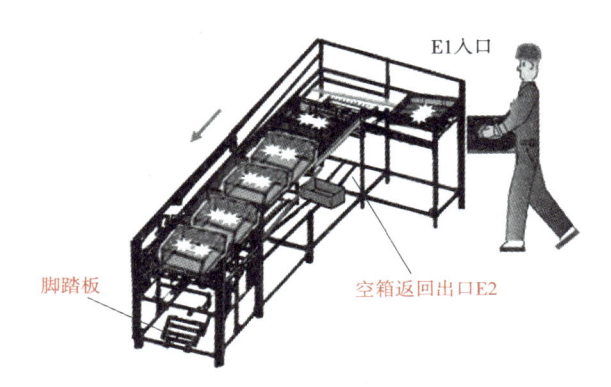

图 6.37 转向送料滑道装置整体图

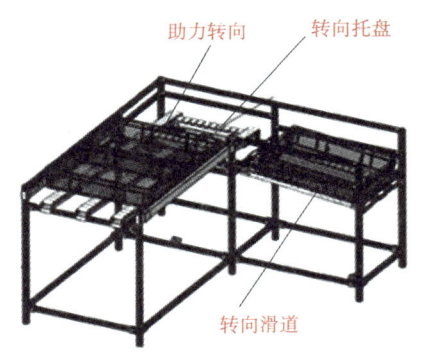

图 6.38 转向送料滑道整体图

转向送料滑道由转向滑道、转向托盘和助力转向三部分组成。设计此滑道目的，主要为了实现物品箱的转向流动，适用于空间有限的生产线边，提高装配作业的效率。

第6章　低成本自动化装置改善（无动力部分）

（1）转向滑道。转向滑道视图，如图6.39所示。

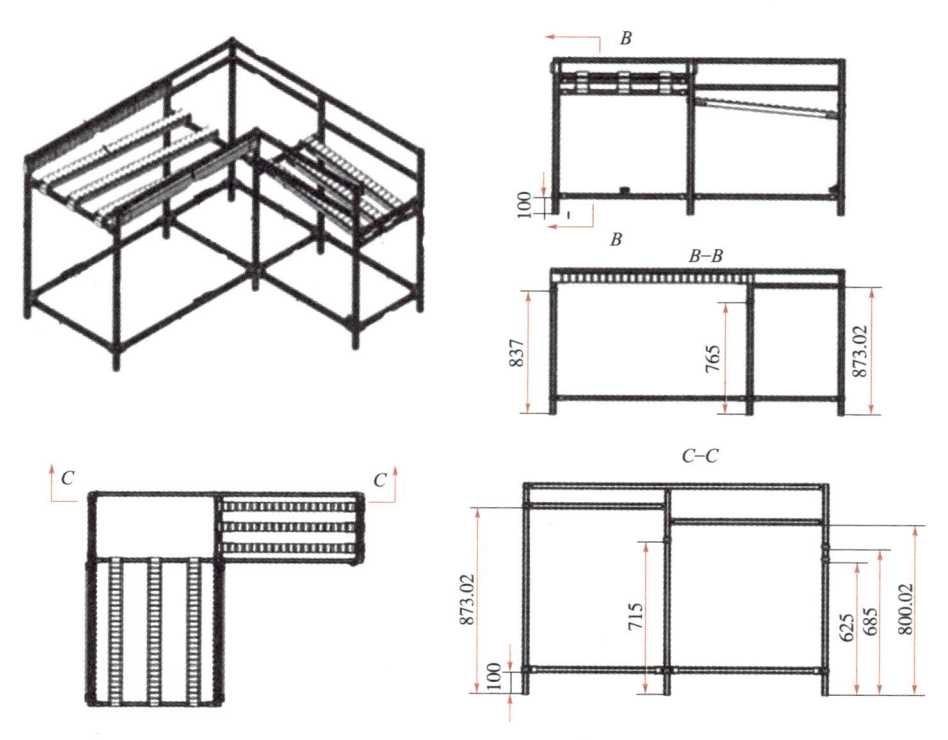

图6.39　转向滑道视图（单位：毫米）

（2）转向托盘。转向托盘的作用是改变箱子的运动方向，使箱子按照预设计的方向移动，如图6.40所示。

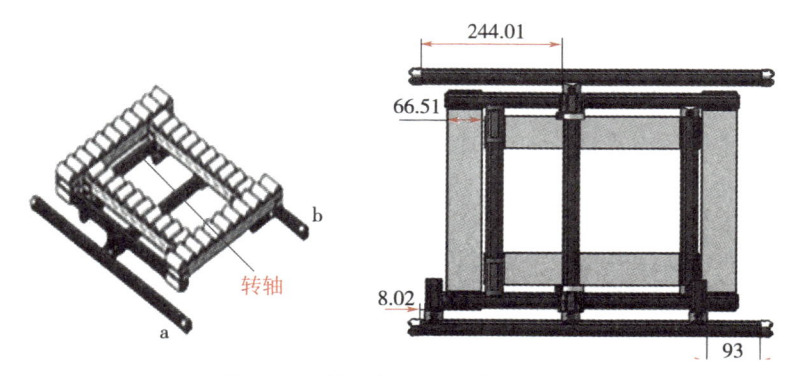

图6.40　转向托盘（单位：毫米）

转向托盘工作原理是当料箱经过滑道进入转向托盘时,支撑转向托盘的转轴,受重力作用发生重心偏移,转轴旋转了 3°~5°,转向托盘绕转轴发生偏移,使料箱运动方向变成垂直 90°方向移动,从而完成了料箱的转向。

(3)助力转向装置。助力转向装置,如图 6.41 所示。

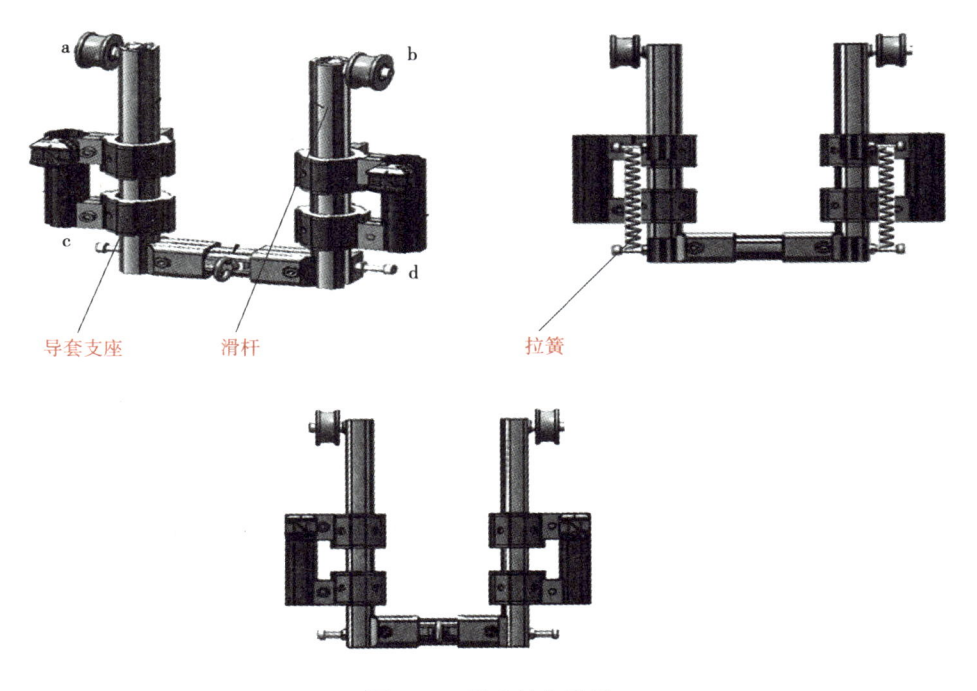

图 6.41　助力转向装置

助力转向装置安装在转向托盘的下方,料箱压在托盘上时,滑杆整体向下移,拉簧被拉伸,当物品箱移出后,压力消失,拉簧复位,推动托盘恢复到水平状态。

转向送料滑道的改善案例 2:料箱依靠惯性力下滑,撞到撞击装置后,入料滑道沉下,撞击装置绕转轴转动,翻转框架倾斜实现料箱转出,如图 6.42 所示。

助力转向装置工作原理如下:

(1)料箱进入入料滑道,对入料框架产生压力,由于配重阻挡杆的阻挡,入料框架不会下沉,料将继续下滑前行,料箱撞击到受撞杆。

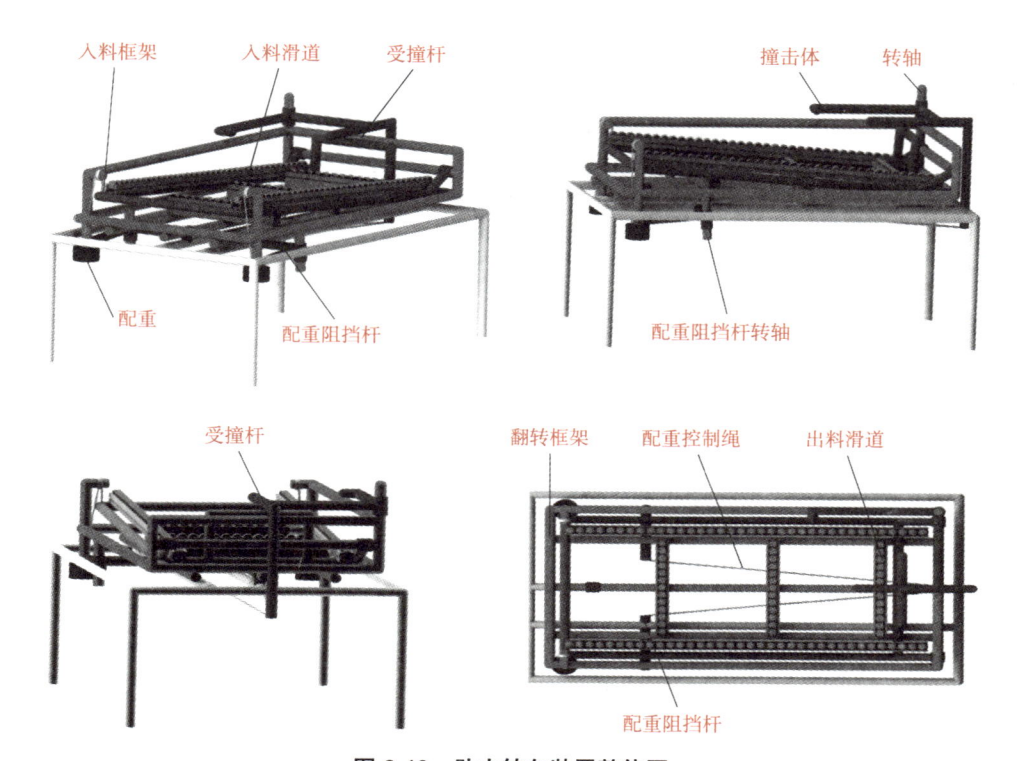

第 6 章　低成本自动化装置改善（无动力部分）

图 6.42　助力转向装置整体图

（2）受撞击杆受到撞击后，绕转轴旋转、受撞杆后移，配重阻挡杆被控制绳拉动，阻挡杆转出阻挡位置。受料箱重力作用，配重上移、入料框架下沉，出料滑道成为料箱的刚性支撑。同时撞击体绕转轴旋转，推动料箱沿出料滑道移动。

（3）料箱沿出料滑道移动，翻转框架重心偏移，摆动倾斜，料箱流出翻转框架。

（4）没有料箱的入料框架，受配重下降的力作用，入料框架抬起。配重阻挡杆的转轴是倾斜的，阻挡杆的重力产生的扭矩驱动配重阻挡杆转动进入配重阻挡的位置，恢复原位，等待新料箱进入。

转向送料滑道的改善案例 3：本方案与改善案 2 的结构一致，增加了可在翻转框架内摆动的出料框架，通过在出料框架上设置一动滑轮，且轮绳两端分别固定在入料框架和翻转框架上，解决了出料时，入料滑道与料箱接触，导致料箱滑动受阻，影响料箱顺畅出料的问题，如图 6.43 所示。

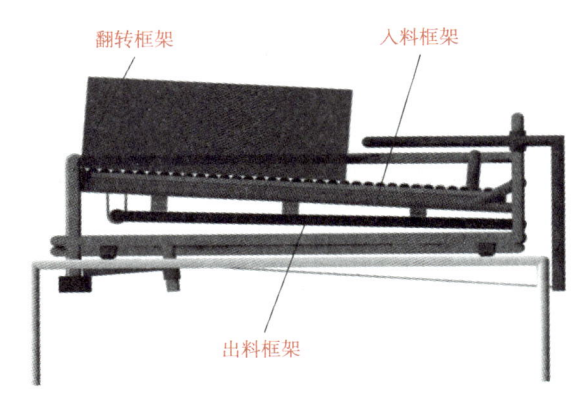

图 6.43　料箱出料整体图

料箱的入料、出料，如图 6.44 所示。

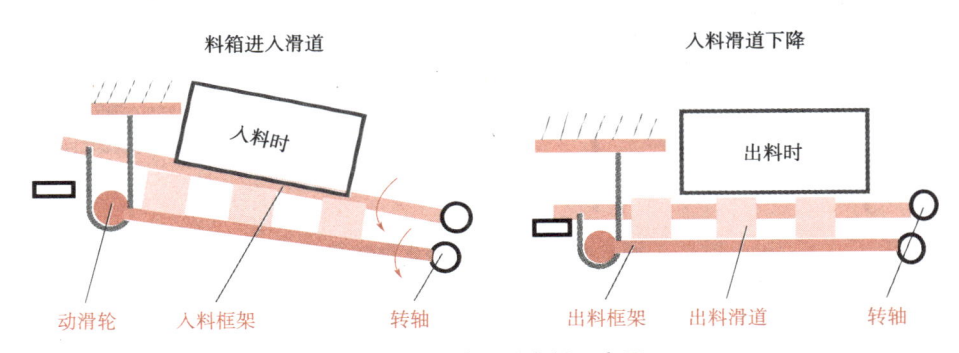

图 6.44　料箱入料出料示意图

料箱入料出料工作原理如下：

（1）入料时料箱滑进料滑道，入料框架受料箱的重力作用下降。由于动滑轮的绳子一端连接入料框架，动滑轮随着入料框架下行，绳子的另一端固定在翻转框架上，该点相对静止，动滑轮的轮轴是固定在出料框架上。因此入料框架的下降速度比出料框架下降速度快一倍，此时出料滑道露出，与料箱接触，动滑轮受料箱重力作用，拉动绳子下移。虽然入料框架受到向下的作用力减少了一半，依然能保持入料框架继续下降到下死点（即水平状态）。

（2）出料滑道此时明显高于入料滑道，料箱滑出时将不受到入料滑道的阻碍，翻转框架倾斜后，料箱可以顺利滑出。

（3）各部件的详细状况，如图 6.45 所示。

图 6.45　料箱入料出料各部件分视图

6.2.7 无人搬运台车的改善

改善前：作业员拣货后，推台车将物品送至生产线上，如图 6.46 所示。

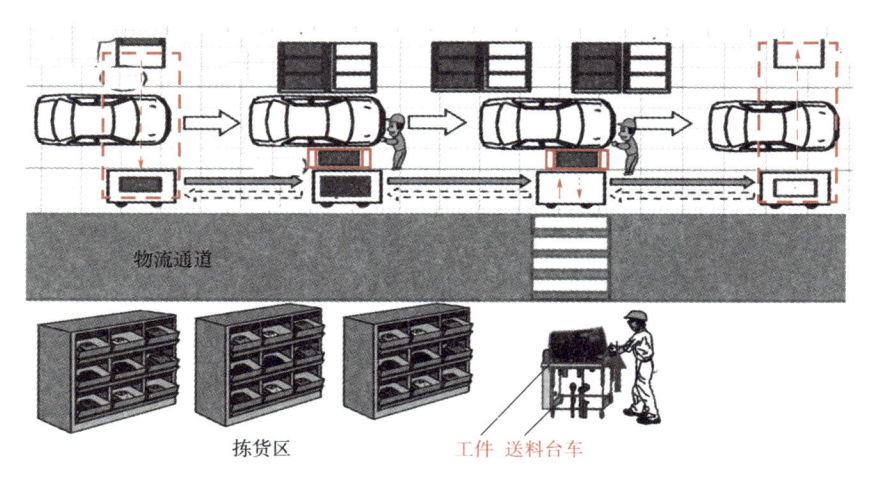

图 6.46 改善前送料情况

改善后：制作搬运送料台车，依靠工件的自重（重力），驱动齿轮、齿条啮合，促使台车搬运物品向前行走，当与固定台车对撞后，实施空实交换，如图 6.47 所示。

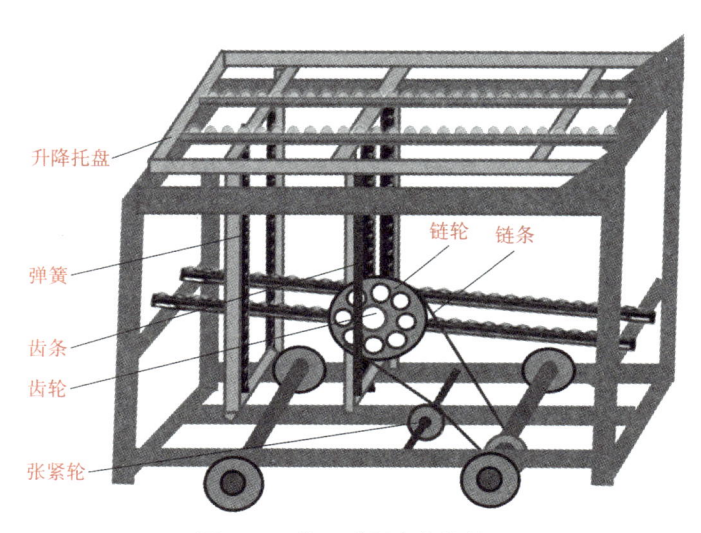

图 6.47 搬运送料台车整体图

第 6 章　低成本自动化装置改善（无动力部分）

（1）搬运送料台车原理。搬运送料台车原理，如图 6.48 所示。

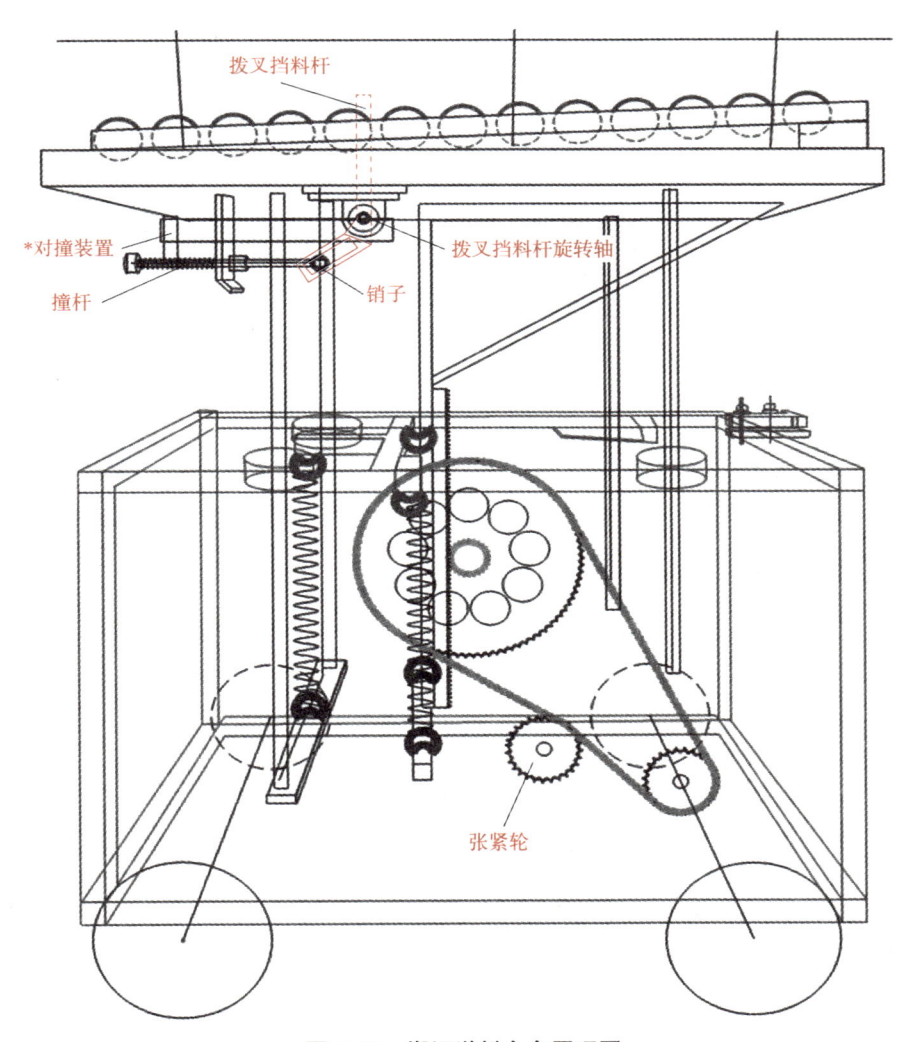

图 6.48　搬运送料台车原理图

*对撞装置的原理：对撞装置在对接时，撞杆后移，带动拨叉内的销子一同移动，拨叉受支点转轴的约束，发生逆时针旋转，与拨叉一体的挡料杆也一同逆时针转，这时料箱在失去挡料杆的阻挡后，受水平方向的支撑分力以及碰撞带来的减速力的共同作用下，向前移动，进入目标料架。

（2）搬运送料台车前进与后退。搬运送料台车前进、后退，如图6.49所示。

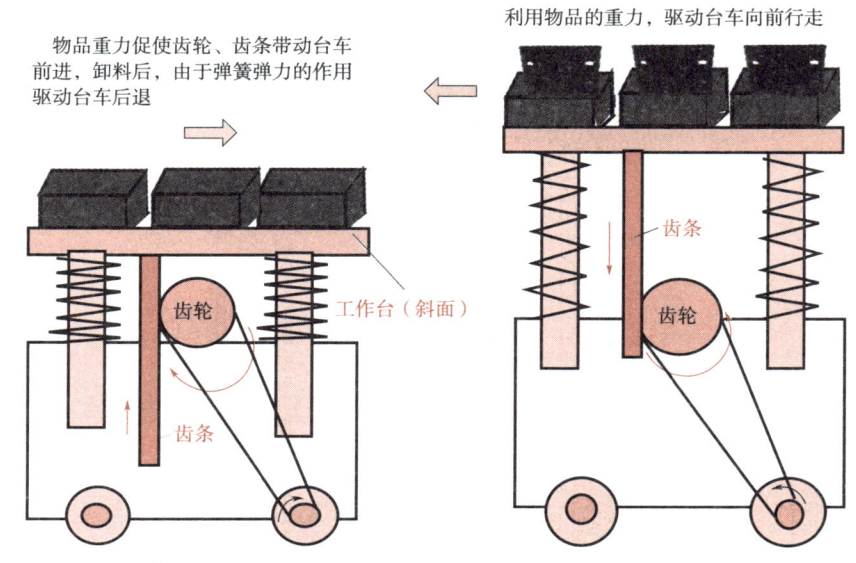

图6.49 台车前进后退示意图

（3）两车对撞。两车对撞，如图6.50所示。

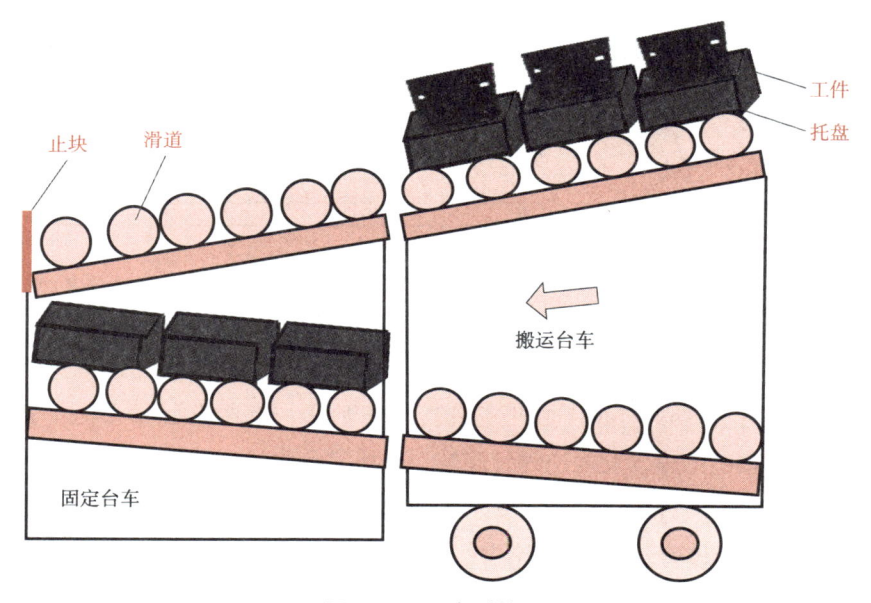

图6.50 两车对撞图

第 6 章 低成本自动化装置改善（无动力部分） 161

（4）空实交换。两车对撞后，送料和空返同时进行，如图 6.51 所示。

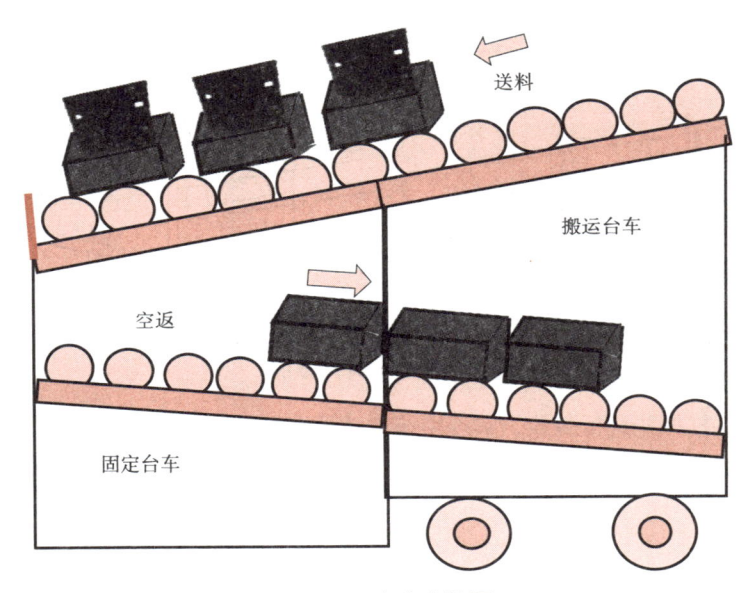

图 6.51 空实交换图

（5）两车分离。空实交换完成后，两车分离，如图 6.52 所示。

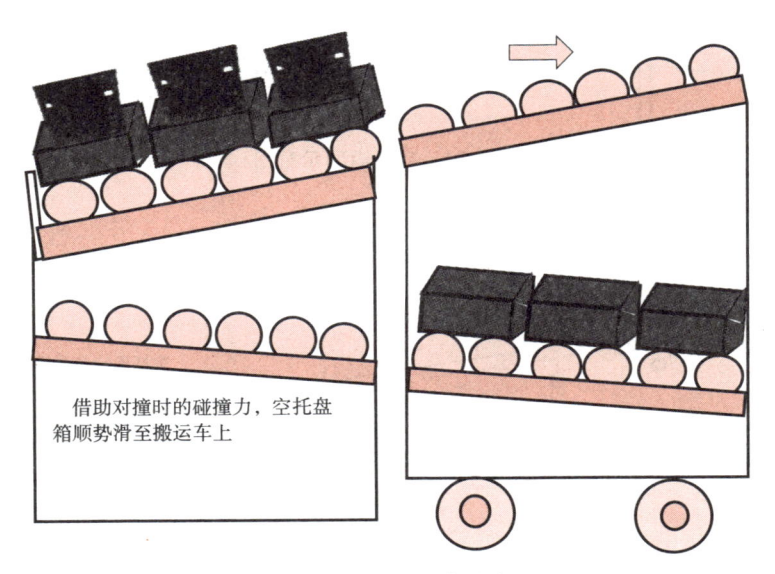

借助对撞时的碰撞力，空托盘箱顺势滑至搬运车上

图 6.52 对撞后两车分离图

6.2.8 跷跷板杠杆的空箱回收装置的改善

改善前：操纵杆提升至 1.4 米高位，空箱才能返回，费时费力，如图 6.53 所示。

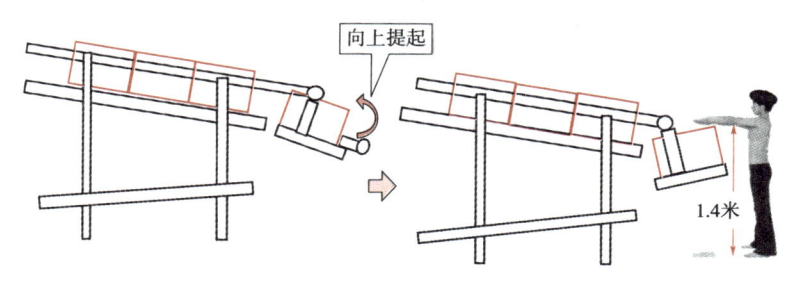

图 6.53 举升示意图

改善后：杠杆跷跷板装置，实现空箱自动返回。

（1）杠杆跷跷板装置。利用跷跷板原理，借助空箱重量，实现空箱自动返回，如图 6.54 所示。

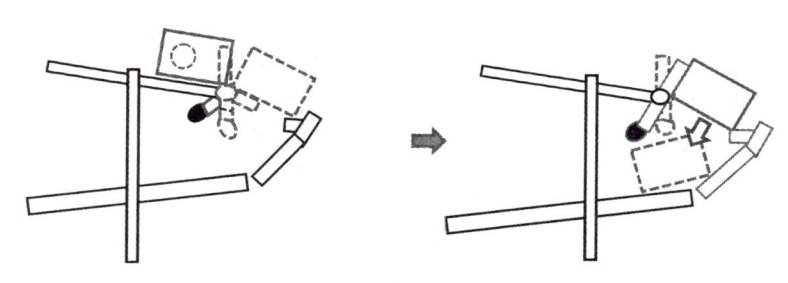

图 6.54 空箱返回示意图

（2）料箱通过前装置情况，如图 6.55 所示。

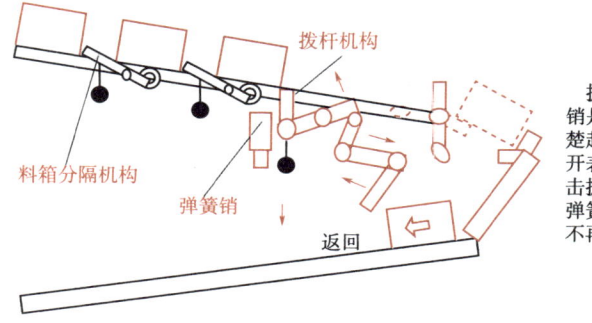

图 6.55 料箱通过前装置情况

第 6 章　低成本自动化装置改善（无动力部分）

（3）料箱通过时装置情况，如图 6.56 所示。

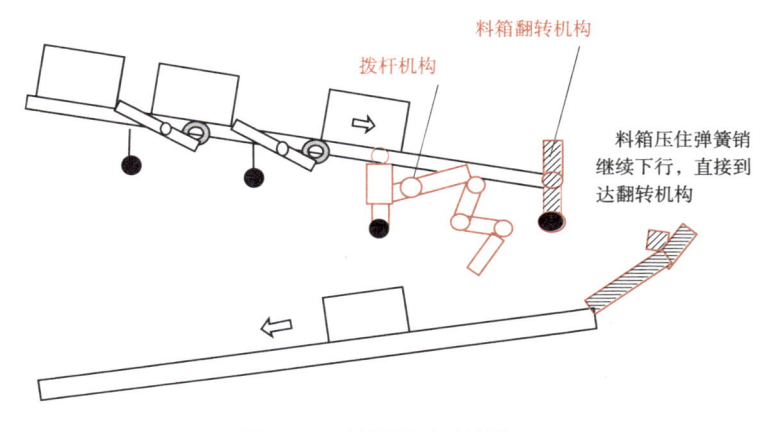

料箱压住弹簧销继续下行，直接到达翻转机构

图 6.56　料箱通过时的情况

（4）料箱通过后装置情况，如图 6.57 所示。

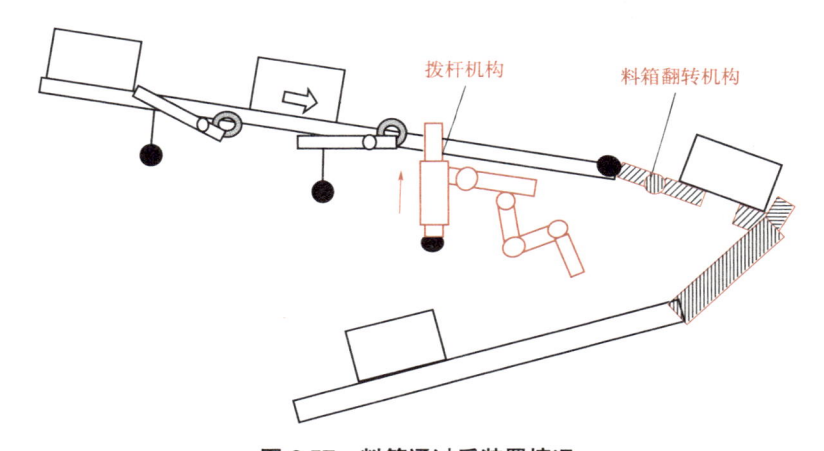

图 6.57　料箱通过后装置情况

第一个料箱通过后，拨杆机构又将第二个料箱送至料箱翻转处，一旦所有的料箱都通过，弹簧销将举升。

跷跷板杠杆的空箱回收装置原理：跷跷板装置源自杠杆原理，跷跷板一端是料箱的重量（动力），另一端是跷跷板偏置的重力（阻力），料箱和跷跷板的重力到固定点的距离分别是动力臂和阻力臂，重力加速度导致一上一下，高者重力加速度要大于低者，所以当高者下降，同时在杠杆作用下，将低者翘起来，如此循环。跷跷板是一个需要互相配合才能运转起来的装置，装置间只有协调一致，才能顺利地运转起来。

6.3 举升装置

6.3.1 滑轮举升机的改善

改善前：人将箱子举高推入滑道，如果用电动举升机，人需站在电动踏板上，将物品推入滑道，不安全而且费电，如图 6.58 所示，能力评价见表 6.2。

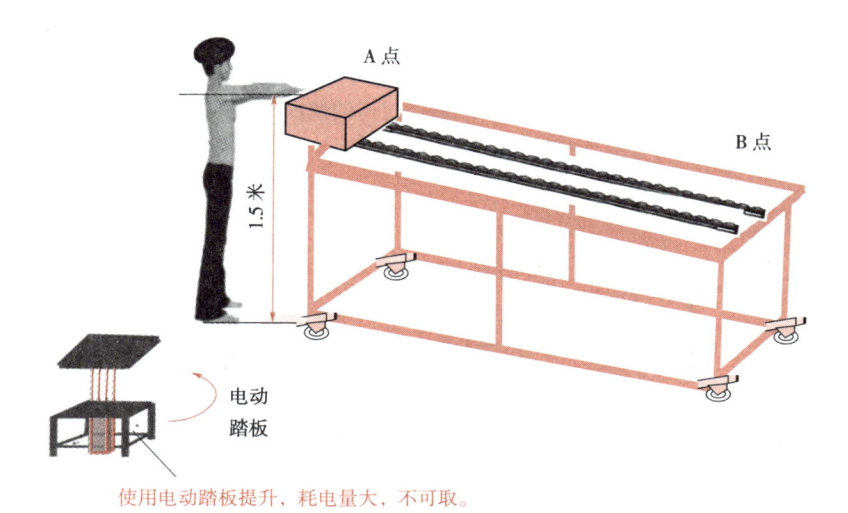

图 6.58 人工举升搬运物品

表 6.2 无动力与电动

类型	无动力	电动
安全	√	×
成本	△	×（高）
环境	√	×
劳动强度	√（省力）	√（省力）

第 6 章　低成本自动化装置改善（无动力部分）

改善后：制作滑轮举升装置，举升装置由立柱、托盘、滑块、踏板、滑轮组等组成，如图 6.59 所示。

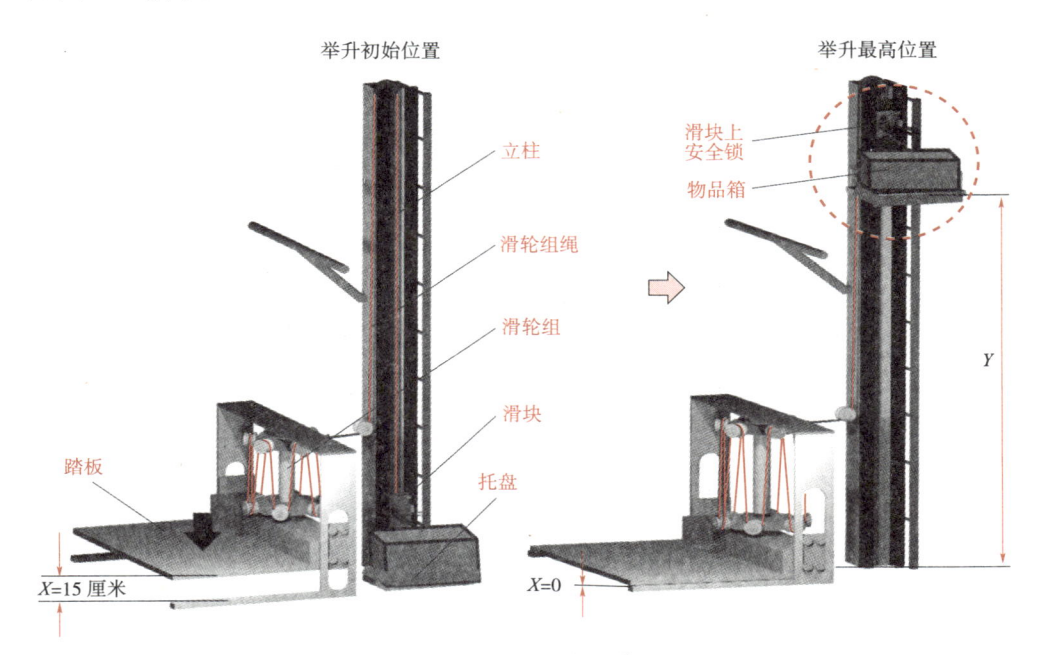

图 6.59　无动力举升装置

举升步骤：①人站上踏板。②托盘向上移动。③托盘停最高点。④部品入滑道，人离踏板。⑤托盘通过自重下降。因绳子阻力，下降缓慢。

（1）滑轮组绳子长度的变化。滑轮组绳子长度的变化，如图 6.60 所示。

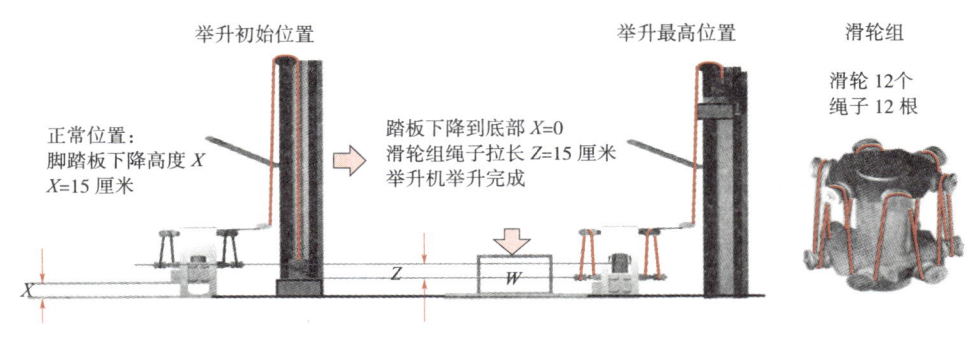

图 6.60　滑轮组绳长度的变化图

（2）滑轮组分析。受力分析，如图 6.61 所示。

图 6.61 滑轮组受力分析

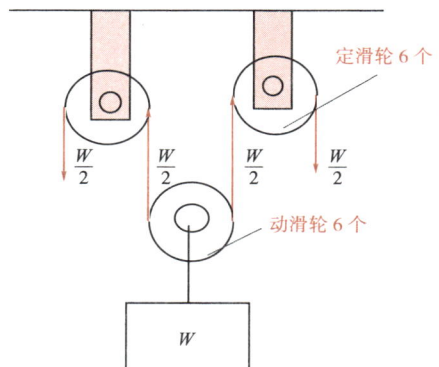

绳子数：$N = 12$ 根，踏板下降高度：$X = 15$ 厘米
举升高度：$Y = N \times X = 12 \times 15 = 180$ 厘米
人体重量：$W1$
脚踏板重量：$W2$
物品重量：$W3$
托盘重量：$W4$
举升力 $F = W_总 / N$　$W_总 = W1 + W2$
举升时：$(W1 + W2) > 12 \times (W3 + W4)$
下降时：$12 \times W4 > W2$

（3）安全保险装置。安全保险装置，如图 6.62 所示。

安全保险装置原理：滑块上摆杆与弹簧连接一起，静止状态下，摆杆受到重力，以及弹簧向上拉力作用，弹簧拉力小于摆杆的重力，摆杆是自然下垂的。但当滑块意外紧急坠落时，受向下加速度影响，向下的合力小于弹簧的拉力，摆杆就会向上摆动，越过挡铁，受挡铁阻挡，滑块急速下坠停止。即安全保险装置利用加速度力切断惯性下坠的滑块。

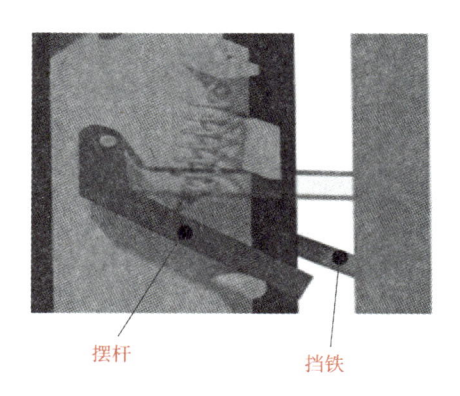

图 6.62 安全保险装置

6.3.2 弹簧平衡器举升机的改善

改善前：依靠人力将物品箱举起，推入滑道，劳动强度大，如图 6.63 所示。

改善后：设计制作弹簧平衡器举升装置，降低作业人员的劳动强度。

设计一个放置料箱的料框，由弹簧平衡器辅助料框的起降，料框由导轮引导，沿着导轨上、下移动，实现料箱的送料、空返。如图 6.64 和图 6.65 所示。

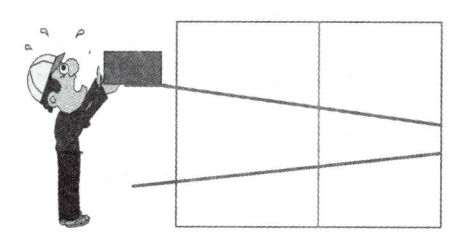

图 6.63 人托举箱子入滑道

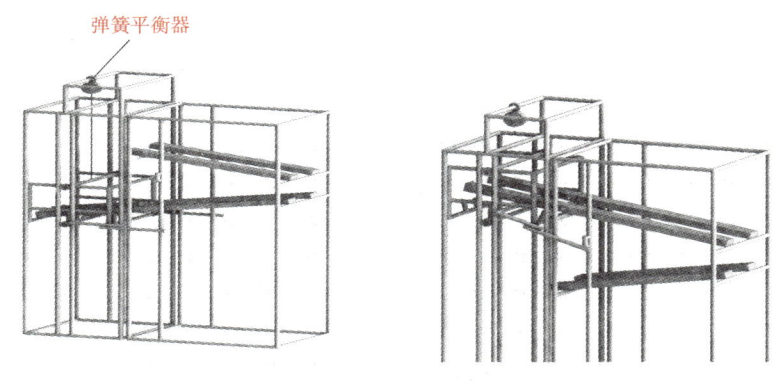

第 6 章　低成本自动化装置改善（无动力部分）

图 6.64　平衡吊举升装置立体图

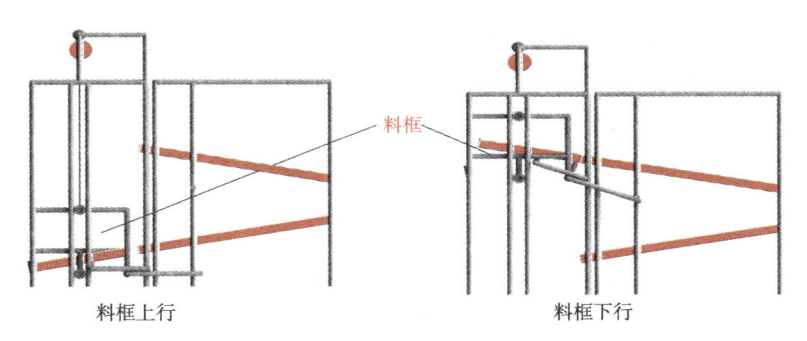

图 6.65　料框上行、下行主视图

弹簧平衡器举升装置侧视图，如图 6.66 所示。

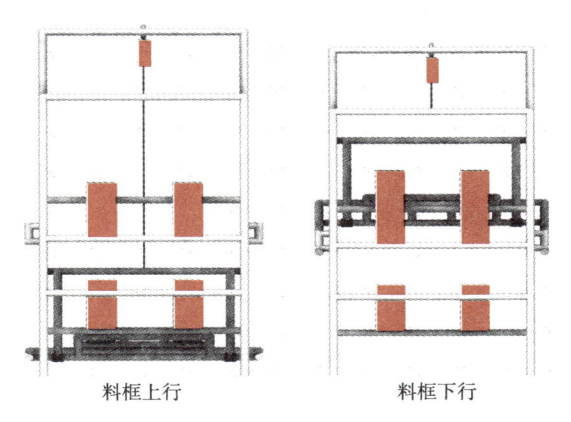

图 6.66　弹簧平衡器举升侧视图

弹簧平衡器举升装置的上行、下行合图，如图6.67所示。

图6.67　料箱上行、下行合图

弹簧平衡器原理：弹簧平衡器是利用弹簧平衡器内部弹簧的拉力与被悬挂重物的重量达到一个力的平衡，作业员用很小的力就可以轻松地让被悬挂重物在弹簧平衡器内上下移动或者停留在任意位置。弹簧平衡器中最关键的部件就是弹簧，弹簧的品质决定着平衡器的寿命，只有保证弹簧不会产生断裂、变形等情况，才能确保弹簧平衡器在高强度、高频率的作业环境中，保持良好的工作状态。

6.3.3　无动力搬运举升车的改善

改善前：人将箱子抬起来，搬运、行走、推入滑道，如图6.68所示。

抬起箱子　——→　走6米　——————————→　推入滑道

图6.68　作业示意图

改善后：作业员推动举升车，行走中小车的托架可从最底部提升0.8~1米的高度，从而减少作业员的弯腰以及搬运负重，如图6.69所示。

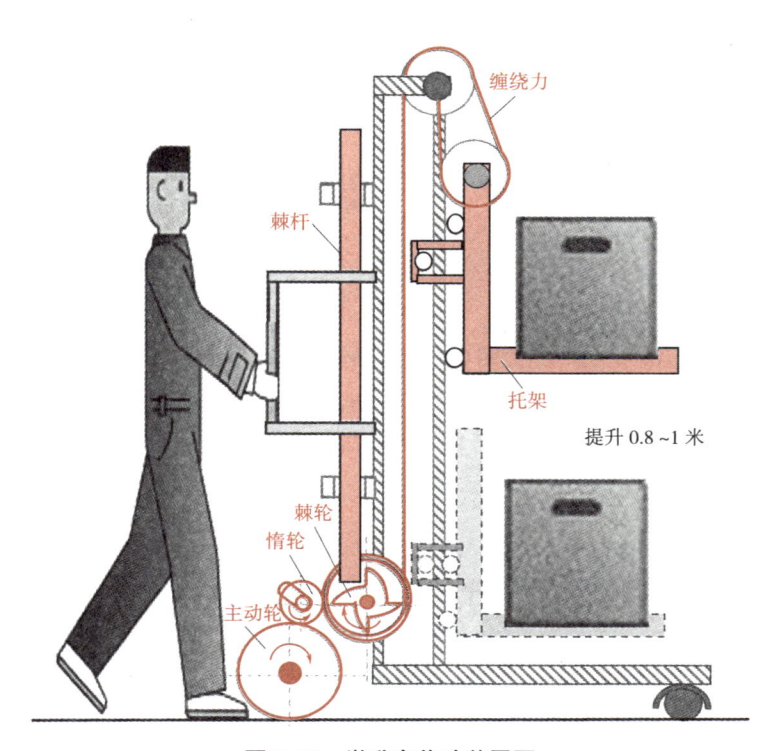

第 6 章 低成本自动化装置改善（无动力部分）

图 6.69 举升车传动装置图

（1）举升车的升降以及安全保险原理。举升车整体示意图，如图 6.70 所示。

升降原理（辘轳原理）：

辘轳通过缠绕的绳子使托盘载着重物缓缓上升，下降时，要将棘杆提起，从而实现托盘的下落。

安全保险装置原理：

为了防止托盘提升后发生无动力自由落体下降，因此设计成当棘轮反向旋转时，被棘杆锁住结构。避免小车后仰的现象发生。

（2）车轮驱动原理。通过连杆装置，实现 3 个轮同时转动，将旋转的动能转换为势能，如图 6.71 所示。

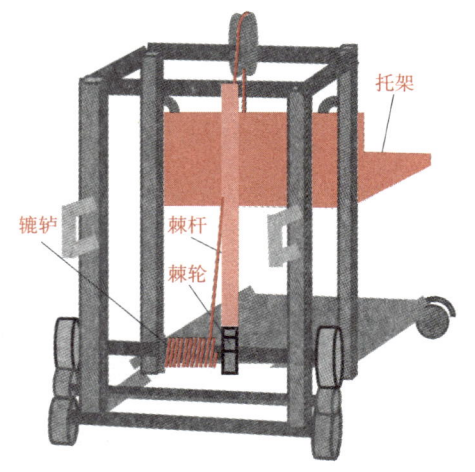

图 6.70 举升车整体图

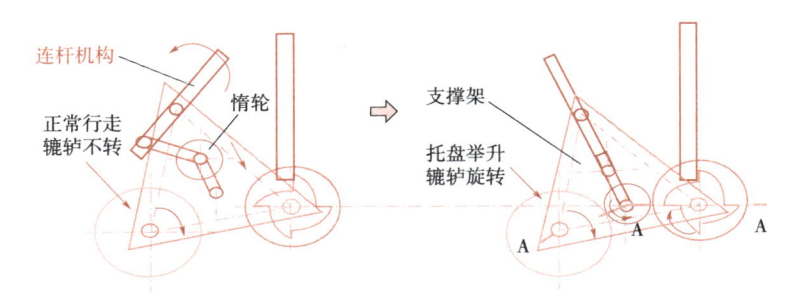

图 6.71 车轮传动图

（3）A-A 阶梯剖视图。

A-A 阶梯剖视图，如图 6.72 所示。

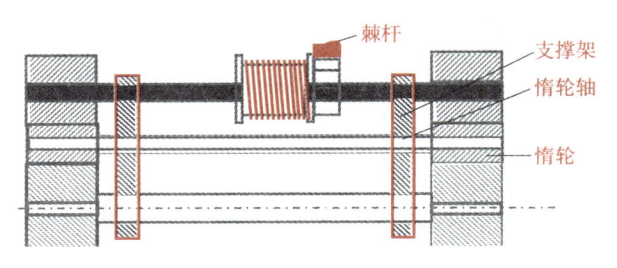

图 6.72 A-A 阶梯剖视图

6.4 分拣装置

6.4.1 螺栓分拣装置的改善

改善前：依靠人工将三种不同种类螺栓分别拣取出来，如图 6.73 所示。

图 6.73 人工分拣

第 6 章 低成本自动化装置改善（无动力部分）

改善后：制作一套螺栓自动拣取装置，缩减拣取时间、提升效率。

这套装置利用作业员完成一个循环的作业，将拧紧枪放回归位处这个动作，在拧紧枪把手插入套筒内时，开始吸取螺栓，如图 6.74 所示。上、下拨动拧紧枪把手，磁力吸头在杠杆作用下，开始上、下移动，下去时吸取 3 个螺栓，吸头上来时，作业员将 3 个螺栓取走，周而复始。

图 6.74　自动分拣装置示意图

效果：减低一个循环作业的拣取时间 3 秒、一个循环作业的步行时间 4 秒。在放置拧紧枪的同时，完成螺栓的拣取，一举两得。

（1）吸取螺栓时各杆件运动情况。吸取螺栓时各杆件运动情况，如图 6.75 所示。

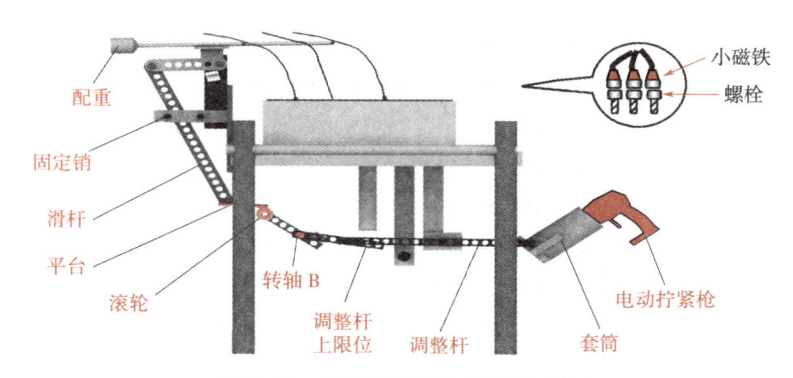

图 6.75　吸取螺栓时各杆件运动图

拧紧枪的把手放入套筒后，手向下移动，带动转轴 B 向上摆动，滚轮触碰滑杆下部平台，顶起了滑杆，驱动磁性吸头下移，吸取螺栓，此时磁性吸头在最下处，滚轮滚过平台，吸盘支撑杆受配重重力作用抬起，吸头被带动上移、平台下移。

（2）完成吸螺栓后抬起时各杆件运动情况。完成吸螺栓后抬起时各杆件运动情况，如图 6.76 所示。

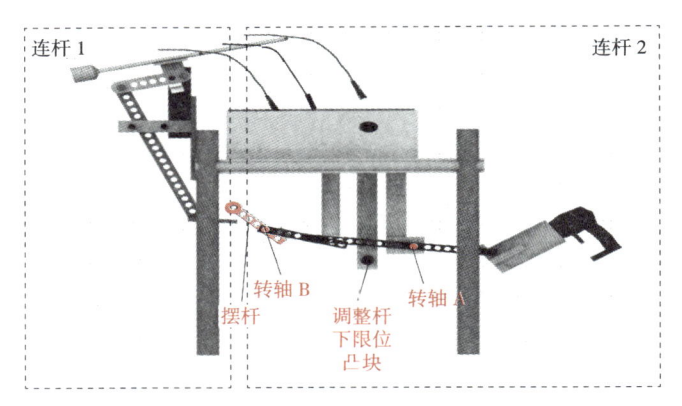

图 6.76　吸头抬起时各杆件运动图

手向上移动，取出电动拧紧枪，摆杆向下摆动，直至杆系内的调整杆触碰到下限位的凸块时停止，转轴 B 下移，摆杆退让落至平台下部。

6.4.2　螺栓定数拣取装置的改善

改善前：一次手工拣取 4 个螺栓，效率低下；紧急时螺栓掉落，容易引起生产线装配延误，如图 6.77 所示。

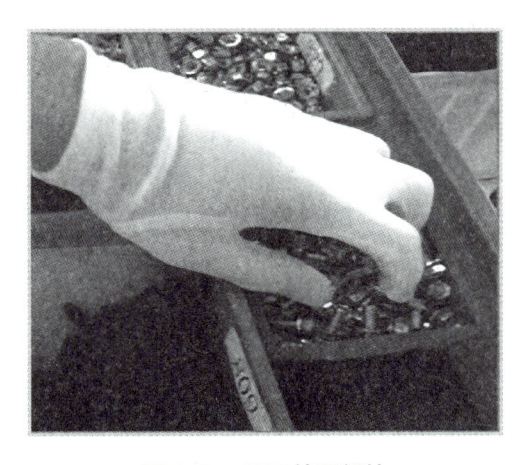

图 6.77　手工拣取螺栓

第 6 章 低成本自动化装置改善（无动力部分）

改善后：制作螺栓定数拣取装置，如图 6.78 所示。

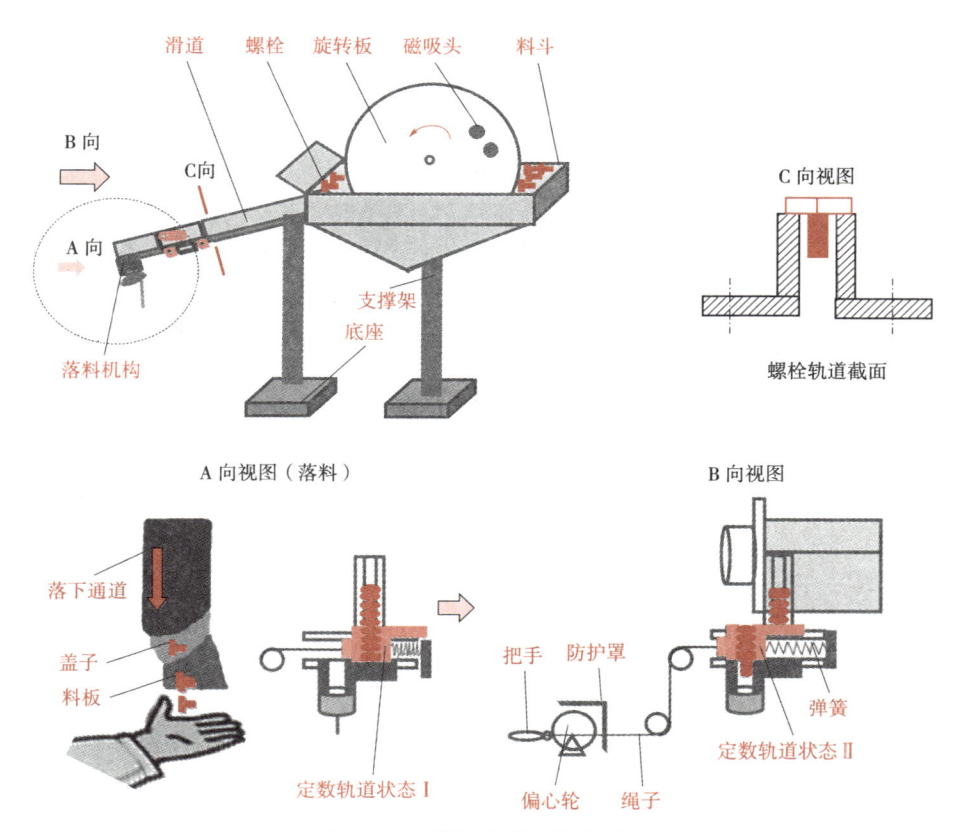

图 6.78 螺栓定数拣取装置

拣取原理：旋转板上的磁吸头从料斗里吸出螺栓，被吸出的螺栓顺着滑道往下滑动，到达定数轨道处，当定数轨道滑入 4 枚螺栓后，作业员拉动偏心轮把手，绳子将定数轨道由状态Ⅰ变成状态Ⅱ。此时 4 枚螺栓进入落料装置中，推开料板，即可拿到螺栓，完成后由于弹簧弹力作用，定数轨道又恢复到状态Ⅰ。

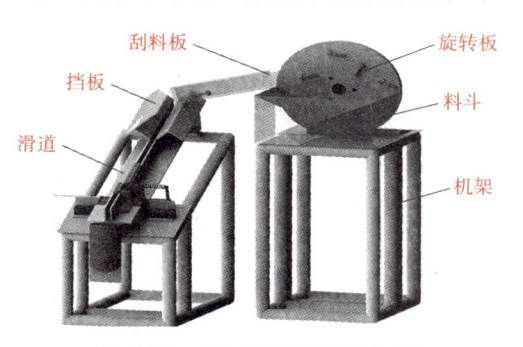

（1）螺栓拣取装置整体图。螺栓拣取装置整体图，如图 6.79 所示。

图 6.79 螺栓拣取装置整体图

当刮料板刮取旋转板上的螺栓进入滑道。定长轨道截取 4 枚螺栓进入落料装置，打开料板拿螺栓。

（2）料斗、刮料板视图。料斗、刮料板视图，如图 6.80 所示。

图 6.80 料斗、刮料板视图

（3）定长轨道装置视图。定长轨道装置视图，如图 6.81 所示。

图 6.81 定长轨道装置视图

（4）切出螺栓装置视图。切出螺栓装置视图，如图 6.82 所示。

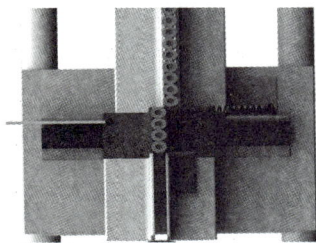

图 6.82 切出螺栓装置视图

6.5 对接装置

改善前：人推台车，将物品箱搬运到线边台架上，并收集空箱，如图6.83所示。

图 6.83　人工搬运

改善后：制作对接及空箱返回装置，降低作业员劳动强度，如图6.84所示。

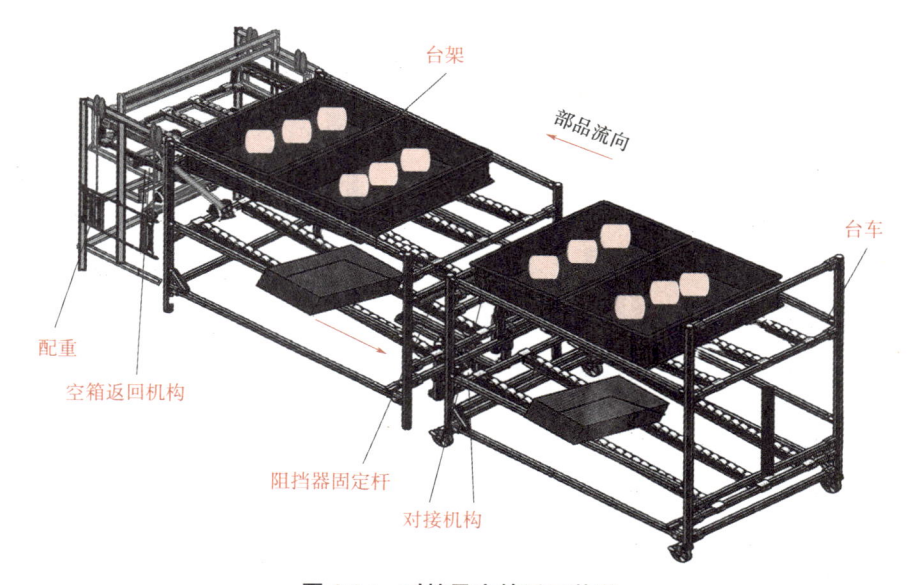

图 6.84　对接及空箱返回装置

台车与台架对接时，上、下层各有一套对接装置，上层的对接装置安装在台车上，下层的对接装置安装在台架上，目的是锁住处于下坡面的料箱下移。对接后，上层台车上的料箱滑入台架上，下层的空箱滑入台车上，自动实施实空交换。

（1）对接装置。阻挡器固定杆的作用是维持受撞杆稳定姿态，并与受撞杆的支撑杆保持垂直，确保受撞杆能够在套筒中伸缩自如，如图6.85所示。

对接装置的平面视图，如图 6.86、图 6.87 和图 6.88 所示。

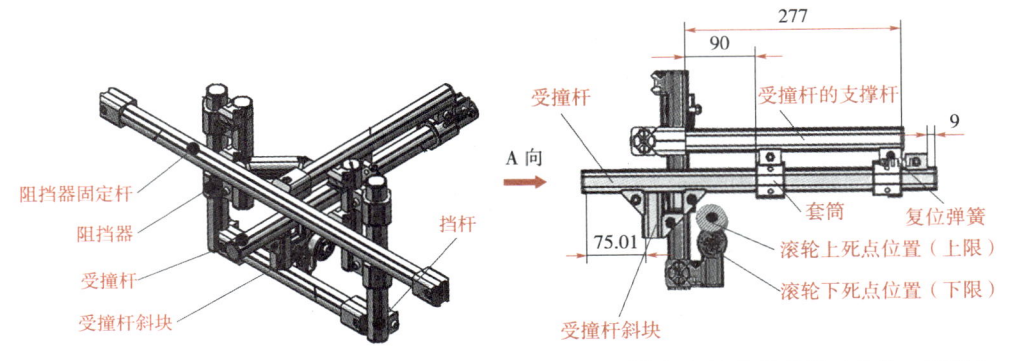

图 6.85 对接装置

图 6.86 受撞杆与滚轮关系图（单位：毫米）

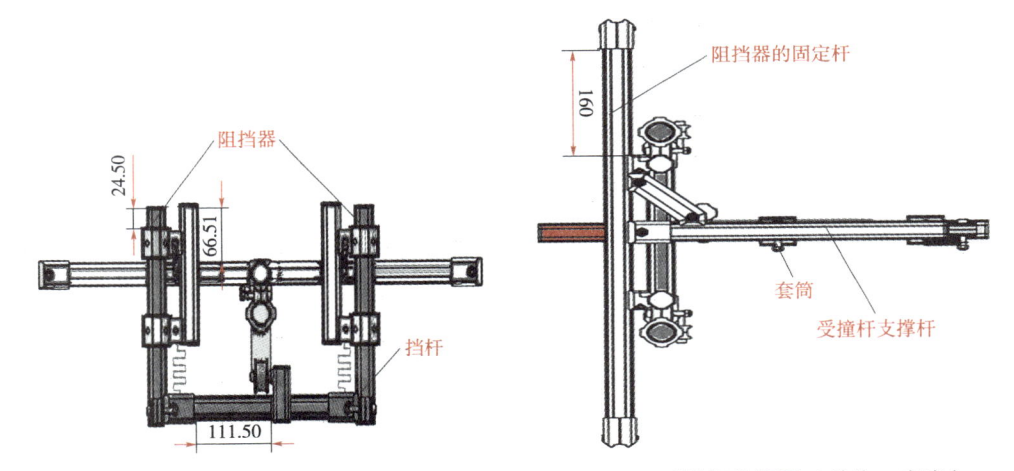

图 6.87 A 向视图（下死点位）（单位：毫米）

图 6.88 受撞杆俯视图（单位：毫米）

受撞杆原理：利用撞击力，触发阻挡器的下降。

①当台车和台架对接时，受撞杆与对方的横杆发生碰撞，受撞杆上的斜块压迫阻挡器的滚轮，使滚轮带动阻挡器下移，阻挡器上的挡杆随即一起下移，这时阻挡器阻挡料箱的功能消失，料箱进入对方滑道。

②台车离开后，受撞杆在弹簧作用下复位，斜块与阻挡器的滚轮脱离接触。在弹簧作用下，阻挡器上移复位。

第 6 章　低成本自动化装置改善（无动力部分）　177

（2）空箱返回装置。空箱返回装置及其附件，如图 6.89 所示。

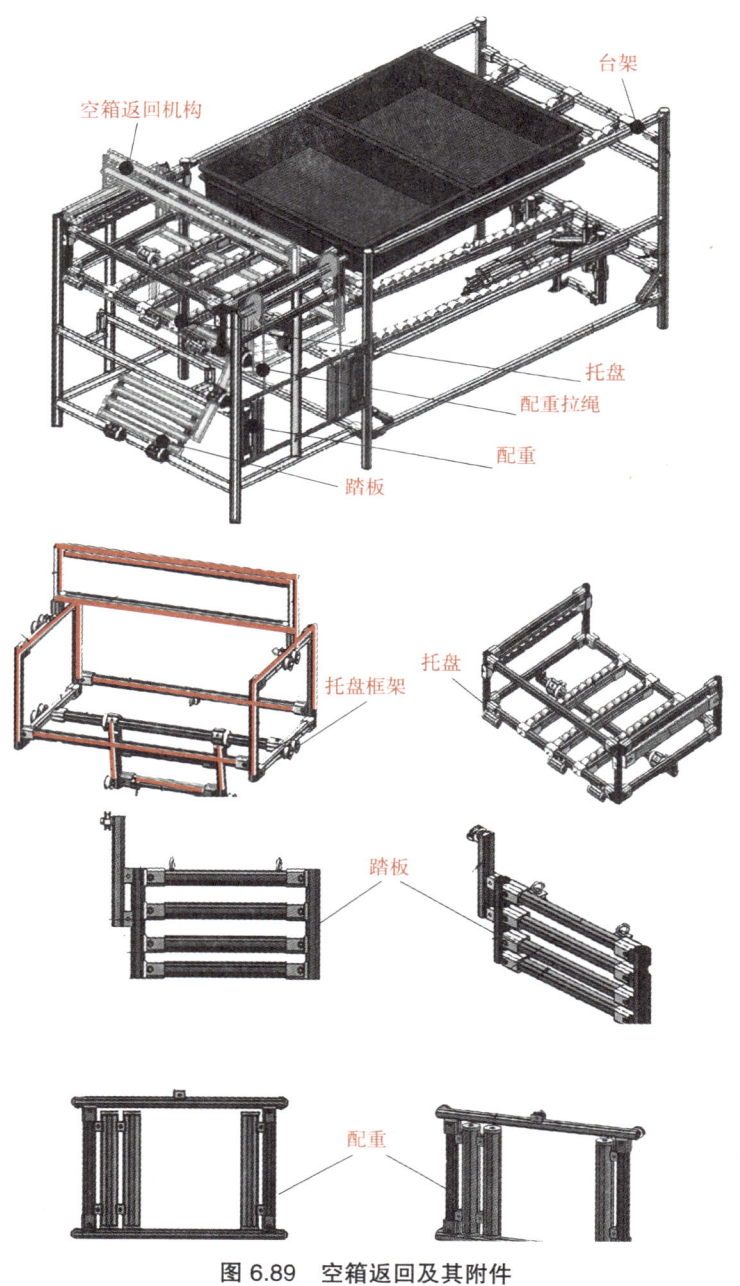

图 6.89　空箱返回及其附件

① 空箱返回原理。踩下踏板，绳子拉动托盘框架下行，随托盘框架下行的托盘触碰挡杆后，发生 10°～15° 的翻转。托盘中的料箱滑入空箱返回滚道，松开踏板，受框架配重的作用，带动框架上行回到初始位置。

托盘的升降，如图 6.90 所示。

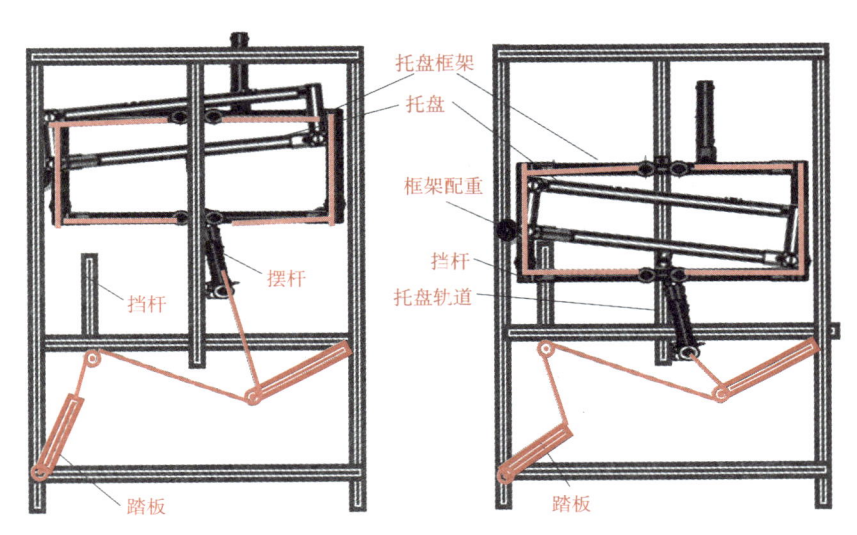

图 6.90　托盘升降运动图

② 台架装置。台架担负着空箱返回和空实交换两项重要任务，如图 6.91 所示。

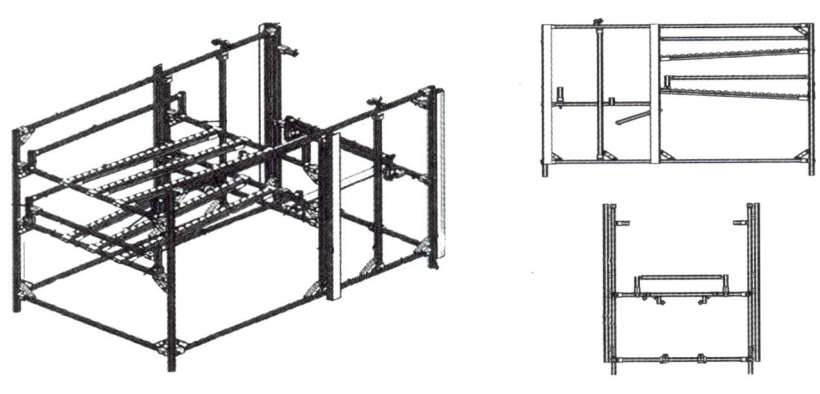

图 6.91　台架装置图

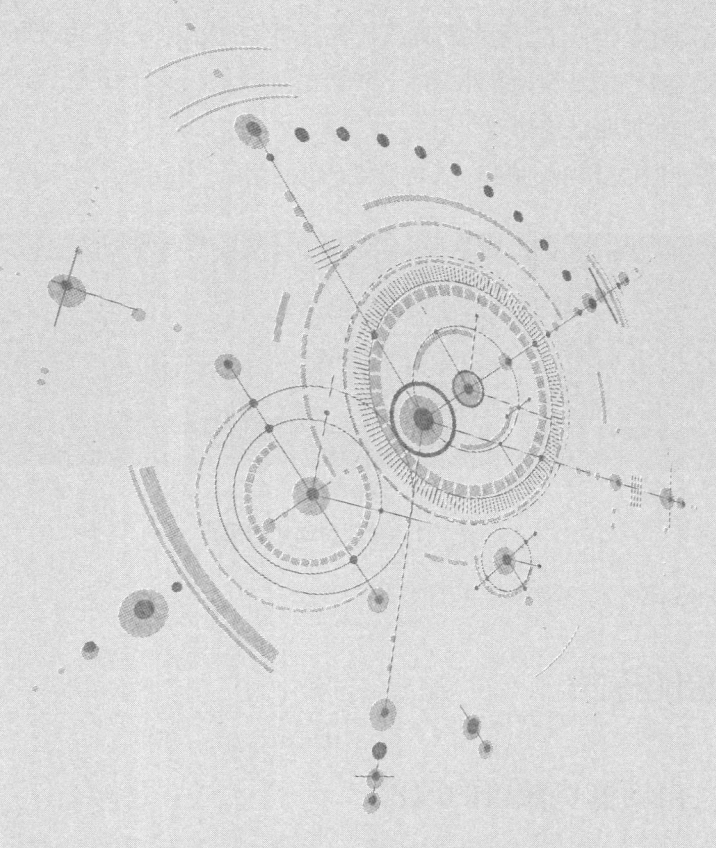

第 7 章
低成本自动化装置改善
（有动力部分）

随着科学技术的发展与进步，智能自动化已成为低成本自动化的重要组成部分。低成本自动化能够快速发展，离不开智能化的推动。越来越多的企业为了提高效率、降低成本，已经将智能自动化应用到生产过程中。从机器人的自主导航系统、自适应控制技术，以及人工智能、大数据等领域的应用，智能自动化的创新及科技的不断进步，正在引领着低成本自动化行业突飞猛进地发展。

智能自动化是指人工智能和机器人流程自动化的结合。它利用互联网、大数据、物联网、人工智能技术等对各种设备、系统进行自动化、流程化处理，具有周期短、灵活柔性、维护成本低等特点。

智能自动化在工厂中的搬运、拣货及装配作业等领域中应用十分广泛，如图 7.1 所示。

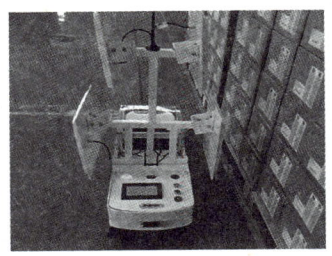

AGV 小车搬运　　　　智能拣货　　　　智能分装

图 7.1　智能自动化的应用

下面将介绍智能自动化技术的改善实例。

7.1　智能拣货

7.1.1　自动拣货装置的改善

改善前：人工拣货（对照清单拣货），完成后运往生产线，如图 7.2 所示。

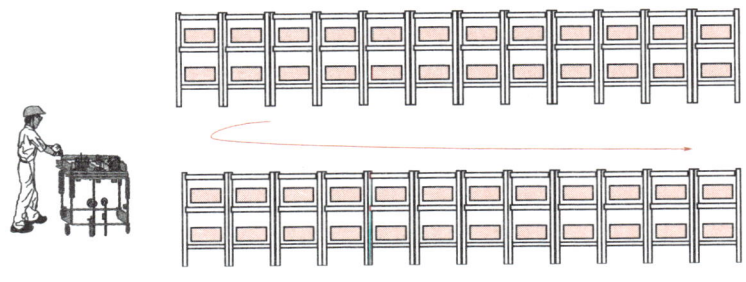

图 7.2　人工拣货图

改善后：采用 DPS（数据处理拣货系统）实现智能拣货。

（1）DPS（Data Processing System）介绍。在拣货操作区中的货架上，每一种货物都安装一个电子标签，并用 L-Pick 系统的设备连接成网络。控制计算机可根

第 7 章　低成本自动化装置改善（有动力部分）　181

据货物位置和订单清单数据，发出出货指示并使货架上的电子标签亮灯（pick-to-light），拣货台车、拣货机械手根据电子标签所显示的数量，及时、准确、轻松地完成以件或箱为单位的拣货。由于 DPS 在设计时合理安排了拣货台车的行走路线，降低了重复路线的走动，实现了用计算机进行实时现场监控的目的，并具有紧急订单处理、缺货通知、拣货顺序和清单内容查询等各项功能，可在手机、平板电脑上查看，如图 7.3 所示。

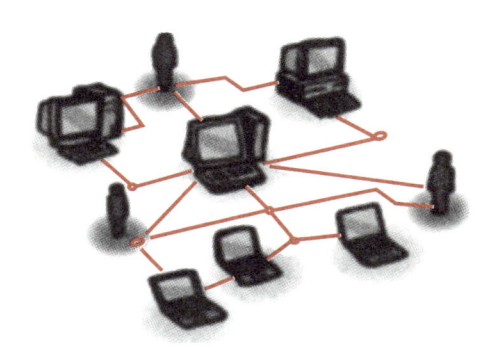

图 7.3　DPS 智能拣货系统

（2）拣货台车、拣货机械手根据计算机发出的指令，进行货物拣取，如图 7.4 所示。

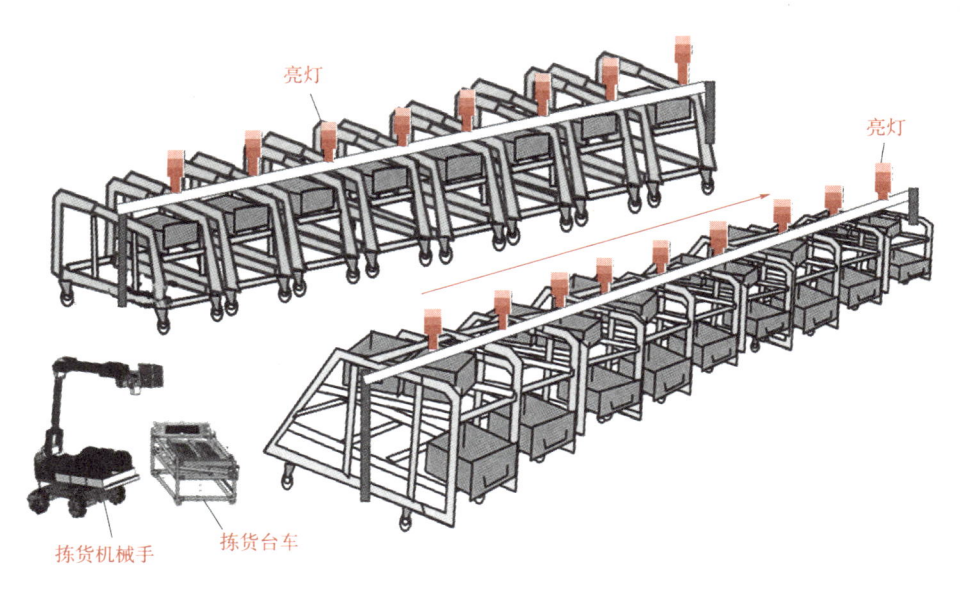

图 7.4　机械手、台车自动拣取物品

（3）DPS 系统的作业流程。

①首先系统设计出最优的行走路线，用消除重复行走的方式，实现直线最短距离的行走路线布局。

②拣货顺序信息化，按照货架上亮灯指示，拣货机械手和台车自动行走至对应货架处，机械手将物品放入台车，顺序拣货，所有信息均可通过手机、平板电脑显示。

③清单任务完成后，拣货台车运送料箱至线边，将料箱交换给提升装置。

④一次搬运任务完成后，拣货台车复位（回至原位）。

（4）搬运流程。

①拣货任务完成后，由拣货台车实施运输作业，如图 7.5 所示。

拣货完成后，拣货台车离开拣货区

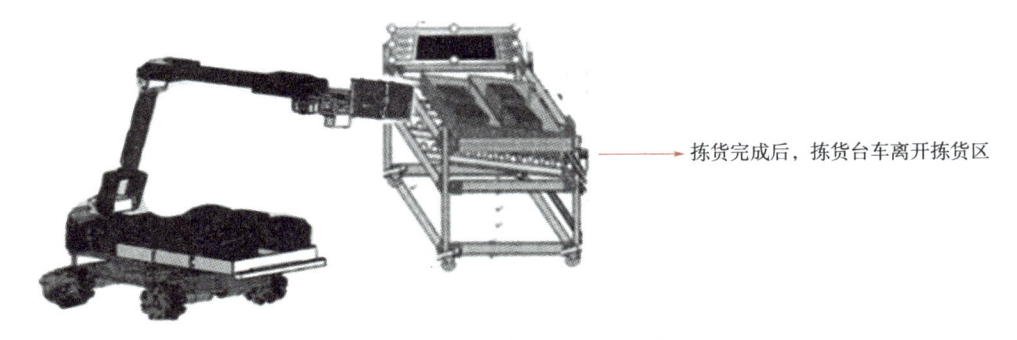

图 7.5　拣货台车前往生产线

②拣货台车与提升装置对接，将料箱传递给 AGV（智能搬运车）小车。拣货台车与提升装置对接原理是：台车受撞杆与提升装置碰撞，拉下台车的料盒阻挡器，料箱进入提升装置。进入提升装置的料箱触发开关，电机旋转，提升框上行，提升框上的 L 型阻挡器被挡杆阻挡，当提升框上行移至限位处，提升框的 L 型阻挡器被拉住下滑，无法继续上行，失去挡料作用，料箱滑入 AGV 小车。对接送料，如图 7.6 所示。

③料箱移动到 AGV 小车上后，AGV 小车将物品运往线边，实施空实箱交换，如图 7.7 和图 7.8 所示。

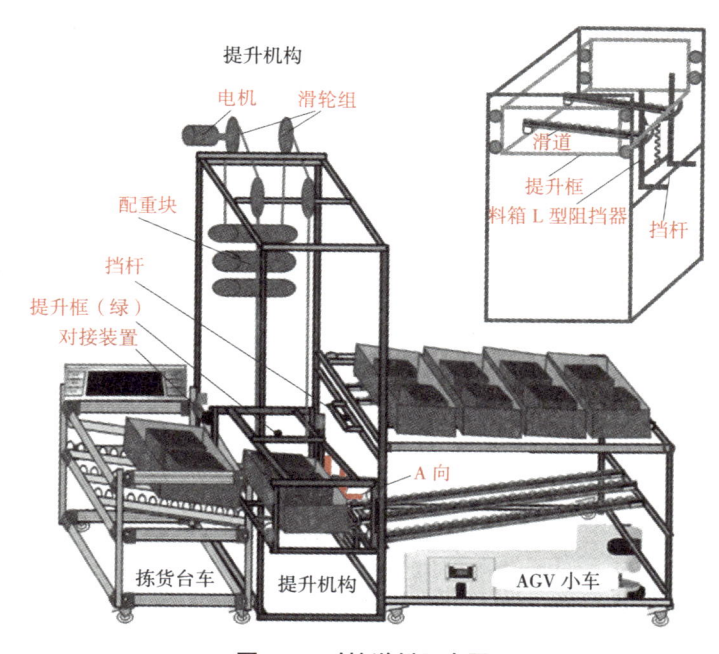

第 7 章　低成本自动化装置改善（有动力部分）

图 7.6　对接送料示意图

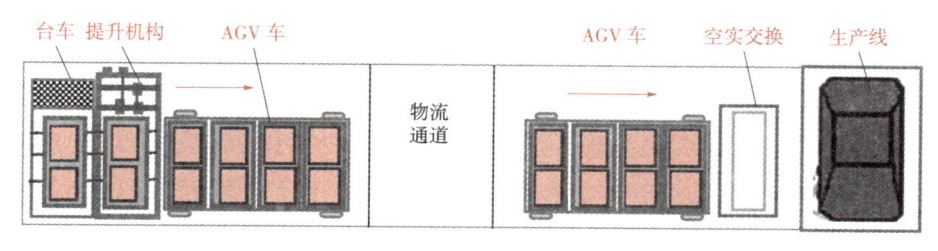

图 7.7　物品运输整体图

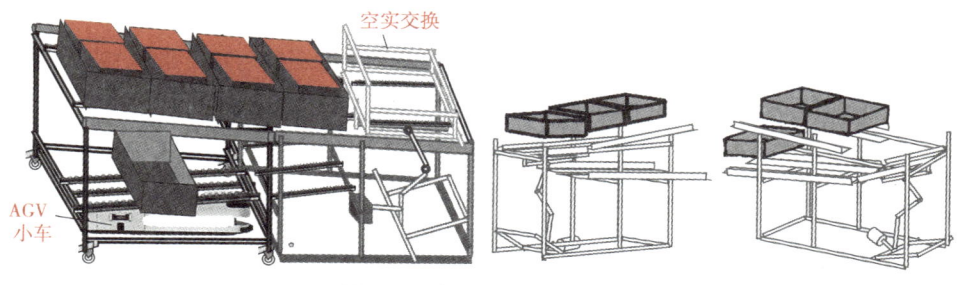

图 7.8　空实交换装置详图

7.1.2 大物分拣及搬运装置的改善

改善前：油箱体积大，重量 14 kg，形状不规则，搬运费力费时。作业员将油箱从铁笼中取出搬至物流车上，开车将油箱送至线边，再将空架子运回，往复循环，如图 7.9 所示。

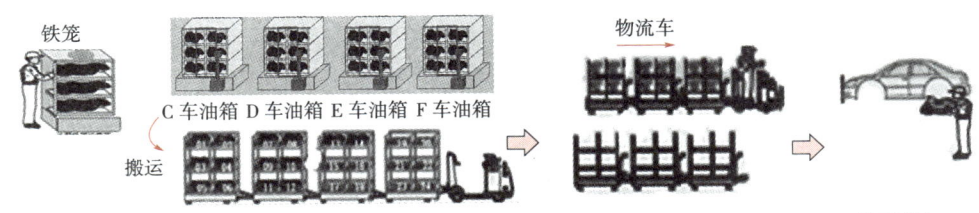

图 7.9 油箱拣取搬运图

生产线上需要装配四种车型的油箱，分别装在不同的车型上（C 越野、D 小型车、E 中级车、F 高级车）。四种油箱外形、体积、重量存在一定差别，生产线是混线生产，第 1 台装配 C 车，第 2 台 D 车，第 3 台 E 车，第 4 台 F 车……因此，油箱在运往生产线之前，必须将油箱按照车型顺序排列好。装配顺序在生产指示系统中当日的生产计划表中列出，作业员在装配时，需要确认油箱的车种，不能存在丝毫差错。

改善后：设计油箱自动拣取、自动排序台车，即生产指示系统和 PLC（逻辑编程控制器）互联，减少油箱车种的确认及搬运时间，提高生产效率。系统物联如图 7.10 所示，生产指标系统，见表 7.1，台车 PLC 逻辑指令表，见表 7.2。

（1）生产指示系统。生产指示系统给出每日生产计划指示，包括车辆的生产顺序、种类、数量、时间等，各生产部门必须依据生产指示安排生产。

（2）PLC 逻辑指令表。PLC 逻辑指令表与生产指示系统互联，数据交互共享，对拣取、顺序台车发出指令，控制其运行轨迹，使之按照既定指令、路线完成拣取、投放。

（3）拣货系统。运用气动吸盘、摄像识别防错技术，将油箱从铁笼中吸出，如图 7.11 所示。

第 7 章 低成本自动化装置改善（有动力部分）

表 7.1 生产指示系统

××月××日生产计划	
生产号	车型
001	C 车型
002	D 车型
003	E 车型
004	F 车型
005	D 车型
006	F 车型
007	C 车型

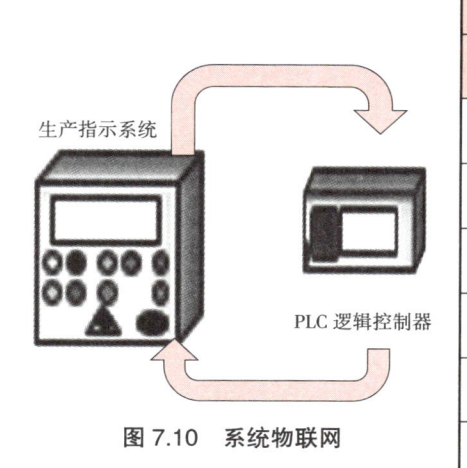

表 7.2 PLC 逻辑指令表

No	车型	台车逻辑指令
001	C 车油箱拣取	前进 2 米拣取 C 油箱，后退 1 米投放油箱
002	D 车油箱拣取	后退 3 米拣取 D 油箱向左 1 米投放油箱
003	E 车油箱拣取	前进 7 米拣取 E 油箱向右 3 米投放油箱

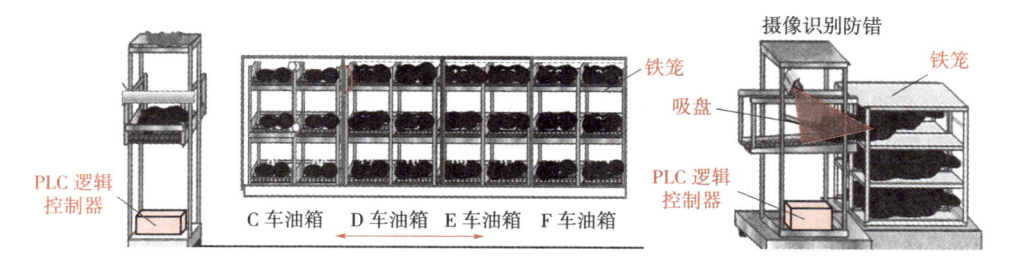

图 7.10 系统物联网

图 7.11 自动拣取油箱

（4）顺序台车与物流车对接，将油箱按顺序放入物流车，如图 7.12 所示。

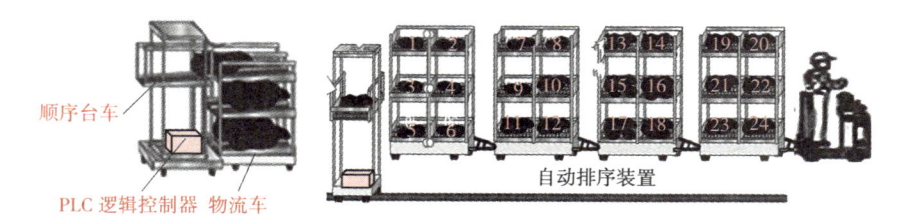

图 7.12 顺序台车将油箱放入物流车

（5）物流车将油箱运往线边，由顺序台车送至传送带上，如图 7.13 所示。

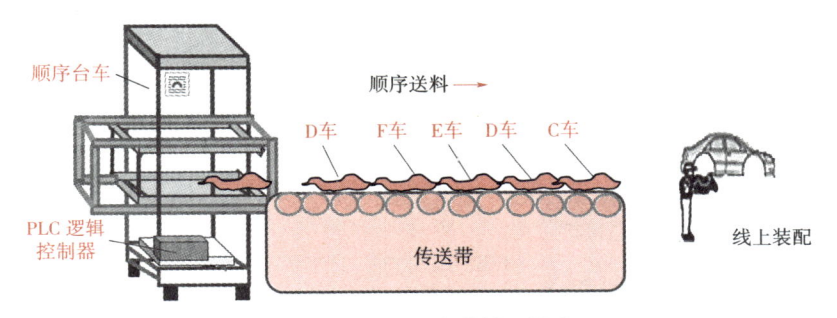

图 7.13　顺序送料至线边

7.2　同步台车

7.2.1　同步工具台车及同步座椅装置的改善

改善前：作业员长期从事跟线的下蹲喷漆、下蹲装配等劳损作业，对人体的腰部、腿部产生危害，且容易被人们忽视，如图 7.14 所示。

图 7.14　下蹲作业图

改善后：设计制作同步台车及同步座椅装置，作业员坐在椅子上焊接或者装配，台车、座椅与生产线同行，作业完成后台车、座椅自动返回，如图 7.15、图 7.16 所示。

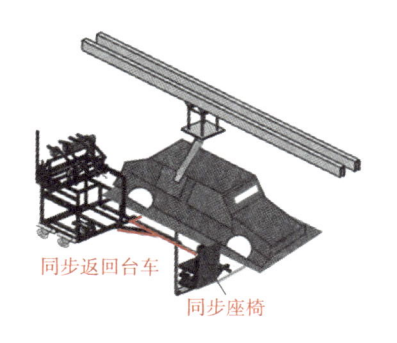

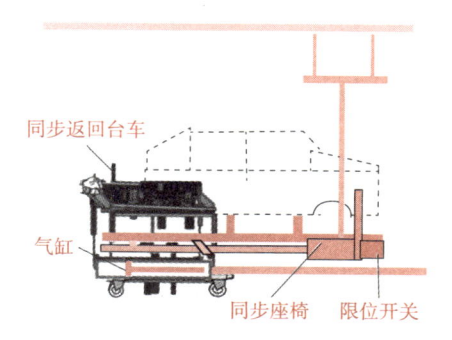

第 7 章　低成本自动化装置改善（有动力部分）

图 7.15　同步返回台车及同步座椅 示意图

同步返回台车及同步座椅原理说明：

（1）同步返回台车与同步座椅固定在主传送线上，由滚轮带动与主线一起前进，作业员坐在椅子上作业，当完成一台车作业内容时，滚轮触发限位开关，启动气缸，气缸杆由右向左顶出，带动台车、座椅返回，开始下一轮作业循环。

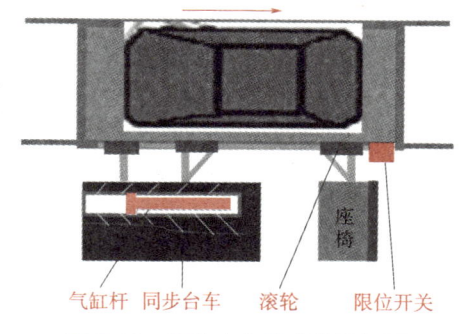

（2）安全注意。同步返回台车的底部安装气动回路，气缸杆做伸缩运动时，气缸整体应全部罩在防护罩内，以免顶出时伤人。

图 7.16　同步台车及座椅俯视图

7.2.2　同步自动喷漆台车的改善

改善前：车身轮毂内侧喷涂黑漆是采用人手工喷涂方式效率低，作业员长期接触黑漆散发的 VOC（挥发性有机化合物）有毒气体，对人身体造成极大危害，如图 7.17 所示。

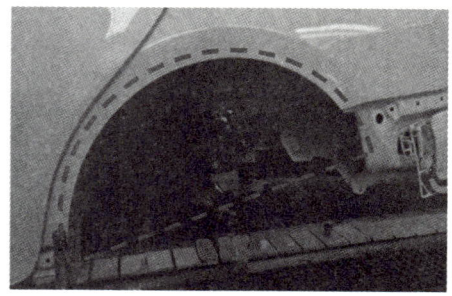

图 7.17　手工喷漆作业

改善后：制作同步自动喷漆台车，由原来手工喷涂，改为同步自动喷涂，如图7.18所示。

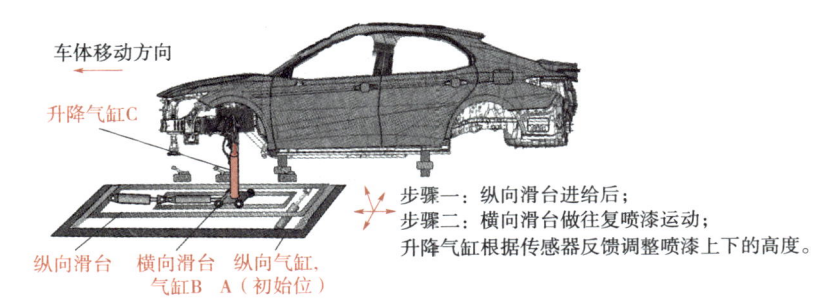

图 7.18　同步自动喷涂台车

（1）同步自动喷漆台车原理。同步自动喷漆台车设置1个十字交叉滑台，A、B气缸实现滑台的纵向进给和横向往复运动，再通过升降气缸C，实现喷漆覆面上下调节，完成整套三维立体喷涂。首先气缸A进给到限位处，气缸B做往复喷漆作业，往复运动的两侧设有限位开关，由PLC对气缸B移动范围进行限位。通过PLC控制升降气缸C，调节喷枪上下喷涂位置，完成指定喷涂面的覆盖。因为是多车型喷涂线，在生产线边设定了车型限位检测，并反馈给PLC，能合理地切变出针对不同车型的喷涂区域，实现了一机多用。作业完成后，纵向滑台退回到初始位置，完成一个车身轮毂喷漆循环。

（2）装置整体图。自动喷涂装置整体图，如图7.19所示。

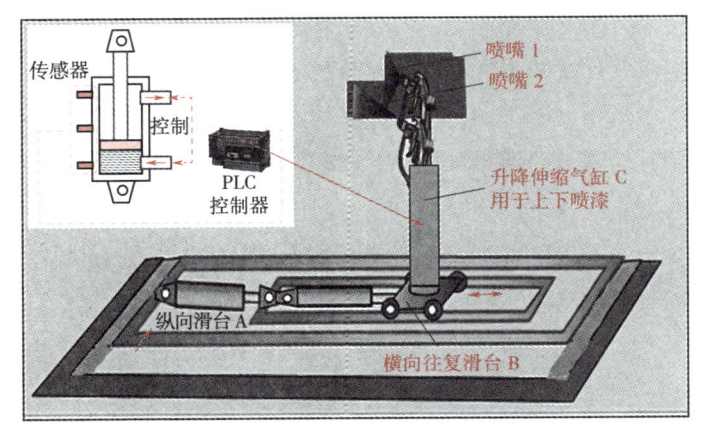

图 7.19　自动喷涂装置整体图

（3）多车型喷涂功能。由于不同车型喷漆位置不同，通过 PLC 控制气缸行程，实现多车型不同行程的三维立体喷涂，如图 7.20 所示。

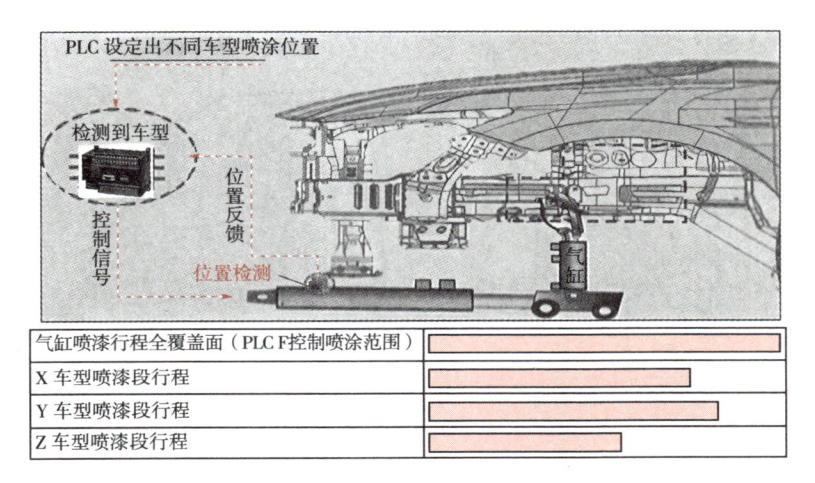

图 7.20　多车型喷涂装置

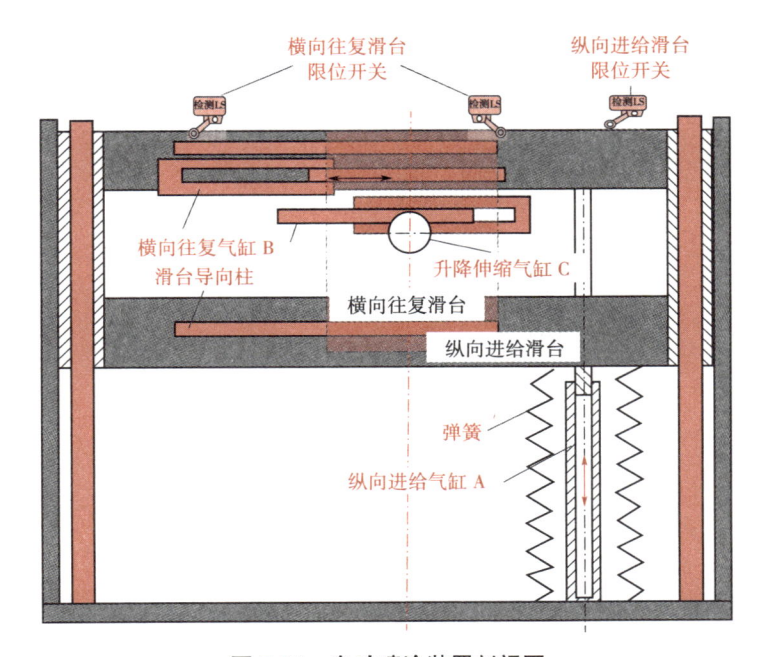

（4）自动喷涂装置剖视图。自动喷涂装置剖视图，如图 7.21 所示。

图 7.21　自动喷涂装置剖视图

（5）自动喷涂装置风屏挡板的使用。

喷嘴在喷涂过程中，会出现涂料的四处飞溅现象，使涂料喷在规定区域以外的地方，如图 7.22 所示，涂料喷在了虚线框内（非涂料覆盖区）。

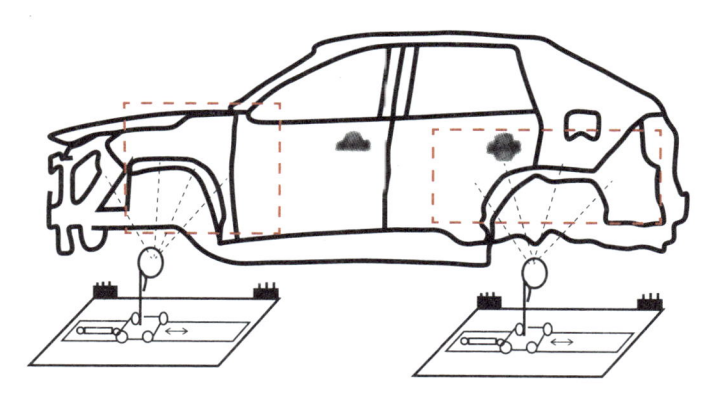

图 7.22　喷涂中的飞溅现象

使用风屏挡板改善如下：

在喷枪上方增加风挡板，利用挡板以及挡板上方吹出来的压缩空气，形成风屏障，阻挡飞溅涂料外喷，从而使涂料准确落在规定区域里，保证喷涂品质，图 7.23 所示。

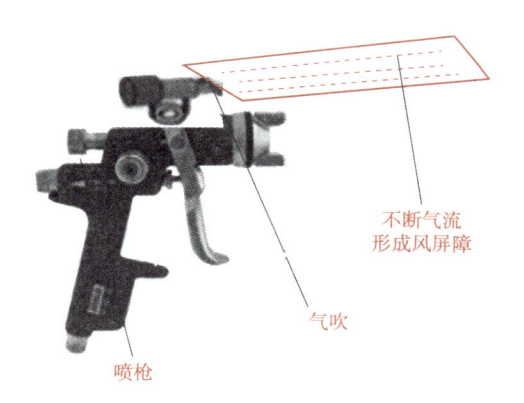

图 7.23　风屏挡板

7.2.3　同步台车与滑道车的改善

改善前：作业员 A 站在生产线上装配作业，生产线缓慢向前行进，A 要频繁到线边拿取物品，存在倒手、搬运、步行距离长的问题，如图 7.24 所示。

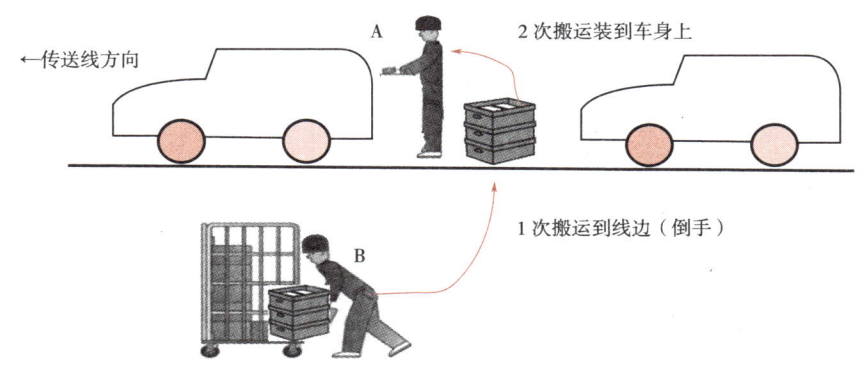

第 7 章 低成本自动化装置改善（有动力部分）

图 7.24　2 次搬运（倒手）

改善后：制作同步台车、滑道车，实施二车对接，将滑道车上料箱传递给同步台车，台车再与生产线一同前进，作业员从台车上拿取物品装配，完成一个作业循环后，台车返回，缩短了搬运、步行时间，如图 7.25 和图 7.26 所示。

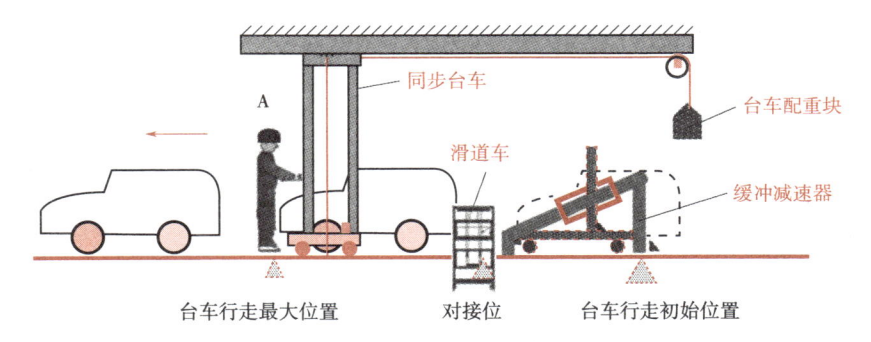

图 7.25　同步台车与滑道车布局图

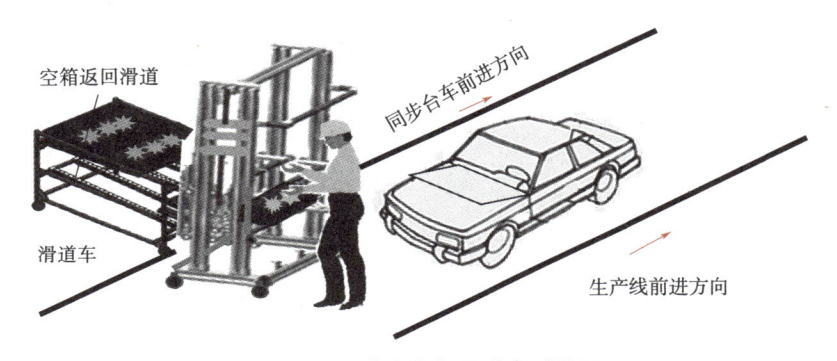

图 7.26　同步台车与滑道车对接图

（1）同步台车与滑道车的对接位置。同步台车与滑道车对接位置，最好是一个作业循环的起点，这样就能确保同步台车上物品的移动速度与作业员的装配速度匹配，实现手边化作业，如图7.27所示。

图7.27 同步台车与滑道车对接位置图

（2）同步台车与滑道空实箱交换。在跟线的作业中，物品用尽后产生的空箱，在同步台车与滑道车对接的同时，尽可能实现空箱返回，即一次对接，二次交换，确保空箱自动回收，节省人工，如图7.28所示。

图7.28 空箱返回

第 7 章　低成本自动化装置改善（有动力部分）

7.2.4　跨通道物品搬运装置的改善

改善前：跨通道运输物品，作业员 A 推动台车，横穿物流车通道，向生产线运送物品，运送过程中需要及时避让来往的车辆，如图 7.29 所示。

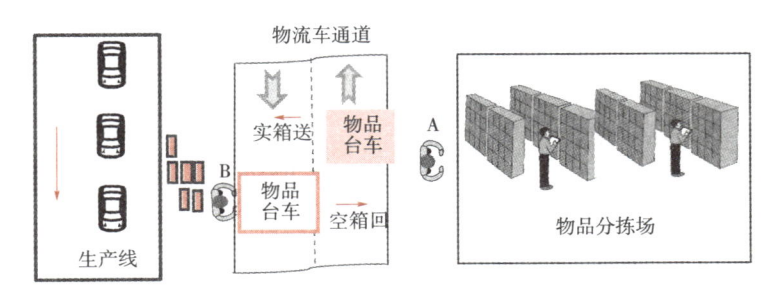

图 7.29　人工搬运

改善后：制作跨通道门型输送装置，取代人工搬运。缩减搬运、步行时间，避免与来往的物流车碰撞，提升作业安全性，提高生产效率，如图 7.30 所示。

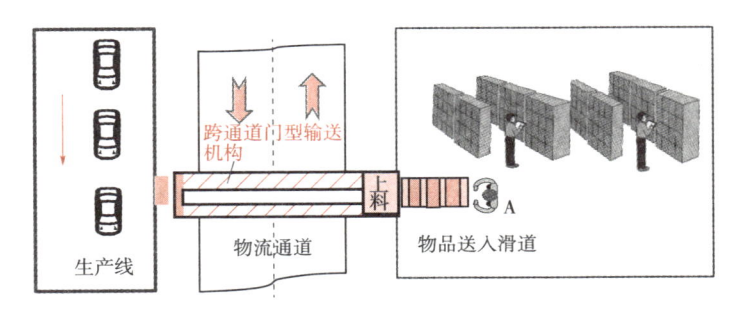

图 7.30　跨通道门型输送装置

（1）跨通道门型输送装置现场图。跨通道门型输送装置，如图 7.31 所示（现场实物部分）。

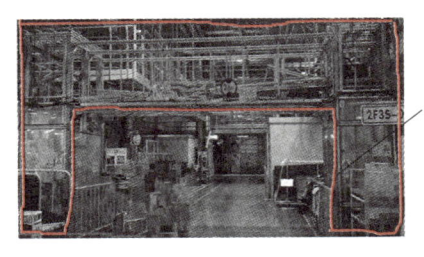

本例中横跨通行高度为 2.5 米，可以根据自身实际情况制定

图 7.31　跨通道门型输送装置

（2）跨通道门型输送装置作业流。跨通道门型输送装置料箱提升、下降由 PLC 控制，如图 7.32 所示。

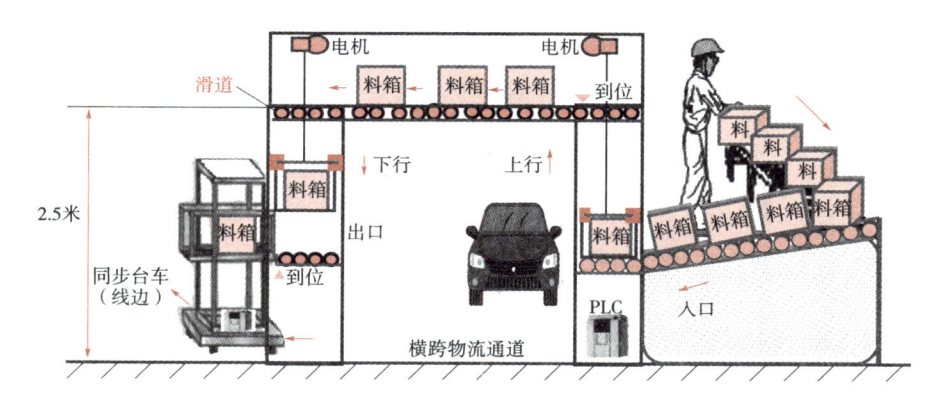

图 7.32　跨通道门型输送装置作业图

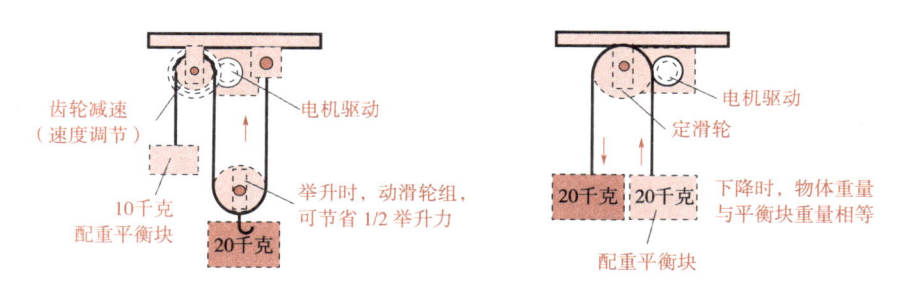

（3）跨通道门型输送装置举升、下降原理，如图 7.33 所示。

图 7.33　跨通道门型输送装置举升、下降原理图

（4）料框及阻挡器的设计。料框上安装了阻挡器，当料框上行或下行到位时，被立柱上的横杆阻挡，阻挡器下降，料箱进入滑道，如图 7.34 所示。

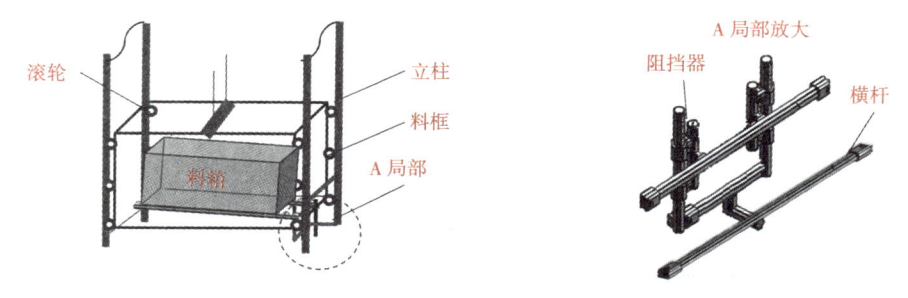

图 7.34　料框及阻挡器

7.2.5 AGV 小车搬运装置的改善

改善前：作业员推车运送物品，穿越物流通道送至装配线边，然后空车返回，由于频繁穿越物流通道，运送效率及安全性很低，如图 7.35 所示。

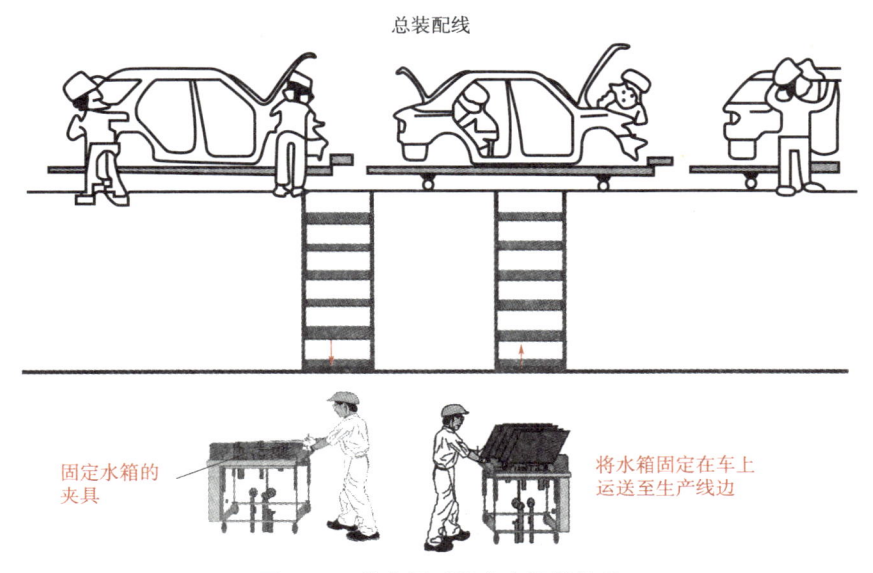

图 7.35 作业员手推台车运送物品

改善后：在物流通道设置红绿灯，通过红绿灯控制 AGV 小车与来往车辆的通行，实现送料和返回同时进行，AGV 小车上安装电动滚轮链，可将物品送至线边，实现自动送料和空夹具自动返回，节省搬运时间，如图 7.36 所示。

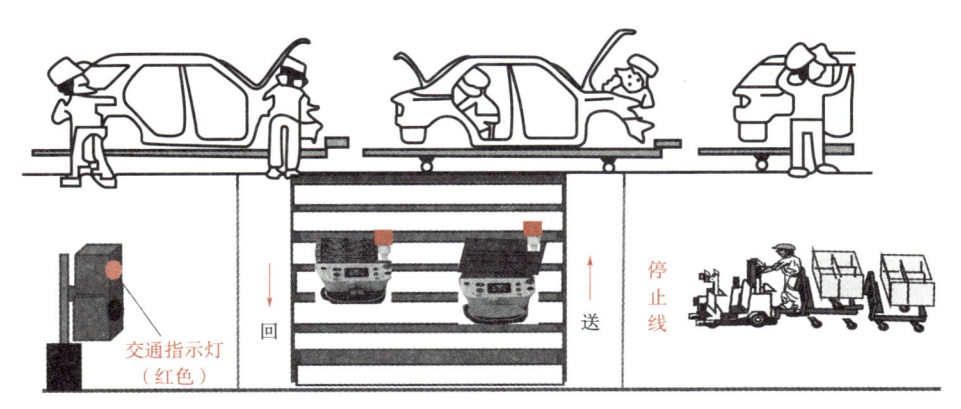

图 7.36 AGV 小车搬送物品

（1）AGV 小车送料和返回。AGV 小车的送料和返回，如图 7.37 所示。

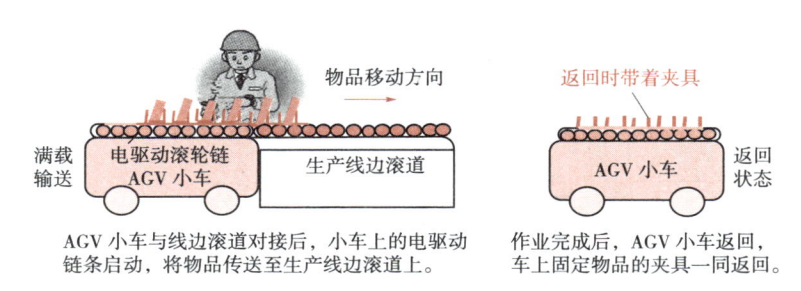

图 7.37　AGV 小车送料和返回

（2）AGV 小车的工作原理。AGV 由驱动电机、避障传感器、PLC 等元器件组成，如图 7.38 所示。

地面磁条是一种用于引导 AGV 自动导航的导航标记。它采用了一组由磁性材料制成的条形磁铁，利用磁条互感应原理，AGV 车上安装的磁铁感应头与地面磁条互感，使 AGV 能够准确地跟随磁条运动。车辆运行过程中，磁感应头会向控制系统发送当前位置信息，控制系统会根据这些信息以及信号的强度和方向确定车辆的行驶方向。同时在 AGV 小车车身的前、后增加避障传感器，如遇到前方有障碍物，避障传感器立即向控制系统发出信号，控制系统则发出停止指令，AGV 会自动停止。

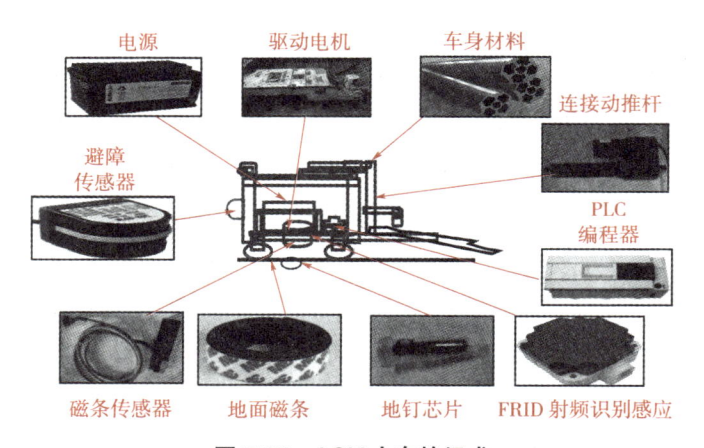

图 7.38　AGV 小车的组成

（3）交通信号交互控制。AGV 车通过通道时，由 AGV 上的 PLC 与交通信号灯交互控制，实现交通信息的自动切换。即交通指示灯为红时，AGV 小车的灯变绿，AGV 小车立即启动横穿通道，有效地提高了人员、车辆的作业安全性。

7.2.6 工序布局的改善

改善前：前、后保险杠组装工序是预装→检查→混装→终检。由于工位布局缺少连贯性、设计不合理等因素，产生步行、搬运作业多，生产效率低，如图7.39所示。

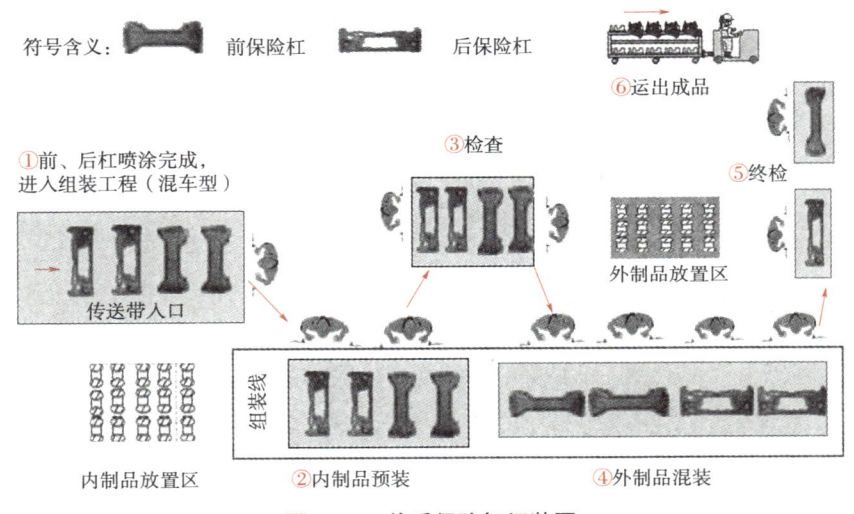

图7.39 前后保险杠组装图

工序布局现场前后保险杠组装，如图7.40所示。

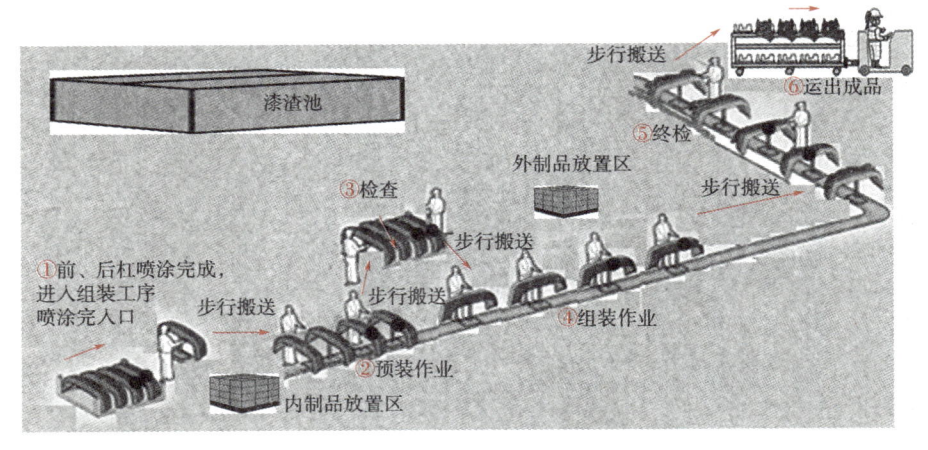

图7.40 前后保险杠组装分析图

图7.40中对整套作业流程进行分析，手持物品步行搬送5次，每个物品重达7 kg，长期搬运对作业员身体损伤很大，且工序布局不顺畅，存在阻滞和浪费现象。

改善后:将装配作业、检查工位进行集中布局,整个作业全部在 AGV 的环形链上完成,呈现出单件流作业方式,如图 7.41 所示。

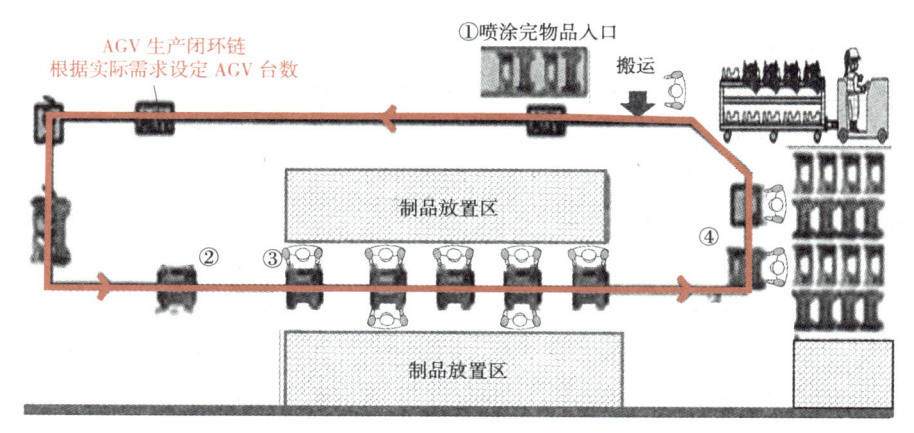

图 7.41 AGV 闭环生产链

① 从喷涂完入口处,作业员将物品搬上 AGV 小车进入闭环链运行。
② 台车上摆放前、后保险杠一对进行面对面作业。
③ 到达作业区,AGV 小车停顿,作业员实施作业,完成后 AGV 小车前行。
④ 通过改善将检查作业拆分整合,节省空间。
⑤ 改善后,作业人数由 12 人减为 11 人,削减 1 人。
⑥ AGV 小车上的作业,如图 7.42 所示。

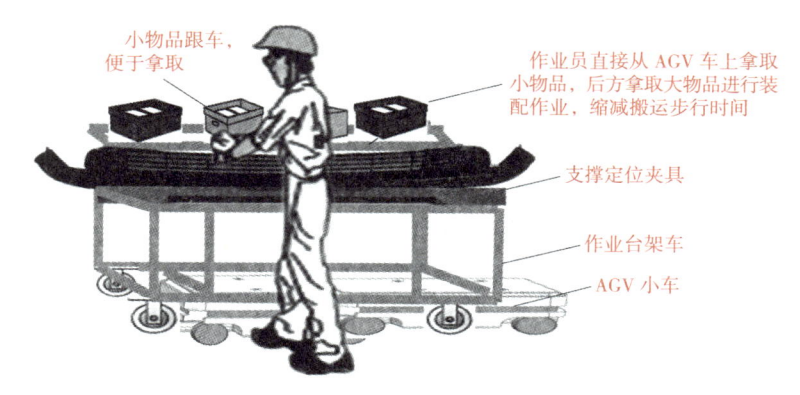

图 7.42 AGV 小车上的作业

附录

汽车制造业精益生产方式标准作业区分（仅供参考）

分类	正味作业	附随作业	附带作业	要素作业
定义	能产生附加价值的作业。如：拧紧等	不能产生附加价值的作业。如：分拣、开捆等	多次作业中只会出现一次的作业。如：托盘返还、取出看板等	以操作的某个物品的行为作为一个单位来考虑时，几个基本动作要素的集合。如：测量、点检等
车间	工序	作业内容	作业内容	作业内容	作业内容

序号	车间	工序	作业内容（正味作业）	作业内容（附随作业）	作业内容（附带作业）	作业内容（要素作业）
1	冲压	外部换模	·模具换模 ·模具/附件安装	·扳手拿取 ·模具编号确认 ·整理	·天车走行 ·4S	·模具搬运 ·模具维护保养 ·品质检查
		材料接收	·信息录入	·材料上架 ·堆垛检查	·牵引车电池更换 ·材料包装清理 ·托盘返还	·材料搬运 ·在制品管理
		材料上线	·定位设置 ·信息录入	·拿取现品票	·台车空实交换 ·托盘空实交换	·成品出入管理
		固定点焊	·固定点焊 ·固定螺母焊 ·固定螺柱焊	·工具托盘取放/安装 ·工件吊放/焊枪取放 ·吊具出发/返回 ·工件翻转/切换		·设备/工装维护保养 ·品质检查
2	焊装	焊接	·点焊 ·CO2焊 ·气焊 ·弧焊	·工件拿取/搬运 ·焊接检查 ·胶检查/面检查 ·刻印检查/建付检查	·拉灯复位 ·空车返回	

续上表

序号	车间	工序	作业内容	作业内容	作业内容	作业内容
2	焊装	翻边开孔	·开孔/冲孔/翻边	·车身号记录	·工件安装校正	·在制品搬运
		其他	·涂胶 ·贴胶 ·紧固 ·包边 ·工件返修	·去毛刺 ·去飞溅	·台车空实交换 ·料箱交换 ·托盘交换 ·工件交换	·成品搬运 ·成品出入管理
3	总装	装配动作	·拧紧/增拧 ·嵌入/插入 ·打进/铆接 ·搭载/粘贴 ·搬入/搭接 ·压入/安装 ·拓印/切割 ·铺设/顺建 ·加注/上牌 ·贯穿/打胶 ·挂上/擦拭 ·弯曲/松开 ·分拣/切削螺纹	·预放置/预装配 ·预拧紧/手动拧紧 ·装载/移载 ·装袋/压入 ·夹紧/旋转 ·输入/浸入 ·取出/打开 ·松开/解开 ·拉开/关闭 ·滑动/操作 ·报废/拆卸 ·移动/搬运 ·放回/折叠	·空箱返回 ·物品补充	·设备/工装维护保养 ·装配管理 ·品质检查
		调整	·对位 ·对中 ·整理	·记录 ·确认 ·检查		·成品搬运

续上表

序号	车间	工序	作业内容	作业内容	作业内容	作业内容
4	搬运（总装）	确认		·安全锁作业/母合车挡板作业 ·回收托盘/解绑绳/登记序列号 ·确认序列号标识序号		
		检查 整理		·整理箱种/空箱确认 ·剪掉标签/开关油箱门 ·撕掉标签/步行等待/准备空台车 ·分拣/开捆 ·移动磁粒/托盘标签标记 ·张贴指示票/打印/更换磁带	·叉车走行 ·电瓶牵引车走行 ·汽油牵引车走行 ·合车空实交换	·工装器具维护保养 ·物品出入管理 ·治具/车身检查 ·品质检查
		整顿		·拿取扫描枪/登录/下载/上传 ·切换夹具/拆除/吊具看板 ·拿取物品/放置看板		
	搬运（焊装）	确认		·物品确认/安全确认/信息确认 ·信息填写/记录/分离/连接 ·上下车/开关操作/停止确认	·叉车走行 ·电瓶牵引车走行 ·汽油牵引车走行 ·台车空实交换 ·托盘空实交换 ·滑槽空实交换 ·胶箱空实交换	·工装器具维护保养 ·物品出入管理 ·治具空身搬运
		开关		·开、关雨棚/拉安灯 ·自锁装载操作		
		整顿		·工具拿取/放置 ·安装捆绑带		

续上表

序号	车间	工序	作业内容	作业内容	作业内容	作业内容
5	涂装	电泳检查	·ID卡读取 ·ID卡写入	·电泳治具拆卸 ·涂装治具安装 ·涂面检查 ·不良品手修	·叉车卸货 ·叉车/牵引车充电 ·治具清洗确认 ·台架更换	·设备维护保养 ·涂料管理 ·治具/车身搬运 ·品质品检查
		密封胶	·涂胶 ·刷子/刮板修胶 ·卡扣安装 ·隔音垫/胶塞安装	·原料料确认 ·拿枪/放枪 ·治具拆卸	·刮板修整	·胶枪保养 ·台车搬运
		中涂	·PVC喷涂 ·PVC修胶 ·耐石击喷涂 ·中涂喷涂	·胶塞安装 ·涂料补给 ·不良品手修 ·车身擦拭		·机器人保养 ·手喷枪保养 ·涂料枪保养·
		上涂	·色漆喷涂 ·清漆喷涂	·涂料粘度测量 ·车身擦拭		·涂料管理 ·有机溶剂管理
		上涂检查	·ID卡读取	·涂面检查 ·不良品手修 ·色差、桔皮、膜厚参数测量	·薄膜回收 ·胶塞拆除 ·双色车薄膜包裹/拆除	·成品管理
		修饰	·涂胶 ·防锈蜡喷涂 ·黑漆喷涂 ·绑带/缓冲垫安装	·不良品手修	·治具交换 ·台车空交换 ·涂装治具回收	·物品搬运

续上表

序号	车间	工序	作业内容	作业内容	作业内容	作业内容
6	成型	注塑	·吊模 ·打钉 ·孔盖安装 ·保险杠板卡扣安装 ·牵引盖安装	·素材取出 ·制品重量测量	·打孔机清洗 ·更换气罐 ·水口去除/回收 ·废品粉碎 ·钢缆更换	·设备维护保养 ·仓库管理 ·素材制品搬运 ·补给制品搬运 ·水口搬运 ·品质检查
		发泡	·火焰处理加工 ·破裂线加工 ·表皮/仪表台装配 ·骨架装配 ·发泡品切边 ·仪表板板涂装	·表皮厚度测量 ·聚氨酯密度测量	·切边机清洗 ·模具清洗 ·原料罐清洗 ·刀具更换 ·空箱回收 ·4S	·设备维护保养 ·发泡材搬运 ·IP骨架搬运/物品搬运 ·物品接收管理
		涂装	·涂料加注 ·颗粒返修 ·贴标签 ·物品安装	·保险杠遮蔽 ·擦拭/手修/打磨 ·色差检测 ·附着力测量 ·膜厚测量	·素材擦拭 ·海绵清洗 ·条形码清洗 ·治具清洗 ·更换滤芯 ·AGV电池更换 ·废液更换	·工装器具维护保养 ·喷枪保养 ·治具搬运
		装配 打孔	·前杠装配 ·后杠装配 ·保险杠涂胶 ·保险杠打孔	·打磨/分拣 ·测量扭力	·牵引车电池更换 ·打孔机清洗 ·回收空箱 ·4S	·物品接收管理 ·库存管理 ·成品保养 ·检查出货